国家自然科学基金项目（72171233,71801225）成果
湖北省自然科学基金面上项目（2022CFB390）成果

智能机器人物流系统的运行策略优化研究

邹碧攀 著

WUHAN UNIVERSITY PRESS
武汉大学出版社

图书在版编目(CIP)数据

智能机器人物流系统的运行策略优化研究/邹碧攀著.—武汉：武汉大学出版社,2022.12(2023.11 重印)
ISBN 978-7-307-23397-3

Ⅰ.智…　Ⅱ.邹…　Ⅲ.智能机器人—应用—物流管理—研究　Ⅳ.F252.1-39

中国版本图书馆 CIP 数据核字(2022)第 198254 号

责任编辑:喻　叶　　　责任校对:李孟潇　　　版式设计:马　佳

出版发行：**武汉大学出版社**　(430072　武昌　珞珈山)
(电子邮箱：cbs22@ whu.edu.cn　网址：www.wdp. com.cn)
印刷:湖北云景数字印刷有限公司
开本:720×1000　1/16　印张:15.25　字数:248 千字　插页:2
版次:2022 年 12 月第 1 版　　2023 年 11 月第 2 次印刷
ISBN 978-7-307-23397-3　　定价:58.00 元

作者简介

邹碧攀，1990年3月生，湖北省汉川市人，华中科技大学管理科学与工程专业博士，现任中南财经政法大学副教授。研究方向为：智能仓储系统的运营管理与优化，多篇研究成果发表于国际权威期刊上，主持多项国家级与省级课题。

目　录

第1章 智能机器人物流系统发展概述

1.1 智能物流系统的发展与变革

1.1.1 电子商务环境下企业物流系统的发展趋势

随着信息技术和电子商务的迅猛发展，作为企业第三利润源的物流业获得了前所未有的发展动力。物流与采购联合协会统计数据表明(中国物流与采购联合会，2020)，近10年来，我国物流业产值每年以12%~16%的幅度增长，截至2020年，全国社会物流总额300.1万亿元，同比增长3.5%，物流总收入保持增长，2020年，物流业总收入10.5万亿元。我国成为全球最大的第三方物流市场。然而，我国物流业的发展仍然面临着诸多问题和挑战。“十二五”规划指出，我国物流业面临着市场需求乏力、成本上升、竞争加剧、能力瓶颈等挑战。在发达国家，物流成本在产成品总价值中的比例为10%~15%，在发展中国家，这一比例增长到15%~25%；在我国，这一比例却达到了30%~40%。基于此种情况，我国“十二五”规划对物流业的发展提出了明确的要求：在新兴产业方面，随着物流与电商、金融等业态相互融合发展，快速的信息流和需求响应、复杂的组织架构为供给侧的运营效率提出了更高的要求。推进智能供应链发展创新是解决我国供给侧结构性改革的重要抓手。

振兴物流须优先发展仓储业(中国仓储协会，2015)。仓储是供应链中承上启下的重要环节，它是物资和信息流动中转站。仓储系统的运作效率和运行成本对整个供应链的绩效起着决定性的影响。2010年我国仓储业保管费用为2.4万亿元，占社会物流总成本的33.9%，2013年我国仓储业保管费用为3.6万亿元，占社会物流总成本的 35%，如何降低仓储成本将是我国未来许多年仓储行业发展的主要目标。从仓储业的市场供需方面看，中国经济的持续健康发展和物流业的崛起为仓储业的发展提供了巨大的市场需求，加上中国制造业、商贸流通业外包需求的释放和仓储业战略地位的加强，未来我国仓储行业将会存在巨大的市场需求。因此，振兴物流需优先发展仓储业。

仓库最主要的组成部分是仓储系统(warehousing system)，它负责货物的存取、订单拣选、订单分拣和订单配送，对企业物流系统的吞吐能力、柔性以及运行成本都有着直接的影响。传统仓储系统构建单倍深货架存储货物并使用人或叉车运输货物，每两排货架中间设置一个巷道供拣货人员行走。该类系统初期投资较低，但是其地面面积利用率低，吞吐能力有限且日常运行成本较高。随着产品生命周期的不断缩短和顾客需求的持续多样化，企业供应链对仓储技术的要求越来越高。在 20 世纪初，堆垛机自动化存取系统(Automated Storage and Retrieval System，AS/RS)被创造出来，并在欧美等土地和人工成本较高的地区得到了广泛应用。AS/RS 系统使用高位货架存储货物，每个巷道设置一个堆垛机(S/R crane)运输货物(见图 1.1)。此外，该系统还可以通过使用多倍深货架和多载货平台堆垛机来提高地面面积利用率(Lerher，2016)。与传统仓储系统相比，AS/RS 系统的投资成本更高，但其拥有更高的吞吐能力、更高的地面面积利用率和较低的日常运行成本。从 20 世纪 70 年代开始，该系统在得到了广泛的应用，学者们也对其进行了充分的研究，取得了一系列的成果(Roodbergen and Vis，2009)。目前，这些研究成果已形成体系并在实际仓储系统中得到广泛应用。

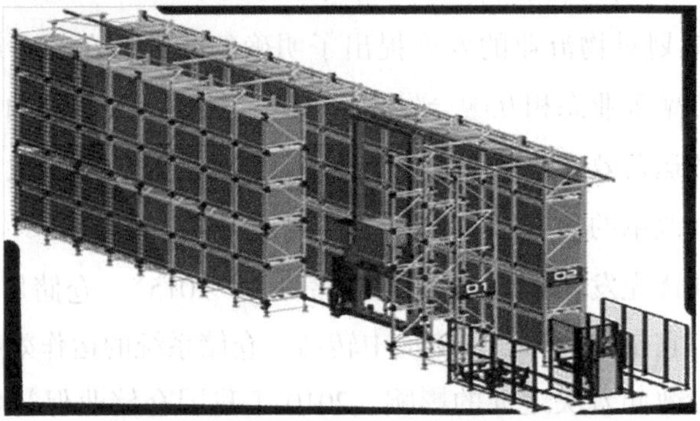

图 1.1　堆垛机自动存取系统(AS/RS)

1.1.2　自动化物流系统向智能化物流系统的转变

智能仓储是物流作业的一个重要环节，是传统仓储功能向智能化方向的拓展。通过在仓储环节应用智能技术，可以实现动态的货位管理、高效的货物拣选以及实时的库存指标监控，全面提高货物出入库的效率，帮助企业实现对库存的全方位控制，降低库存成本。随着线上购物的快速增长，企业仓库系统面临着快速有效的处理小批量拣选订单的挑战，尤其是在线零售商企业。1960年以来，自动化立体仓储系统(AS/RS)在物流仓储领域得到了广泛的应用，该类系统使用立体货架实现了垂直空间的利用，大幅降低了仓库地面面积的占用和系统投入成本。早期的AS/RS系统由货架、堆垛机、出入库站台等简单设备组成，使用托盘、标准物料箱等集装化工具作为存储单元，具有高速的存、取订单处理能力和优良的运行稳定性，同时在软件方面引入了更加先进的集成控制系统，完全实现了货位的条码管理，货物出入库完全由计算机实时监控，与仓储管理系统可以无缝对接。硬件方面出现了高速高加速度的堆垛机系统，完全采用智能寻址方式，极大提高了货物周转率，实现了自动有序、快速准确、高效的出入库作业。由于传统AS/RS系统使用基于巷道的堆垛机运输货物，且高密度货架的使用会影响堆垛机作业效率，它已经不能满足在线零售商对仓储系统的需求。基于此，近十年，智能机器人技术被广泛应用到仓储系统中，形成了一系列的智能机器人物流系统，包括智能机器人存取系统、紧致化智能机器人存取系统、智能机器人订单履行系统、智能机器人分拣系统、智能无人机配送系统、魔方块存取系统等。这些系统均使用智能机器人进行货物的存取、订单的拣选、订单的分拣和订单的配送等作业，为降低系统运行成本并提升运行效率，这些系统均使用高密度的紧致化存储单元存储货物，有些甚至消除了巷道以提高存储密度。与AS/RS系统相比，智能机器人物流系统拥有如下优势：

(1)更高的吞吐能力(throughput capacity)：AS/RS系统使用单个堆垛机进行货物运输，基于自动小车技术的存取系统则同时使用多个小车进行货物运输，因此，每个工作站的作业人员可以在单位时间内完成更多订单。

(2)更高的柔性(flexibility)：在AS/RS系统中，每个堆垛机只负责其隶属巷道中的存取作业，系统最大吞吐能力很难改变。然而，基于自动小车技术的存取系统却可以通过增加或减少小车的数量来变化系统最大吞吐能力，因此，它们具有更高的柔性。

(3)更高的紧致化程度：AS/RS 系统使用单倍深或者双倍深货架，而基于自动小车的存取系统均使用高密度立体存储单元，小车在系统低端或者顶端移动，地面面积利用率更高，有的甚至消除了巷道以实现高密度紧致化存储。

基于以上优势，基于智能机器人技术的物流系统在全球近 200 家知名企业中得到了应用，包括天猫超市、京东、Ocado、Catch of the Day、Alber Heijn、Active Ants 等。学者们也对这些系统进行了研究，目前主要集中在系统绩效评估模型(performance estimation model)的构建方面。在一个仓储系统应用之前，企业需求根据其顾客需求和投资计划进行系统设计，以达到要求的投资成本和吞吐能力，绩效评估模型可以帮助企业设计仓储系统结构与资源配置数量，包括货架尺寸、小车数量、工作站数量与布局等。然而，与 AS/RS 系统一样，在实际应用过程中，许多运行策略会影响智能机器人物流系统的运作效率和运行成本。包括智能机器人的待命位点策略(dwell point policy)、存储策略(storage policy)、作业指令策略(command cycle policy)、小车电量恢复策略和指派策略等。这些运行策略一方面会影响系统的吞吐能力与柔性，另一方面也会影响系统的运行成本，因此，对智能机器人物流系统的运行策略优化问题进行研究对于该类系统的推广应用具有重要的理论与现实意义。

1.2　智能机器人物流系统的主要类型及运作特点

1.2.1　智能机器人存取系统的主要结构及特点

智能机器人存取系统(Autonomous Vehicle Storage and Retrieval System，AVS/RS)于 21 世纪初被创造并应用到许多物流企业中，该类系统使用电梯进行货物的垂直运输，自动小车进行货物的水平运输(见图 1.2)。根据小车是否可以在各层之间转移，AVS/RS 系统可以分为层到层(tier-to-tier)AVS/RS 系统和基于层(tier-captive)AVS/RS 系统。在层到层 AVS/RS 系统中，小车可以通过电梯转移至其他层，货物的水平与垂直运输都需要搭载在小车上，该类系统拥有较高的吞吐率和柔性，但是其投资成本较高。在基于层 AVS/RS 系统中，小车隶属于某一层，不可转移到其他层，货物的水平运输需要自动小车，该类系统的小车较便宜，但是其吞吐能力与柔性相对较低。本书研究基于层 AVS/RS 系统中小车与电梯的运行模式。与传统智能堆垛机存取系统相比，智能机器人存取系统具备如下优点：

(1)更高的存储密度和更少的占地面积：智能机器人存取系统将多个巷道组织在一起，实现了紧致化存储模式，而 AS/RS 系统中一次只能设置一个巷道进行货物的存储。

(2)智能机器人存取系统可以柔性设置系统中的机器人数量来满足吞吐需求的变化，因此具备更高的吞吐能力柔性。

现有的基于层 AVS/RS 系统的研究中，学者们均假设小车与电梯服从串联运行模式，存作业中，电梯先运行，小车再运行，取作业中，小车先运行电梯再运行。本书提出并行运行模式，即小车与电梯同时运行，并建立 Fork-Join 排队网络评估该运行模式的绩效，然后分析串、并联运行模式在基于层 AVS/RS 系统中的适用场景。

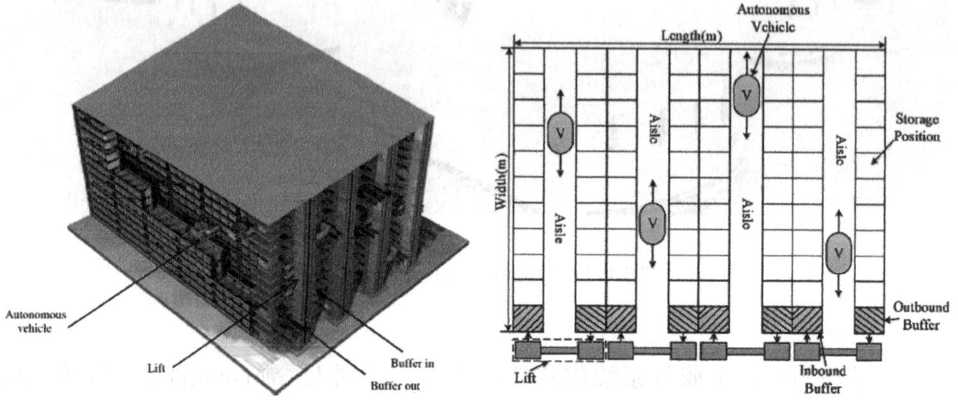

(a) 主视图　　　　　　　　(b) 俯视图

图 1.2 智能机器人存取系统(AVS/RS)

1.2.2　智能机器人订单拣选系统的主要结构及特点

本书研究的智能机器人订单拣选系统包括：智能机器人订单履行系统和紧致化智能机器人订单拣选系统。智能机器人订单履行系统(Robotic Mobile Fulfillment System，RMFS)来自于著名的亚马逊机器人系统 Kiva system(见图 1.3)。该系统采用具有升降功能的智能机器人来进行货架的搬运，以实现订单的拣选，系统周边设置(左、右和底部)有订单拣选(order picking)与补货(replenishment)工作站(workstation)。由于其较高的吞吐能力与柔性，被广泛应用到许多电子商务履行中心，包括亚马逊(Amazon)，the Gap，Walgreens，Staples，Gilt Groupe 和 Office Depot。

图 1.3　智能机器人订单履行系统

智能机器人订单履行系统创新性地使用了物到人(parts-to-picker)的拣选模式，与传统的人到物拣选模式相比，该系统具有更高的系统吞吐能力(throughput capacity)，该系统可以使用多个机器人小车同时处理多个物品，所以该系统内的拣选人员可以在更短时间内完成一个订单，具有更高的系统吞吐能力。其次，该系统还具有更高的吞吐能力柔性，可以通过增加系统中的存储货架来扩展存储能力，为适应不断变化的需求环境，系统结构和工作站分布也可以进行调整，在繁忙时期，系统吞吐能力可以通过加入更多机器人小车与工作站进行扩充，在空闲时期，则可以通过撤回小车与工作站来减低运行成本。

紧致化智能机器人订单拣选系统结构如图 1.4 所示。该系统是一个紧致化的自动存取(storage)和订单拣选(order picking)系统，它使用自动小车运输货物，货物被存储在标准尺寸的料箱中(bin)，然后以堆码的方式形成堆叠(stack)，堆叠并排组织在一起形成系统的存储区域。系统的顶部设置一个网格，每个单元对应一个堆叠。系统的周边设置有数个工作站，用于货物的进出。小车在网格上运动，在存储区与工作站之间运输货物。每个小车安装有一个类似电梯的升降系统，可以在存储堆叠和工作站中进行料箱的提取与释放。

(a) 主视图 (b) 自动小车

图 1.4 基于小车的紧致化存取系统(RCSRS)

1.2.3 智能机器人分拣系统的主要结构及特点

智能机器人分拣系统的结构如图 1.5 所示。该系统可以采用单层或者双层结构。在双层智能机器人分拣系统中，上层是一个拥有多个均匀分布格口的平台，每个格口通过传送带连接下层的包裹收集容器，包裹通过系统四周的传送带运输至分拣站台，然后通过机器人运输至指定的分拣格口进行投递。各分拣格口均连接下层的一个包裹收集容器，例如笼车或者包裹袋等。包裹通过位于系统周边的分拣站台进入系统，然后由智能机器人将包裹从分拣站台运输至指定的分拣格口。如果机器人和包裹回收容器位于同一层，那么就是单层系统结构，否则就是双层系统结构。

图 1.5　智能机器人分拣系统

1.2.4　智能机器人配送系统的主要结构及特点

在智能机器人配送系统中，无人机和无人车被大量使用，例如亚马逊的 PrimeAir 无人机配送系统(见图 1.6)和 starship 的无人车配送系统(见图 1.7)。

图 1.6　智能无人机配送系统

图 1.7 智能无人车配送系统

由于无人机和无人车的服务能力均受制于电池的续航能力，因此，它们通常与卡车配合使用来进行订单配送。使用无人机配送包裹是电商公司和物流公司近年来提出的新的终端交付模式。亚马逊在 2013 年推出了 Prime Air 无人机配送服务，随后谷歌、联邦快递、阿里巴巴等各大电商巨头也都在其配送服务中心构建了无人机配送系统。无人机比传统的送货卡车速度更快、行驶路线更灵活，同时可以减缓城市道路交通的阻塞压力。在无人机配送系统中，无人机在仓库装载目标包裹或货物，飞行到指定目的地交付包裹，完成交付后返回仓库。该系统所要求的人力资源少，并且可以通过智能控制系统实现完全地自动化运行。此外，该系统可以通过增加或收减少无人机的数量，根据需求轻松地调整系统吞吐量，从而节省运营成本。另一方面，无人机配送系统的构建需要较高的投资成本，该系统的应用也需要一个复杂的控制系统来保障无人机安全、稳定的运行。因此在使用无人机配送系统之前，必须充分了解其系统性能。无人机配送系统的吞吐能力和运营成本可能受到多种因素的影响，包括无人机的数量、无人机到仓库的分配策略、指派策略、电量管理策略等。由此，无人机配送系统需要一个高效、准确的性能评估工具来进行系统设计和运行策略分析。

1.3 研究意义

物流系统是供应链的物质与信息中转中心，它的运作效率会直接影响到企业供应链的运行成本、响应速度和柔性。随着电子商务的快速发展与产品生命周期的持续缩短，传统的自动化仓储系统已经无法满足企业对多品种、小批量物品的存取需求。基于智能机器人技术的物流系统为企业提供了解决方案。基于该系统当前使用于研究现状，本书围绕“运行策略优化”这一核心问题开展研究，具有如下理论与现实意义：

1.3.1　研究的理论意义

当前，智能机器人物流系统的相关研究主要集中于系统绩效指标评估，系统运行策略优化方面的研究相对较少。虽然堆垛机自动化存取系统的系统设计与运行策略优化方面的研究都以比较充分，但是，由于两类系统的存储模式与货物运输模式均不同，堆垛机自动化存取系统的相关研究成果无法直接应用到基于自动小车的存取系统中。智能机器人物流系统的系统绩效评估所使用的理论方法主要包括：概率论模型、排队网络模型(queueing network)和仿真模型。然而，系统运行策略优化则需要使用优化模型，包括基于绩效评估的成本优化模型、混合整数优化模型等。所以，对智能机器人物流系统开展运行策略优化方面的研究具有重要的理论意义。

此外，现有研究主要集中于智能机器人存取系统和智能机器人订单履行系统，对于智能机器人分拣系统和智能机器人配送系统的相关研究还较为缺乏。本书第七章和第八章分别对这两类系统的绩效评估和运行策略管理开展了研究，对于完善智能机器人物流系统运行策略管理的研究具有重要意义。

1.3.2　研究的现实意义

高效率和低运行成本的供应链系统是企业得以在激烈的市场竞争中获得成功的关键因素之一。仓储系统作为供应链系统的物资与信息中转中心，需要拥有较高的吞吐能力、柔性和较低的运行成本。智能机器人系统可以为企业提供满足需求的仓库服务，然而，当前仍然存在很多制约该系统实际应用的关键问题，即运行策略优化问题。因此，本书具有以下现实意义：帮助仓储系统管理者根据需求调整小车数量，降低投资成本。在 AVS/RS 系统内，一个小车的价格为 5000 美元左右。因此，合理、动态地根据需求调整小车的数量可以降低仓库运营成本。

本书为智能机器人系统构建准确有效的理论模型，帮其确定满足指定吞吐能力的最小小车数量；帮助仓储系统管理者根据需求选择最优的存储策略，这决定了系统所需要的存储空间和取货效率；帮助仓储管理者根据顾客需求选择最合适的运行策略，包括小车的待命位策略、作业指令策略、小车的电量恢复策略以及指派策略等，这会影响系统的吞吐能力与运行成本；使用成本优化模型帮助仓储管理者选择满足吞吐能力的成本最低的系统方案，包括小车数量、货架结构和最优运行策略。

1.4 研究目的与方法

1.4.1 研究目的

本书研究智能机器人系统的运行策略优化问题，考虑了智能机器人存取系统(AVS/RS)、紧致化智能机器人存取系统(RCSRS)、智能机器人订单履行系统(RMFS)、智能机器人分拣系统(RSS)和智能机器人配送系统。本书旨在以系统绩效和运行成本为优化目标，给出智能机器人物流系统的运行策略优化的理论体系，为该系统的实际应用提供综合性的指导。具体研究目的如下：

(1)在智能机器人存取系统中提出电梯与小车的并行运行策略。构建准确有效的理论模型来评估该策略下的系统绩效，包括系统吞吐时间、小车与电梯的利用率和作业的期望等待时间。找出串行与并行运行策略各自的使用条件，并将并行运行策略运用到实际系统中。

(2)为紧致化自动小车存取系统(RCSRS)构建准确有效的理论模型，搭建仿真平台验证理论模型。在存储堆叠内部和堆叠之间提出多种存储策略，为自动小车的取货过程设计多种翻箱策略，用理论模型评估以上存储策略与翻箱策略的系统绩效。然后，构建成本优化模型，从投资与运行成本的角度找出系统最优设计方案和存储策略。

(3)为智能机器人订单履行系统(RMFS)设计小车电池电量恢复策略。然后，构建准确有效的理论模型评估电量恢复策略下的系统绩效，并通过仿真验证理论模型。从系统吞吐能力和投资与运行成本两个角度分析各电量恢复策略，给出各策略的使用条件，为 RMFS 系统的管理者提供小车电池管理方面的指导。

(4)为智能机器人订单履行系统(RMFS)设计工作站到小车的指派策略，以期在随机指派策略的基础上提高 RMFS 系统的吞吐能力。构建准确有效的理论模型来评估指派策略的系统绩效，并通过仿真验证理论模型。最后，通过数值试验对比分析各指派策略的绩效和各自的使用条件，为 RMFS 系统的管理者提供指派策略方面的指导。

(5) 为智能机器人分拣系统构建基于闭环排队网络的绩效评估模型，在该系统中考虑系统布局方案、机器人路径规划方案和订单指派策略等问题。从系统吞吐能力最大化和运行成本最小化的双向角度出发，对以上策略进行优化分析。

(6) 为智能无人机配送系统构建基于闭环排队网络的绩效指标评估模型，在该系统中考虑机器人到仓库的归属策略和机器人到仓库的指派策略。分别从该系统吞吐能力和运行成本的角度对以上运行策略进行优化研究，得出不同需求环境下的最优运行策略管理方案。

1.4.2　研究方法

(1)排队网络模型：本书使用排队网络模型为智能机器人物流系统构建绩效指标评估模型，用于评估本书提出的各种存储策略与运行策略下的系统绩效，作为策略优化和选择的目标函数。本书使用半开半闭排队网络模型来估算系统的吞吐时间，用闭环排队网络估算系统的最大吞吐能力。与传统自动化存储系统不同，自动小车存取系统使用多个小车进行货物运输，因而无法适用确定性模型来进行系统绩效评估。排队网络模型可以处理不同的顾客到达情况，包括泊松过程和一般性到达，同时也可以处理服从指数和一般性分布的服务时间情况，因而更适合于自动小车存取系统。

(2)基于位相型分布的矩阵几何算法：本书使用基于位相分布的矩阵几何算法为排队网络模型进行求解。因为自动小车存取系统通常面临服从一般性到达的顾客类型，且其服务时间也服从一般性分布，因此，常规的矩阵几何算法无法对其进行求解。本书根据研究问题的不同，设计基于位相分布的分解算法来求解相应的排队网络模型，包括分叉-汇合排队网络(Fork-Join queueing network)和半开半闭排队网络(semi-open queueing network)。结果表明，这些近似分解算法都能给出较为准确的估算结果。

(3)离散事件仿真：本书使用离散事件仿真验证理论模型的准确性与可靠性，通过 Arena 来构建各系统的仿真模型，然后在大量的系统方案中进行仿真结果与理论结果的对比分析。根据仿真结果对理论模型进行修改，直至相对误差可接受为止。

(4)混合整数规划模型：本书构建混合整数规划模型来优化自动小车存取系统的投资与运行成本。决策变量包括系统尺寸、小车和工作站数量、存储策略和运行策略，系统吞吐时间通过绩效评估模型计算，且需要满足给定值。

1.5 内容提要

本专著包括九章内容，各章内容如下：

第 1 章介绍了智能机器人物流系统的发展现状，总结和分析了现有研究的不足，提出了本书需要研究的问题，阐述本书的研究价值。

第 2 章回顾和分析了智能机器人存取系统、智能机器人订单履行系统、智能机器人分拣系统和智能机器人配送系统的国内外研究情况。遵循订单在物流系统中的服务过程，分别对智能机器人在订单存取、订单拣选、订单分拣和订单配送过程中的运行策略问题开展了具体的研究。

第 3 章研究了使用固定存储单元的智能机器人存取系统中电梯与小车的并行运行策略，然后构建分叉-汇合排队网络，并设计基于相位分布的两阶段分解算法求解模型评估运行运行策略的系统绩效。数值试验分析对比了并行运行策略与串行运行策略的绩效，结果表明，当系统的作业需求率较低时，并行运行策略更有利于降低系统取货吞吐时间。并行运行策略在真实系统中的应用表明，取货吞吐时间可以降低约 2.11%。

第 4 章研究了使用移动式料箱的紧致化智能机器人存取系统。首先为其构建了基于半开半闭排队网络的系统绩效指标评估模型，在系统的存储堆叠中，考虑了指定与分享式存储策略；在系统网格面上，考虑了随机与分类存储策略，此外，还考虑了立即与延迟两种翻箱策略。然后构建了仿真模型验证理论模型。最后，从系统吞吐时间和投资运行成本两个角度对比分析了本书考虑的存储策略与运行策略，结构表明，指定存储策略更有利于系统吞吐时间，但是其运行成本较高于分类存储策略。

第 5 章研究了使用移动式货架的智能机器人订单履行系统，在该系统中考虑了小车电量恢复问题，提出了三种电池电量恢复策略：有线充电、无线充电与电池更换策略。然后构建了半开半闭网络模型研究电池恢复方案对系统绩效的影响，对比分析三种策略的绩效，优化系统成本。结果表明，忽略小车电量恢复问题可能会高估系统吞吐能力或者低估所需小车数量，无线充电策略在系统吞吐能力方面最优，有线充电策略最便宜，电池更换策略的绩效取决于空闲电池价格在小车成本中的比例。

第 6 章研究了智能机器人订单履行系统中工作站对小车的指派策略优化问题。提出了基于拣货人员作业速率的指派策略和基于临域搜索算法的指派策略，同时使用半开半闭排队网络模型评估这两种指派策略的绩效，对比分析结果表明，临域搜索算法可以找到接近最优解的指派策略，当作业速率较快的工作站靠近存储区时，基于拣货人员作业速率的指派策略优于随机指派策略。

第 7 章研究了智能机器人分拣系统的绩效评估模型构建、系统布局优化、机器人路径规划方案优化、机器人指派策略优化等问题。为该系统构建了基于闭环排队网络的绩效指标评估模型和带吞吐能力约束的成本优化模型。分别以吞吐能力和运行成本为优化目标，考虑了系统布局结构，机器人路线方案、机器人到分拣站台的指派策略等运行策略。通过仿真验证理论模型的准确性，然后通过数值实验分析和优化以上运行策略。

第 8 章研究了智能无人机配送系统的绩效评估和无人机到仓库的指派策略问题。首先为该系统构建了基于闭环排队网络的绩效指标评估模型，并以吞吐能力为关键约束，构建了成本优化模型。然后，通过仿真验证了理论模型的准确性和有效性。最后，对无人机到仓库的指派策略进行了分析和优化。

第 9 章对以上研究内容进行总结，并对未来的相关研究进行展望。

第2章 智能机器人物流系统的国内外研究现状评述

本章首先对智能机器人存取系统、智能机器人订单拣选系统、智能机器人分拣系统和智能机器人配送系统的国内外研究现状进行详细阐述，然后对现有研究进行总结和评述。

2.1 智能机器人存取系统的国内外研究现状

随着智能机器人技术的不断发展和成熟，仓库存取系统逐渐开始使用智能机器人存取系统来代替传统的自动化堆垛机存取系统(AS/RS)，大幅提升了系统吞吐能力柔性、降低了订单存取的运行成本。智能机器人存取系统(Autonomous Vehicle Storage and Retrieval System，AVS/RS)是一类新型的全自动化货物存取系统。该系统于20世纪初被创造并运用到实际当中(Malmborg 2002)，与传统AS/RS系统不同的是，AVS/RS系统采用水平与垂直货物运输分离进行的模式，水平方向使用自动小车进行货物运输，垂直方向使用电梯进行货物运输。这种新型的存储模式充分使用了地面面积，提高了系统的存储能力、稳定性与柔性。根据自动小车是否可以在层与层之间进行转移，AVS/RS系统可以被分为层到层的系统(tier-to-tier AVS/RS)与基于层的系统(tier-captive AVS/RS)。在层到层的AVS/RS系统中，小车可以通过电梯转移到其他层，货物的运输需要搭载在一个小车上，该类系统的小车通常较贵，但吞吐能力更高(Marchet et al. 2012)，在基于层的AVS/RS系统中，每个小车隶属于某一层，只负责该层货物的水平运输，该类系统的小车较便宜，但是系统吞吐能力则较低。接下来，本书将对这两类AVS/RS的国内外研究现状进行分析。

2.1.1 层到层的AVS/RS系统研究综述

首先受到业界与学术界关注的AVS/RS系统是层到层的AVS/RS系统，基于所使用的研究方法，本书将层到层AVS/RS系统的研究分为两类：理论模型研究与仿真模型研究。大多数学者使用理论模型研究层到层的AVS/RS系统，同时，也有学者使用仿真模型为理论模型提供验证或者通过仿真进行系统结构设计研究。

在理论模型研究方面，作为该类系统研究的先驱者，Malmborg(2002)为该类系统构建了用于期望存取时间的理论模型(conceptualizing tools)，他通过建立连续马尔科夫链模型分别计算水平、垂直物料流。Malmborg(2003a)将成本因数考虑到理论模型中，然后对系统进行结构设计。Malmborg(2003b)同时考虑了单、双指令作业，提出了一个状态方程来预估双指令作业的最优比例。由于排队模型可以更好地模拟系统中资源数对系统绩效的影响，后续的研究开始为AVS/RS系统构建排队网络模型。Kuo, Krishnamurthy et al. (2007)在层到层的AVS/RS系统中考虑了随机存储策略(Random storage policy)与作业结束点待命位策略(Point-of-Service-Completion, POSC)，他们将小车的服务过程模拟为一个$M/G/V$队列，其中V为小车数量，将电梯服务过程模拟为一个$G/G/L$队列，其中V为电梯数量。(Fukunari and Malmborg 2008)同时考虑了单、双指令，他们将电梯服务过程模拟为一个$M/G/L$队列，将小车服务过程模拟为一个$M/G/V$过程，同时将电梯服务过程镶嵌到小车服务过程中，通过迭代直到两个队列中的等待时间稳定的方式，推导出了作业吞吐时间(transaction cycle time)。接下来，Fukunari and Malmborg (2009)考虑了小车维修与保养，为层到层的AVS/RS系统构建了闭环排队网络模型(Closed-Queueing Network, CQN)。为提高排队模型对于等待时间估算的准确性，Zhang et al. (2009)提出了基于作业到达率的变异系数的近似算法。Heragu et al. (2009), Heragu et al. (2011)在AS/RS系统和AVS/RS系统构建了基于开环排队网络(Open Queueing Network, OQN)的绩效评估模型，并对两种系统进行了结构设计与对比。

由于将小车模拟为一类额外的资源可以更好地估算小车数量对系统绩效的影响，后续的研究开始将层到层的AVS/RS系统模拟为半开半闭排队网络模型

(Semi-open Queueing Network, SOQN)。Roy(2011)综合性地使用 SOQN 研究了层到层的 AVS/RS 系统，Roy et al.（2009）考虑了水平与垂直分区，并构建 SOQN 评估了分区对系统绩效的影响。Roy, Krishnamurthy et al.（2012）研究了单层 AVS/RS 系统，他们构建了带多种顾客类型与类型转换的 SOQN 模型，设计了分解算法评估系统绩效指标。Ekren et al.（2014）研究了多层 AVS/RS 系统，他们构建了 SOQN 模型并使用矩阵集合算法进行模型求解。Cai et al.（2014）也为多层 AVSRS 系统构建了基于 SOQN 的绩效评估模型，他们考虑了两种小车待命位策略，即作业结束点策略(Point-of-Service-Completion, POSC)和返回 I/O 点策略。结果表明，前者更适合于 AVS/RS 系统。Roy et al.（2015a）研究了系统的 I/O 点策略、待命位点策略以及横向巷道的设置问题，同样，他们构建了 SOQN 模型并使用 MGM 求解，研究结果表明 POSC 待命位策略较适合 AVS/RS 系统，横向巷道设置在系统中部更有利于提高系统吞吐能力。Roy et al.（2015b）考虑了水平与垂直方向上的分区，同时考虑了连续与离散两种类型的电梯，他们同样适用 SOQN 评估系统绩效。结果表明，分区和连续电梯的使用都有利于提高系统绩效，Tappia et al.（2016）研究了一种使用多倍深货架的 AVS/RS 系统，他们考虑了使用专用小车与公共小车两种策略，为系统构建了 SOQN 绩效指标评估模型，通过 MGM 求解模型。D'Antonio et al.（2019）考虑了一个带多穿梭车平台和多倍深存储结构的智能机器人存取系统，他们为该系统构建了订单完成时间的理论模型。Ekren（2021）则在智能机器人存取系统中考虑了基于多目标的系统结构优化问题。

在国内研究中，学者们更多关注于层到层的智能机器人存取系统的运行策略优化问题，往往通过组合优化模型加启发式算法的理论方法开展研究。方彦军和唐猛(2014)对该系统的冲突与死锁进行了研究，并设计了优化控制策略。方彦军和唐猛(2015)进一步建立了一个基于动态排队网络的系统分析与决策模型。张思建等(2016)研究了该系统的多批货箱入库货位优化问题，设计了模拟退火算法进行策略优化。邹霞(2018)则考虑了一种新型的分散式智能机器人存取系统，她研究了该系统的运行效率优化问题。邹霞等(2019)对智能机器人存取系统的货物动态存储开展了优化研究，并设计了启发式算法进行存储策略优化。李珍萍等(2021)对考虑了货箱缓存区的 AVS/RS 系统的订单分批拣选问题开展了研究。

虽然理论模型可以快速评估系统绩效，更快地进行系统结构设计与运行策略优化选择，然而，在理论模型被应用之前，有效性与可靠性都需要通过仿真模型进行充分的验证。因此，以上研究中的大多数都构建了仿真模型用于验证理论模型。此外，还有许多学者单独使用仿真模型研究层到层的 AVS/RS 系统。Ekren et al.（2010）为层到层的 AVS/RS 系统构建了仿真模型用于系统结构设计与运行策略选择，他们首先为系统设计最优的小车与电梯数量，然后通过实验设计(Design of Experiment，DOE)的方法为系统选择最优运行策略，包括待命位策略、作业排序方案和 I/O 点的位置优化等。Ekren and Heragu（2010b）为层到层的 AVS/RS 系统建立了基于仿真的回归分析模型(regression analysis model)，他们使用 Arena 构建仿真模型，然后通过仿真输入与输出结果之间的关系构建了系统绩效与系统层数、巷道数、倍位数(number of bays)之间的回归模型关系。最后，他们使用该回归模型对系统结构进行优化。Ekren(2011)构建了 Arena 仿真模型，用于系统绩效评估，然后设计系统的小车数量、巷道数量、倍位数和层数，同时，本书考虑了以成本为优化目标的系统设计。Ekren and Heragu(2011)通过仿真模型优化 AVS/RS 系统中的小车与电梯数量，结果表明，使用更多的电梯与更大的地面更有利于系统绩效。Ekren and Heragu(2012)通过仿真模型对比了 AVS/RS 系统与使用堆垛机(crane)的 AS/RS 系统进行了比较，结果表明，AVS/RS 系统在吞吐能力方面由于 AS/RS 系统，而 AS/RS 系统在成本方面更优。Roy et al.(2016)构建仿真模型研究了系统各种小车的阻塞与拥堵对系统绩效的影响，结果表明，小车阻塞带来的延迟可能会对系统吞吐时间造成 2%～20%的影响。Jerman et al.（2021)为智能机器人存取系统搭建了有效的仿真模型。

2.1.2　基于层的智能机器人存取系统的研究综述

与层到层的 AVS/RS 系统不同，基于层的 AVS/RS 系统中的小车只能在其隶属层运动。Heragu et al.（2009)为基于层的 AVS/RS 系统构建了开环排队网络模型(OQN)，用于评估系统绩效，结果表明，当小车利用率在 60%～85%时，OQN 的准确度可接受。Marchet et al.（2012)在基于层的 AVS/RS 系统中考虑了电梯与小车的加减速，他们也构建了开环排队网络评估系统绩效。Marchet et al.（2013)为 AVS/RS 系统设计了综合的设计框架，设计框架的应用结果表明，较多数量的短巷道更适合于层到层的 AVS/RS 系统，较小数量的长巷道更适合基于层的 AVS/RS 系统。Lerher et al.（2015）研究了单电梯的基于层的 AVS/RS 系统，他们也考虑了小车与电梯的加减速，推导出了水平、垂直货物移动时间的表达式。紧接着，Zaerpour et al.（2016）也研究了使用双倍深货架的基于层的 AVS/RS 系统。由于前人关于基于层的 AVS/RS 系统的研究都假设小车与电梯服从串联运行策略。与前人研究不同，Zou et al.（2016）在基于层的智能机器人存取系统中考虑了电梯与机器人的并行运行策略

以上对固定式存储单元自动小车存取系统的研究综述表明，关于层到层的 AVS/RS 系统方面的研究已经较为成熟，主要包括系统绩效指标评估模型研究、系统结构设计研究、系统资源配置研究、系统运行策略优化研究。然而，关于基于层的 AVS/RS 系统的研究还较为缺乏，目前已经进行的有系统绩效指标评估模型研究、系统结构设计研究。且目前关于基于层的 AVS/RS 的研究均假设小车与电梯服从串联作业模型，基于此，本书在第三章提出小车与电梯的并联作业模式，并构建 Fork-Join queueing network 来研究并联作业模式的使用场景。

2.2 智能机器人订单拣选系统的国内外研究现状分析

除 AVS/RS 系统外，智能机器人技术也被广泛应用到其他类型的仓储系统中，包括轨道小车系统（AGV），智能机器人订单履行系统（Robotic Mobile Fulfillment System，RMFS），紧致化智能机器人存取系统（Robotic Compact Storage and Retrieval System，RCSRS）等。与 AVS/RS 不同的是，这些系统所使用的存储单元不是固定式货架，具有较高的存储空间可扩展性。本章将对使用移动式存储单元的自动小车存取系统方面的国内外研究进行综述。

2.2.1 智能机器人订单履行系统（RMFS）相关研究综述

机器人订单履行系统的原型为 Amazon 使用的 Kiva 系统（Mountz 2012）（见图 2.1）。目前，除了 Amazon 以外，天猫超市和京东也开发了类似物料处理系统，并应用到他们的仓储系统中。本书将使用地面行走小车完成系统订单的物料处理系统统称为机器人订单履行系统（RMFS）。该系统使用自动小车进行移动式货架

的运输，系统的周边设置有工作站，用于对订单进行拣选或者系统补货。由于该类系统具有较高的吞吐能力、柔性和较低的运行成本，多家电子商务企业应用了该系统，包括 Amazon，the Gap，Walgreens，Staples，Gilt Groupe 和 Office Depot.

图 2.1　Kiva 系统

RMFS 系统于 2012 年开始受到业界与学术界的关注，目前，相关的学术研究还较少，但是，与 RMFS 系统拥有类似物流处理模式的系统已经得到了充分的研究。基于此，本章对同样适用自动小车技术进行物料处理的系统研究进行综述，包括 AVS/RS 系统和魔方块存储系统(Puzzle-Based Storage System，PBSS)，同时，本书将着眼于使用排队网络进行系统绩效评估的研究。

在基于机器人小车的存取系统的相关研究中，排队网络模型被广泛使用，因为它可以更为准确地模拟顾客对资源的等待过程。具体来说，开环排队网络(OQN)可以较快地计算系统吞吐时间(system throughput time)，闭环排队(CQN)可以估算系统最大吞吐能力，半开半闭排队网络(SOQN)可以更准确地估算资源有限时系统的吞吐时间。

一个模仿块存储系统(PBSS)用小车在水平面上运输货物，用电梯在垂直方向上运输货物。在水平面上，多个共同移动的小车可以形成一个虚拟通道，用于货物的运输。Gue(2006)是该系统的开篇之作，他研究了单层的 PBSS 系统，当该层只拥有一个空位，且距离 I/O 点较近时，他为系统的期望取货时间构建了表达式，当该层拥有多个空位，且距离 I/O 点较近时，他提出了启发式算法来求解系统的期望取货时间。Taylor and Gue(2008)通过仿真实验的方式研究了 PBSS 系统中空位的数量与位置对系统期望取货时间的影响，结果表明，空位数越多并不会导致系统期望取货时间越小，且空位离 I/O 点更近也不是更优的选择。Rohit, Taylor et al.（2010）考虑了带多个随机空位的单层 PBSS 系统，他们为带单个或两个空位的系统构建了期望取货时间表达式模型，为带多个空位的系统设计了启发式算法计算期望取货时间。接下来，Zaerpour(2013) 对 PBSS 系统进行了综合性的研究并产生了一系列的成果。Zaerpour et al.（2010）在该系统中考虑了随机存储策略，推导出了期望取货时间模型，并以此为目标优化了系统结构。Zaerpour et al.（2016）考虑了两类存储策略(two-class-based storage policy)，并优化系统结构。Zhang et al.（2013）研究了三类存储策略(three-class-based storage policy)在该系统中的应用。Zaerpour et al.（2015b）为 PBSS 系统构建了简单易用的期望取货时间表达式，他们通过实际应用验证了理论模型的准确性，然后构建了一个混合整数非线性模型来优化系统结构尺寸，最后，他们还从投资、运行成本和能源消耗的角度对比了 PBSS 系统与传统的自动化存取系统。

PBSS 系统与 RMFS 系统都采用自动小车运输货物，不同之处在于，RMFS 系统的小车在仓库地面运行，且通过已有通道来运输货物，而 PBSS 系统中的小车在各自所处的层上运行，且通过多个小车的配合形成虚拟巷道来运输货物。因此，PBSS 系统的相关研究成果值得研究 RMFS 系统的学者们借鉴。现有的关于 RMFS 系统的研究着眼于系统绩效评估。Lamballais et al.（2017）考虑了单线订单(single-line order)与多线订单(multi-line order)，他们构建了 SOQN 来评估系统绩效指标，并构建了 CQN 计算系统最大吞吐能力，结果表明系统吞吐能力受系统长宽比与工作站位置的影响较大。Roy et al.（2016）构建了 CQN 用于计算系统最大吞吐能力，他们考虑了指定(dedicated)与共享式(pooled)小车策略，研究结果表明，使用指定小车策略更有利于系统拣选订单作业，使用共享式小车策略则更加有利于系统补货作业。徐贤浩、郭依等(2016)研究了 RMFS 系统中小车的待命位点策略与系统的最优长宽比。Yuan, Gong（2017）在智能机器人订单履行系统中综合考虑了两种机器人到分拣站台的归属策略，包括指定归属策略和共享式归属策略，他们通过马尔科夫模型研究了两种策略的绩效指标。Merschformann et al.（2019）则在智能机器人订单履行系统中考虑了补货决策问题。Roy et al.（2019）在智能机器人订单履行系统中考虑了系统分区和机器人到系统分区的指派问题，他们通过构建闭环排队网络模型对单分区、多分区，指定指派策略和共享指派策略进行了综合性研究和分析，并构建仿真模型验证了理论模型的准确性和有效性。Lamballais et al.（2020）在智能机器人订单履行系统中研究了各类产品的最优补货问题。他们为该系统构建了基于半开半闭排队网络模型的绩效指标评估模型。Gharehgozli，Zaerpour（2020）研究了智能机器人订单履行系统中的机器人路径优化问题和机器人到拣选站台的调度优化问题，他们构建了基于 VRP 的机器人路径优化问题并设计了大领域搜索算法进行模型求解。与前人研究不同，Xie et al.（2021）则考虑了拆分式订单在智能机器人订单履行系统中的优化调度问题。鲁建夏等(2022)考虑了智能机器人订单履行系统的动态储位分配问题。

以上综述表明，RMFS 系统的相关研究还处于开始阶段，目前还有许多运行策略方面的问题有待研究，包括小车对作业的分配策略(assignment problem of robots to orders)、工作站对小车的分配策略(assignment problem of workstations to robots)、小车的电量恢复问题、货架的布局优化问题等。在研究方法上，可以从 AVS/RS 和 PBSS 系统的相关研究中借鉴，包括排队网络模型和混合整数优化模型。

2. 2. 2　紧致化智能机器人存取系统(RCSRS)相关研究综述

机器人小车紧致化存取系统是一种新型的使用自动小车技术的紧致化物料处理技术，它使用标准化料箱作为存储单元，使用在系统顶端行走的自动小车作为物料搬运设施(SR device)。系统底部周边设置有人工工作站，用于对订单拣选和补货作业进行操作。由于该类系统的存储能力可以随着系统需求随意调整，系统吞吐能力也可以通过增加、减少小车与工作站的数量进行调整，所以，它具有较高的柔性和较低的运行成本。因此，RCSRS 系统已在许多大型零售商的仓储系统中得到应用，包括英国的 ASDA 和 Ocado、荷兰的 Active Ants、澳大利亚的 Australia 等。且欧洲最大的银行之一的 Rabobank 最近也对 RCSRS 系统在 Active Ants 的应用进行了贷款(Rabobank 2016)。

不同于 RCSRS 系统在业界的快速推广，目前，学术界还没有开始对该系统的研究。然而，与 RCSRS 系统拥有相似存储模式与货物运输机制的物料处理系统已经得到了充分的研究，它们对于学者开展 RCSRS 系统的研究具有重要的学习借鉴意义。因此，本书将对使用堆垛机(crane)或小车进行货物运输、使用紧致化存储空间的物料处理系统的相关研究进行综述，包括三维紧致化存取系统(3-Dimensional Compact Storage and Retrieval System，3DCAS)、机器人小车存取系统(Autonomous Vehicle Storage and Retrieval System，AVS/RS)、魔方块存取系统(Puzzle-Based Storage System，PBSS)，以及集装箱堆叠系统(Crane-Based Container Storage and Retrieval System，CCSRS)。

3DCAS 是一种紧致化的标准物品存取系统(见图 2.2)，它使用堆垛机在拣选面上进行货物的水平与垂直方向运输，使用传送带在纵深方向上进行货物的运输。

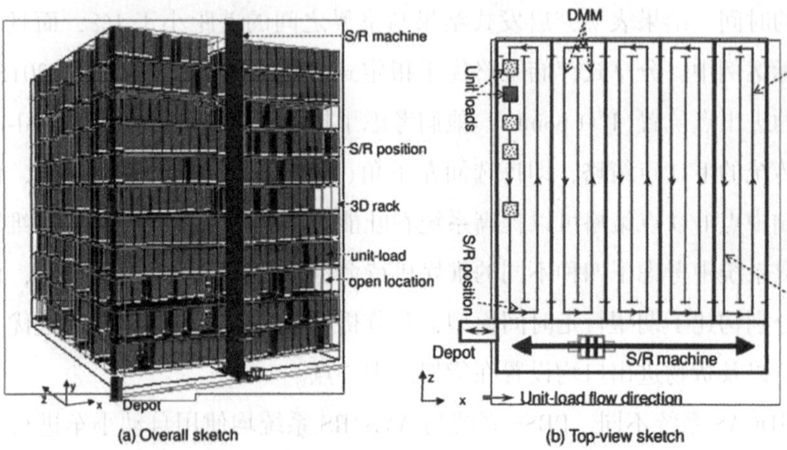

图 2.2　三维紧致化存取系统

De Koster et al. (2008)是研究 3DCAS 系统的开篇之作，他们在该系统中考虑了随机存储策略，建立了堆垛机的期望行走时间模型，然后优化系统结构尺寸。Yu and De Koster (2009a)研究了全周转率存储策略(full-turnover-based storage policy)，推导了单指令作业时间(single command cycle time)模型，然后通过最小化单指令作业时间来设计系统结构。他们证明，当货架的水平与垂直尺寸为时间上的正方形(square-in-time)且传送带维度尺寸最大时，系统的单指令作业时间最小，并且，他们通过比较证明了全周转率存储策略对随机存储策略的优势。紧接着，Yu and De Koster (2009b)研究了两类存储策略(class-based storage policy)在

3DCAS系统中的绩效，他们同样构建了单指令作业时间模型来评估该存储策略的绩效，然后构建了混合整数、非线性规划模型来求解系统最优结构尺寸。结果表明，系统分区尺寸和货物周转率特性会显著影响系统作业时间，并且，他们证明了两类存储策略对随机存储策略的优势。Yu and De Koster (2012)研究了3DCAS系统中存取作业的排序问题，目标在于最小化一组给定作业的总服务时间。他们提出了PPR-SL(Percentage Priority to Retrievals with Shortest Leg)启发式算法，研究结果表明，该算法大大优于其他启发式算法。Zaerpour et al. (2015a)在3DCAS系统中考虑了生鲜产品的短时存储，前人的研究都假设每个传送带上只存储一类产品(指定存储策略)，他们考虑了分享式存储策略，即每个传送带存储多种产品。然后，他们设计了基于贪婪结构的启发式算法，用于最小化系统服务一组取货作业的时间。结果表明，启发式结果与下界之间的差距小于1%，而且，在大多数实际案例中，分享式存储策略优于指定式存储策略。Hao et al. (2015)研究了系统的进出点位置(I/O point)，他们考虑了拣选面底端中点(lower mid-point)。通过与传统的I/O点策略，即拣选面左下角(lower left-corner)策略对比，他们发现，底端中点I/O点策略可以提高系统吞吐能力。Xu et al. (2020)在三维紧致化订单存取系统中考虑了四种不同的堆垛机待命位策略和货物进出口策略，他们为各策略分别构建了期望行走时间模型，并分析、证明了四种策略中的最优策略是将待命位以及货物进出口均设置在货架的中心点。

与3DCAS系统不同，PBSS系统与AVS/RS系统均使用自动小车进行货物的水平运输，这两类系统的研究现状见2.1与2.2。

除了以上几种系统外，RCSRS系统与CCSRS拥有许多相似之处。他们均使用堆叠式存储模式，货物存取装置都从系统顶端进行存取操作。接下来，本书将对CCSRS系统的研究现状进行分析。

对于一个集装箱堆场来说，其运作效率的高低很大程度上取决于塔吊(crane)的调度管理(scheduling)，即在知道一批即将进行的作业的前提下，如何安排塔吊的作业顺序，以期最小化所有作业的总服务时间。Vis and Roodbergen (2009)研究了一个单塔吊系统中存、取作业的调度问题。他们将塔吊的行走路径转化为网络图，并发现有些路线必须访问，而有些则可以不必访问，基于此发现，他们将该问题转化为一个乡村邮递员路径优化问题，然后将该优化问题重新构造为一个对称的斯特纳旅行商问题，并设计了最优化算法求解该模型。紧接着，Vis and Carlo（2010）研究了一个双塔吊（two cooperating automated stacking cranes）集装箱堆叠系统，该系统使用两个在高度方向上相互交错的塔吊来操作一个堆场的存、取作业。他们构建了数学模型来最小化双塔吊系统完成一组作业所花费的时间，同时设计了模拟退火启发式算法来求解该模型，结果表明，启发式结果与下界之间的差距在2%以内。

为进一步提高集装箱堆场系统中塔吊的运行效率，Gharehgozli（2012）对前人的模型与算法进行了综合性的补充与完善，并取得了一系列的研究成果。Gharehgozli et al.（2013）在集装箱堆场中考虑了两种存储策略：指定式存储策略和分享式存储策略。在指定式存储策略下，每个堆叠只堆放来自一个船只的集装箱；在分享式存储策略下，每个堆叠内则可以混合存放多个船只的集装箱。他们研究了最小化堆场中的翻箱时间的问题，设计了决策树启发式算法来求解模型。结果表明，该启发式算法可以为小规模问题找到最优解，在大规模问题中，其表现显著优于实际系统中使用的策略。Gharehgozli et al.（2014）为单塔吊系统的调度问题设计了最优化解法，他们为该问题建立了一个连续时间整数规划模型，并证明了该模型的复杂度，然后基于模型的本质属性提出了一个两阶段最优算法。数值结果表明，该算法可以得到最优解，与随机和最近领域启发式算法相比，该算法可以将系统总服务时间降低至少30%和14%。Gharehgozli et al.（2014）研究了一个使用塔吊系统的自动化存取系统，该系统拥有两个进出点（depot）。与集装箱系统类似，他们也考虑了最小化存取作业的总服务时间的问题。首先，他们为该问题建立了对称旅行商问题，然后他们基于如下系统特征设计了多项式时间算法（polynomial time algorithm）：该系统拥有两个进出点以及堆垛机每次存取一个货物都需要返回其中一个进出点。数值结果表明了该算法的有效性，与先到先服务和最近领域搜索算法相比，该算法可以将系统总服务时间减少至少30%和15%。Gharehgozli et al.（2015）考虑了双塔吊系统中的塔吊调度优化问题，他们为该问题构建了带优先约束（precedence constraints）的多对称性旅行商路径优化问题（multiple asymmetric generalized traveling salesman problem），然后设计了适应性大领域搜索算法求解。大量数值结果表明，启发式算法可以为小规模系统求得最优解，对于大规模系统，其表现比其他启发式算法好至少24%。

以上综述表明，对于使用一个或两个存取设施(SR device)的物料处理系统，例如集装箱堆叠系统和三维紧致化存取系统，学者们往往考虑 SR 设施的调度优化问题，以此最小化系统完成一组存取作业的总时间，目前已形成了一系列有效可行的算法。对于使用多个 SR 设施的物料处理系统，例如 AVS/RS 和 PBSS，学者们往往构建绩效评估模型，包括行走时间模型(traveling time model)和排队网络模型(queueing network model)，然后以期望存取时间为目标，优化系统结构和运行策略。RCSRS 系统使用多个 SR 设施，即小车，进行货物的存取操作，因此，在研究方法上，绩效指标评估模型更加适合。然而，该系统的运行模式又和集装箱堆叠系统或三维紧致化存取系统拥有很多相似之处，包括货物的堆叠方式、取货过程中的翻箱等。Zou et al. (2018)在紧致化智能机器人存取系统中考虑了水平面上的随机与分类存储策略、垂直方向上的指定与共享式存储策略。他们为该系统构建了基于半开半闭排队网络的绩效指标评估模型，并构建了带系统运行效率约束的成本优化模型。研究结果表明，虽然指定存储策略有利于提升系统运行效率，但是共享式存储策略能够显著降低系统运行成本。Azadeh et al. (2019)研究了一种垂直方向存取的智能机器人存取系统，他们为该系统构建了基于半开半闭排队网络的绩效指标评估模型，并在其中考虑了机器人在垂直巷道中的拥堵问题。为处理该问题，他们设计了两种拥堵规避策略，分别是停留等待策略和环绕一圈策略。结果表明，他们构建的理论模型可以准确有效的评估系统的绩效指标和运行成本。

2.3 智能机器人分拣系统的国内外研究现状

2.3.1 传送带分拣系统的研究综述

订单分拣作业于 2016 年开始使用二维码引导式机器人，包括京东物流、菜鸟物流、顺丰快递和德邦快递等，而在此之前，订单分拣作业主要采用自动化传送带(Boysen et al, 2019)。要分拣的物品通过人工或自动感应站提供给分拣机，经过唯一标识分拣到不同的出口通道(或斜槽)，从那里收集物品进行包装(物品分拣)或运输(包裹分拣)。为应对不同类型和重量的包裹，自动化传动带分拣系统可采用交叉带(cross-belt)、倾斜托盘(tilt-tray)、滑靴式分拣机(sliding-shoe)等技术。学者们对这类分拣系统的运行管理策略优化问题进行了广泛的研究。

Bozer and Sharp (1985)为闭环分拣系统构建了仿真模型来分析出口数量和出口聚集程度对系统吞吐能力的影响，Bozer et al. (1988)分析了订单打包策略对闭环分拣系统吞吐能力的影响，Johnson (1997)则研究了包裹优先级对系统绩效的影响，研究结果表明，当系统出口拥堵较小时，不给定优先级更好。Russel and Meller (2003)构建了描述性模型来分析对比人工分拣系统和自动化分拣系统，并且以总投入成本最低为优化目标对自动化分拣系统进行了设计。Gallian and Weber (2010)构建了排队网络模型来分析对比了包裹打包策略与不打包策略。研究结果表明，不打包策略反而更有利于系统吞吐能力的提升。自动化分拣系统的一些研究涉及整合过程优化的操作问题，如Boysen et al. (2018) 对包裹的投放顺序进行了优化研究；Briskorn et al. (2017)对分拣目的地到分拣出口的调度优化进行了研究；Boysen et al. (2019)对这些自动化分拣系统中的运行策略管理优化问题和运行优化问题进行了综述性的分析与介绍；Van de Gasst et al. (2020)研究了串联式传送带分拣系统的吞吐能力，他们构建了基于拥堵-跳过(jump-over)的拥堵处理策略，并构建了有效的绩效指标评估模型。研究结果表明，该系统的缓存区大小会显著影响系统吞吐能力。

2.3.2 智能机器人分拣系统的研究综述

与传送带分拣系统不同，机器人分拣系统将货物进出口紧密布置在地面上或者一个两层的平台上，因此，大幅减少了占地面积。然而，目前学术界对该类新型分拣系统的研究还比较有限。Fransen et al. (2020) 设计了动态路线规划算法来寻找时间最快的行走路径，并通过离散时间仿真验证了算法的有效性。此外，该算法可有效消除死锁情况。Zou et al. (2020)①考虑目的地信息，向机器人分拣系统中的工作站分配订单建立了一个半开放排队网络来评估系统的性能，并在两

① Zou B, Chen Y. Assign orders to workstations in robotic sorting systems considering destination information[C]//2020 7th International Conference on Information Science and Control Engineering (ICISCE). IEEE, 2020: 343-348.

个基准规则的基础上设计了一个改进分配规则的启发式算法。通过仿真验证了解析模型的正确性。数值结果表明，我们的启发式过程可以提高系统的吞吐量时间和能量消耗至少 10%。Zou et al.（2021）考虑了单层和双层结构的机器人分拣系统，构建了基于闭环排队网络模型的绩效评估模型来分析多种行走路径方案和多种机器人到分拣站台的指派策略。研究结果表明，双层结构更适合吞吐需求较高的系统而单层系统，虽然双向行走巷道更有利于系统吞吐能力的提升，但单向行走巷道的投入成本更低。

机器人分拣系统在实际应用中得到了广泛的应用，近年来引起了广泛的研究。作为先驱，Zou et al.（2021）为双层 RSS 和单层 RSS 构建了封闭排队网络，考虑到机器人随机、专用、最近和最短的队列分配到装载站。他们发现无论是随机分配规则还是最短队列分配规则，对于数量较多的机器人都优于随机分配规则，而专用分配规则对于数量较少的机器人都优于随机分配规则。机器人对工作站的分配或订单，通过确定性需求下的优化模型，主要是在机器人移动执行系统中研究的(Zou et al.，2017；Boysen et al.，2017a；Tan et al.，2021；Wang et al.，2021；Xie et al.，2021；Shi et al.，2021；Zhuang et al.，2021)。

尽管机器人分拣系统与传送带分拣系统具有相同的功能和目标，但其操作是不同的。智能机器人分拣系统与一些运输物品的基于车辆的机器人仓储系统有更多的相似之处，如机器人移动仓储系统(RMFS)或机器人紧凑存储和检索系统(RCSRS)，自动车辆存储和检索系统(AVS/RS)或自动化集装箱码头车辆系统(CT)。RMFS 是一种零件到拾取器的存储和订单拾取系统，它使用机器人运输带有库存的可移动货架。由于它有能力处理小产品的大分类和处理强烈的需求波动，电子商务实现中心的实现数量迅速增长。该系统是亚马逊在 2012 年推出的(Mountz 2012)，现在许多竞争系统都在全球各地的市场上实现。Lamballais，Roy and De Koster（2017)构建半开放排队网络模型做性能评估，研究机系统布局和分区策略。他们发现系统性能对宽长比不敏感，但对装载站的位置很敏感。Yuan and Gong(2017)开发了一个用于性能评估的开放排队网络，考虑了专用的机器人拣选站分配和共享协议。

有的论文基于分析性性能估计模型，分析了 RMFS 中的操作策略。Lamballais，Roy and De Koster(2020)通过跨类匹配多类半开放排队网络(SOQN)

实现库存分配。他们发现，通过将库存分散到多个吊舱，系统性能可以得到显著改善。Zou et al.（2017）研究了机器人装卸站分配规则，考虑了基于随机、最接近和启发式的规则。他们表明，将机器人分配到适当的装载站可以显著提高系统性能。由于汽车是由电池供电的，因此在设计和运行中考虑充电策略是很重要的。Zou et al.（2018）通过 SOQN 研究了电池回收，考虑了插电充电、感应充电和电池交换策略。他们发现，在检索事务吞吐量时间方面，感应充电策略表现最好，其次是电池交换和插电充电。除了对排队网络进行建模外，还对 RMFS 中的操作策略进行了仿真分析。Merschformann et al.（2019）开发了仿真模型来研究 RMFS 中的各种决策问题，包括订单到站分配、活动货架(pod)选择和活动货架(pod)存储分配问题。Merschformann(2018)通过一项基于模拟的实验研究了 RMFS 中的活动货架重新定位。结果表明，主动重定位可以提高 RMFS 的吞吐量性能，但车辆负载分配规则的代价和区域间车辆的分配。随机车辆分配规则和优选车辆分配规则具有相似的性能，增强了多分区的有效性。

RCSRS(特别是 Autostore 系统)也使用车辆来运输负载，但其存储密度要比 RMFS 或 AVS/RS 高得多。它将库存产品存储在堆叠栈(stack)形成的网格的箱子中。一组机器人在系统顶部的网格上驱动。他们挖出一个符合要求的网格箱，并将其运输到位于系统周边的指定装载站。Beckschafer et al.（2017）开发了一个离散事件模拟模型来检查存储策略。Zou，De Koster and Xu(2018)构建了一个半开放排队网络来评估 RCSRS 的性能，同时考虑了专用(每个堆栈一个产品，减少存储箱重组时间)和共享(每个堆栈多个产品)存储策略。结果表明，专用存储策略在系统吞吐时间方面优于共享存储策略，但由于共享存储策略的系统规模较小，运行成本较低。

2.3.3 cross-docking 的研究综述

在自动分拣系统出现之后，交叉转运(cross-docking)成为一种流行的物料搬运概念。在一个交叉转运终端，从入境卡车收到的产品被立即卸载、分类、合并，并装入出境卡车，在中间很少或没有储存(Rijal et al.，2019)。出入站站目的地和出入站门之间的分配(后称为码头门分配问题)是交叉码头的一个主要且具有挑战性的操作决策。取决于目的地是否比码头门的数量多得多，可以使用静态或动态码头门分配策略(Boysen et al., 2019)。最初的一项研究首先考察了一个静态船坞门分配问题(Tsui and Chang, 1990, 1992)。他们建立了一个双线性规划模型，使货物在跨码头的总运输距离最小化，并使用分支定界算法求解。Gue (1999)开发了一个线性规划(LP)模型，用于 4 在货物处理的交叉停靠中心(也指小于卡车负载，LTL)，以最小化工人的旅行距离，为进入的卡车分配入口门的优化。该模型还被用于评估不同的布局(哪个门充当入站/出站门)。一个案例研究表明，所谓的前瞻性政策比“先到先得”政策的劳动力成本低 15%～20%。Bartholdi and Gue(2000)在 Gue(1999)的旅行成本模型中进一步考虑了叉车之间的干扰、从条形拖车到目的地拖车的拖丝货运转移和堆栈门的楼层空间限制所引起的拥堵。他们使用一个稳态排队模型，分别估计由于叉车和拖铲运输之间的干扰而产生的平均等待时间，并将堆栈门处的压力限制在小于给定水平。Bozer and Carlo(2008)也以总旅行距离最小为目标，研究了进站/出站拖车在 LTL 交叉停靠中心的停靠门上的分配。他们将这个问题表述为一个二次分配问题，并设计了一个模拟退火算法来求解这个模型。他们将分配给出站门的拖车数量限制在不超过 3 辆，以解决出站门的拥堵问题。如果目的地比停靠门多很多，则通常应用动态停靠门分配策略。Chen and Lee(2009)首先解决入站/出站卡车到两个专用大门的动态分配问题，并把这个问题阐述为双机流车间问题，第一台机器上的操作是指入站码头的卸货过程，第二台机器捕获出站码头的装货过程，证明了这个问题的 NP-hardness，并设计了一个启发式的解决方案。然后，Chen and Song(2009)通过并行机器建模多个进出门来推广问题，证明了该问题是强 NP-hard，设计了四种启发式算法。Miao et al. (2009)考虑了具有操作时间约束的交叉码头内卡车对门的动态分配问题。他们建立了一个整数规划模型(IP)，使货物运输的运营成本和总未完成的货物数量在同一时间最小化，同时设计了禁忌搜索和遗传算法求解。Miao et al. (2014)也为此问题设计了一种自适应禁忌搜索算法。Nassief et al. (2018)为交叉停靠门分配问题建立了两种新的 MIP 模型，并将其分析和计算性能与现有模型进行了比较。此外，Gelareh et al. (2020)提出了八种新的跨坞中心船坞门分配问题模型。他们结合文献中已有的三个模型，论证了这 11 个模型的数学等价性。

另一种交叉转运终端集成系统分配问题的研究方向是联合优化交叉转运中心

的货车调度(Boysen et al., 2010; Boysen, 2010, Boysen, et al., 2017b)。Kuo (2013)通过船坞门分配问题研究了进站门和出站门的卡车调度问题。他们将这个问题表述为一个 MIP 模型，该模型以最小化总计操作时间(最大完工时间)为目标，并设计了一个可变邻域搜索算法来求解。以往的研究对卡车调度和坞门分配问题进行了顺序优化，而 Rijal et al. (2019)对其进行了同步优化。他们为这个问题建立了一个 MIP，并设计了一个 ALNS 算法来解决这个问题。计算结果表明，与序贯方法相比，交叉码头的运行成本平均可节省 12%。目的地与卸货点的分配不仅会影响机器人的出行距离，还会影响路径上机器人的拥塞情况，而交叉转运的两篇论文(Bartholdi and Gue, 2000; Bozer and Carlo, 2008)考虑了拥塞，他们实际上通过估计有限资源的等待时间(如堆栈门的楼面空间)来检查单点的拥塞。

2.4 智能机器人配送系统的国内外研究现状

“无人机配送”的概念最早由亚马逊公司在 2013 年提出，并发布了 PrimeAir 无人机快递配送计划，旨在为仓库周边的顾客提供服务。在国内，以顺丰为首的物流运输企业，以及京东、菜鸟等电商平台，也积极推广无人机配送业务。

无人机配送系统的研究主要集中在路径问题上。由于受到电池容量的限制，无人机存在配送距离有限、载货量小等问题，采用无人机和卡车共同完成配送任务是有效的解决方法之一。Murray and Chu(2015)首先提出了无人机和卡车组合配送的模式，研究了无人机路线和调度的优化问题，在一个场景下，无人机与卡车一起工作递送包裹，而一架无人机只能在一次行程中递送包裹。当无人机和卡车一起工作时，有两种设置。一是无人机和传统的送货卡车从一个共同的仓库出发，为不同的客户服务，称为并行配送模式。在此设置下，Saleu et al. (2018)提出一个启发式解法计算最小化完工时间，Ulmer and Thomas (2018)提出一个动态车辆路径问题和政策函数近似确定订单是否由无人机或卡车运送，旨在当天发货预期数量的最大化。Chen, Ulmer and Thomas(2021)①考虑车辆和无人机的同日送

① Chen, X., Ulmer, M. W., Thomas, B. W. Deep Q-learning for same-day delivery with vehicles and drones[J]. 2019.

达，动态调度车辆和无人机，提出了深度 Q 学习方法(Deep-Q-Learning)，了解了为新客户分配无人机或车辆的价值，以及完全不提供服务的选择。另一个是无人机必须从卡车上取包裹，并在交付后返回卡车。Boysen et al.（2018)探讨了无人机送货的不同调度问题，例如一架或多架无人机被放置在卡车上，起飞和降落点是否必须相同，并比较了不同调度下的潜在利益。协同 Agatz，Bouman and Schmidt(2018)将卡车和无人机合作配送的路由问题视为旅行商问题的一种新变体，然后将其建模为一个整数规划。在此基础上，Bouman，Agatz and Schmidt(2018)提出了基于动态规划的问题精确求解方法，并对这些方法进行了实验比较。

此外，Dorling et al.（2016)考虑了仅有无人机用于送货的场景，并考虑了无人机的容量、电池重量和不断变化的有效载荷重量。他们提出了一个能源消耗模型，并探索了无人机配送的多行程车辆路径问题，以降低成本和配送时间。

有限的研究考虑在系统层面上的无人机交付过程优化。Hong，Kuby and Murray(2017)设计了一种新的覆盖模型，以优化配送无人机系统的充电站位置。Hong，Kuby and Murray(2018)①提出了一种新的充电站优化选址模型，以支持商业无人机在障碍物区域内独立配送服务的最佳选址。Chauhan，Unnikrishnan and Figliozzi(2019)②提出了无人机最大覆盖范围设施位置问题，包括从作为无人机发射场的潜在设施位置列表中选择预先指定数量的电容设施，将有限数量的无人机分配给选定的设施，将在满足设施的容量和无人机的范围限制条件下需求位置分配给开放设施和无人机。Shavarani et al.（2018)提出了一种优化方法，以确定无人机交付系统中发射和充电站的数量和位置，并将其与旧金山的一个真实案例相结合。Lee(2017)建议将系统模块化以获得操作效益，并提出了模块化交付无人机的最佳操作方法。

---

① Hong，I.，Kuby，M.，& Murray，A. T. A range-restricted recharging station coverage model for drone delivery service planning. Transportation Research Part C：Emerging Technologies，2018，90：198-212.

② Chauhan D，Unnikrishnan A，Figliozzi M. Maximum coverage capacitated facility location problem with range constrained drones[J]. Transportation Research Part C：Emerging Technologies，2019，99：1-18.

对于无人机投送系统的研究多集中在路径优化和电池管理方面，而对无人机配送系统在系统层面的性能评估和运行策略分析研究较少。Shen, Xu and Zou (2021)在多仓库无人机配送系统中建立了精确的性能评估模型，研究了无人机分配规则、无人机到仓库分配规则以及从吞吐量和运营成本两个方面对电池管理进行了研究。

2.5 国内外研究现状评述

智能机器人物流系统的现有研究表明，智能机器人订单存取系统和智能机器人订单履行系统已经有较为成熟和丰富的理论研究成果，现有研究为这两类系统构建了多种绩效指标评估模型和运行策略的优化方法。而紧致化智能机器人存取系统、智能机器人分拣系统和智能机器人配送系统方面的研究还较为缺乏。具体而言，各类智能机器人物流系统的现有研究具有如下特点：

(1)智能机器人存取系统的现有研究大多假设电梯与穿梭车服从串行运行策略，并行运行策略未能得到有效研究。基于此，本书第三章在智能机器人订单存取系统中创新性地考虑了电梯与智能机器人的并行运行策略，并构建了基于Fork-Join的排队网络模型进行系统绩效评估。通过与串行运行策略对比分析发现，当系统所需的处理能力较低时，采用并行运行策略可以显著提升智能机器人存取系统的运行效率。

(2)虽然智能机器人存取系统已经有较为丰富的研究成果，但紧致化智能机器人存取系统目前还未收到学者的关注。该系统采用堆叠的形式进行存储，大幅缩减了系统占地面积，提升了货物存储密度，可显著降低系统投入成本。本书第四章为该系统构建了基于半开半闭排队网络的绩效指标评估模型和考虑系统绩效约束的成本优化模型，并设计了启发式算法进行模型求解和存储策略分析。结果表明，采用指定存储策略可以提升系统运行效率，但所需的投入成本也较高。

(3)智能机器人订单履行系统的现有研究主要关注于系统绩效指标评估和系统调度策略的优化，包括机器人的调度策略、订单到拣选站台的调度策略等。但机器人的能源管理策略和机器人到拣选站台的指派策略未得到有效研究。基于此，本书第五、第六章分别在智能机器人订单履行系统中研究了机器人的能源管理策略与机器人到拣选站台的指派策略问题。在能源管理方面，分别为该系统考虑了有线充电策略、无线充电策略和电池更换策略；在机器人到拣选站台的指派策略方面，分别考虑了随机指派策略、最近指派策略、指定指派策略和基于启发式算法的指派策略。

(4)随着智能机器人技术在物流系统中的不断深入使用，智能机器人物流系统已经不仅仅限制于存取系统和订单拣选系统，智能机器人分拣系统也成为了智能机器人在物流系统中的最新应用场景。虽然该系统已于近年在各大物流企业得到了充分应用，但仍未有理论研究分析该系统的结构设计与运行策略优化问题。基于此，本书的第七章为智能机器人分拣系统构建了基于闭环排队网络的吞吐能力评估模型，并基于此构建了带吞吐能力约束的成本优化模型。与此同时，本书还在智能机器人分拣系统中考虑了单层与双层系统结构、最短路和绕路拓扑结构以及机器人到分拣站台的指派策略。

(5)智能无人机配送系统的现有研究大多关注于无人机配送过程中的调度优化问题，例如无人机与卡车的路径优化问题、订单到无人机的指派策略、无人机在仓库间的调度问题等。未有研究对该系统的结构设计和资源配置开展研究，基于此，本书的第八章首先为智能无人机配送系统构建了半开半闭排队网络模型的绩效指标评估模型，并考虑了无人机到仓库的指派策略。

第3章　智能机器人存取系统的并行运行策略研究

3.1　智能机器人存取系统的应用现状

随着仓储系统建造成本和劳动力成本的不断增加，现代仓储系统逐渐朝着存储空间紧致化与运作模式自动化的方向转变。传统自动化存储系统(AS/RS)于20世纪40年代被创造并应用到企业中，该类系统使用单倍深货架，两排货架中间设置一个巷道，每个巷道内使用一个堆垛机(S/R machine)进行货物的运输。由于其较高的吞吐能力与稳定性，AS/RS系统已在全球各地的仓储企业得到了广泛应用，同时，学者们也对AS/RS进行了系统的研究。然而，随着顾客需求逐渐呈现多样化与个性化的特征，企业产品品种越来越多，产品生命周期快速缩短。企业仓储系统面临着减低运行成本、提高吞吐能力与柔性的挑战。一方面，AS/RS系统中巷道的设置减低了地面面积利用率；另一方面，S/R machine的高投资成本和较低的柔性也制约了AS/RS系统的应用。为解决这一问题，企业开始关注并使用紧致化自动存储系统。

倍深式AS/RS系统将传统AS/RS系统中的单倍深货架替换为双倍深货架，大大提升了仓库地面面积的利用率。然而，在倍深式AS/RS中，目标货物可能被外层货物阻挡，导致取货作业需要先进行翻箱，从而增加取货时间，降低了系统吞吐能力。所以，如何在保证系统吞吐能力不降低的前提下，提高系统地面面积的利用率成为了众多仓储企业急需解决的问题。紧致化自动小车存储系统使用紧致化的存储单元和自动小车运输货物，保证较高系统吞吐率的同时也可以通过变化小车数量来适应不同的需求。具有代表性的紧致化自动小车仓储系统包括：

高密度存储系统(very high density AS/RS)、带自动小车的紧致化存储系统(Autonomous Vehicle Storage and Retrieval System, AVS/RS)、自动小车订单履行系统(Robotic Mobile Fulfillment System, RMFS)和 AutoStore 存储系统(RCSRS)。这些系统都通过充分利用垂直空间来提高仓库地面面积利用率，同时使用自动小车运输货物，保证系统吞吐能力与柔性。

AVS/RS 于 21 世纪初被创造并应用到许多仓储企业中，该类系统使用电梯进行货物的垂直运输，自动小车进行货物的水平运输(见图 3.1)。根据小车是否可以在各层之间转移，AVS/RS 系统可以分为层到层(tier-to-tier) AVS/RS 系统和基于层(tier-captive) AVS/RS 系统。在层到层 AVS/RS 系统中，小车可以通过电梯转移至其他层，货物的水平与垂直运输都需要搭载在小车上，该类系统拥有较高的吞吐率和柔性，但是其投资成本较高。在基于层 AVS/RS 系统中，小车隶属于某一层，不可转移到其它层，货物的水平运输需要自动小车，该类系统的小车较便宜，但是其吞吐能力与柔性相对较低。本研究基于层 AVS/RS 系统中小车与电梯的运行模式。现有的基于层 AVS/RS 系统的研究中，学者们均假设小车与电梯服从串联运行模式；存作业中，电梯先运行，小车再运行，取作业中，小车先运行电梯再运行。本研究提出并行运行模式，即小车与电梯同时运行，并建立 Fork-Join 排队网络评估该运行模式的绩效，然后分析串、并联运行模式在基于层 AVS/RS 系统中的适用场景。

3.2　AVS/RS 系统介绍和建模准备

3.2.1　符号说明及模型假设

本研究作出如下模型假设：

A1：本研究假设随机存储策略。在该策略下，存储货物被存储到每层的概率都相同，并且，每个空存储位都具有相同的概率存储该货物。

A2：本研究只考虑取货作业，该假设基于如下两点考虑：首先，取货作业是一个物料运输系统中最关键的活动，它决定了系统的服务水平；其次，如果本研究的模型可以较好的模拟取货作业，那么也适用于存货作业。

A3：电梯与小车均服从 Point-of-Service-Completion（POSC）待命位点策略。因为本研究只考虑取货作业，所以，电梯总停在系统的 I/O 点，小车总停在隶属层的出缓存区旁。

A4：电梯和小车均服从先到先服务原则。

A5：本研究只考虑单指令操作，即一个作业周期内只完成一个存或取作业。

本研究使用符号如表 3.1 所示。

表 3.1

A：层宽，用存储位数表示(见图 3.1(b))	T：系统高，用层数表示
C：存储容量，用存储位数表示，$C = 2AT$	h：一层的高度(m)
w：一个存储位的宽度(m)	l：一个存储位的长度(m)
v_h：小车最大速度(m/s)	v_v：电梯最大速度(m/s)
a_h：小车加减速速度(m/s^2)	a_v：电梯加减速速度(m/s)
λ_s：存作业到达率(每小时)	λ_r：取作业到达率(每小时)
c_h：小车拿起、释放一个货物所需时间(s)	c_v：电梯拿起、释放一个货物所需时间(s)
T_r：取货作业系统反应时间(s)	W_r：取货作业系统外期望等待时间(s)
ρ_l：电梯利用率	ρ_v：小车利用率

3.2.2 存取作业周期时间组成

在基于层的 AVS/RS 系统中(见图 3.1)，每个巷道配置一个离散电梯，用于在层与层之间运输货物，每层配置一个自动小车，用于在该层运输货物。每层入口处的两个存储位是进/出缓存区，用于暂时存放存/取货物。由于货物是通过每层的缓存区在小车与电梯之间交接的，所以，小车与电梯可以并行运行。在并行运行模式下，小车与电梯首先都向目标层的缓存区运动，然后交接货物，最后由电梯完成取货作业或者小车完成存货作业。一个基于层的 AVS/RS 系统是由多个相同的单元组成的，每个组成单元都包含一个电梯和一个巷道。本章研究并行运行策略在基于层的 AVS/RS 系统中的绩效，因此，研究一个组成单元即可。

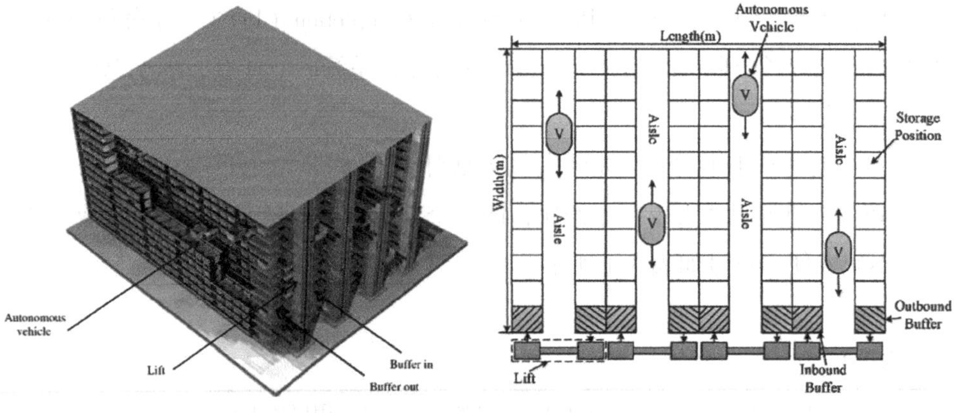

(a) 主视图　　　　　　　　(b) 俯视图

图 3.1　固定存储单元自动小车存储系统

在并行运行模式下，存作业包含如下操作：

操作(1)：首先，电梯从其待命位点移动至第一层，即系统的 I/O 点。然后，电梯拿起存储货物并移动至目标层。当电梯到达目标层后，它将存储货物释放到进缓存区中。在电梯运行的过程中，目标层的小车也从其待命位点移动至进缓存区。

操作(2)：如果小车和存储货物都已到达进缓存区，小车拿起货物，如果一方没有到达进缓存区，先到者需要等待另一方。小车获得存储货物后，将其运送至指定存储位，存作业结束。

当指定存储位在第一层时，电梯只需要移动至第一层，拿起存储货物，然后将其放在进缓存区中。最后，第一层的小车将货物运输至指定存储位。

取作业包含如下操作：

操作(1)：首先，取货层的小车从其待命位点移动至取货位，然后，拿起货物并运送至该层的出缓存区。在小车的运行过程中，电梯从其待命位点移动至目标层。

操作(2)：如果电梯和取货货物都已到达进缓存区，电梯拿起货物，如果一方没有到达进缓存区，先到者需要等待另一方。电梯获得取货货物后，将其运送至指定 I/O 点。

如果取货货物位于第一层，电梯只需要移动至第一层，拿起货物并释放在出货点，即 I/O 点。本研究将操作(1)中关于电梯的作业称作“垂直任务”，关于小车的作业称作“水平任务”，将操作(2)称作“剩余任务”。在并行运行模式下，电梯执行垂直任务，同时，小车执行水平任务。最后由电梯执行取货作业的剩余任务，由小车执行存货作业的剩余任务。为避免小车等待缓存区的情况发生，本研究假设小车的可用状态由缓存区的状态决定。当进缓存区被占用时，小车不可进行存作业，当出缓存区被占用时，小车不可进行取作业。

3.3 并行运行策略绩效评估模型

本章为并行运行策略构建 Fork-Join 排队网络模型，用于评估该策略的绩效。首先，本章计算取货作业中与电梯和小车相关的作业时间；然后，构建 Fork-Join queueing network 模型；最后，设计近似算法求解模型。

3.3.1 取货作业时间分析

本研究假设只考虑取货作业。首先，定义在第 t 层进行的取货作业为第 t 类顾客，$t=1, 2, \cdots, T$。因为本研究假设系统服从随机存储策略，所以，取货货物位于第 t 层的概率是 $P(t)=\frac{1}{T}$，并且，第 t 层的小车面临的顾客到达率为 $\lambda_r^t = \frac{\lambda_r}{T}$。本研究从进出缓存区开始，将存储位编号为 a。a 的概率分布为 $P(a)=\frac{1}{A}$，$a=1, 2, \cdots, A$。根据本研究假设的 POSC 待命位策略，小车空闲时一直停在出缓存区处，为获得位于 a 处的货物，小车需要行走的距离是

$$H(a)=a \cdot w.$$

考虑小车加减速的影响，水平任务的服务时间可以通过公式(3.1)计算：

$$T_v(a)=\begin{cases} 2*\left[\dfrac{2v_h}{a_h}+\dfrac{H(a)-\dfrac{v_h^2}{a_h}}{v_h}+c_h\right], & H(a)>\dfrac{v_h^2}{a_h} \\ 2*\left[2\sqrt{\dfrac{H(a)}{a_h}}+c_h\right], & H(a)\leqslant\dfrac{v_h^2}{a_h} \end{cases} \tag{3.1}$$

在公式(3.1)的第一种情况中，小车在行走过程中可以达到其最大速度 v_h，小车的单程行走时间按包含三个部分：加速时间 $\frac{v_h}{a_h}$，匀速运动时间 $\frac{H(a)-\frac{v_h^2}{a_h}}{v_h}$ 和减速时间 $\frac{v_h}{a_h}$。在第二种情况中，小车无法达到其最大速度 v_h，小车的单程行走时间包含两个部分：加速时间 $\sqrt{\frac{H(a)}{a_h}}$ 和减速时间 $\sqrt{\frac{H(a)}{a_h}}$。

在本研究中，所有的运行时间都服从一般性分布，为便于理论分析，本研究使用 Coxian 分布来近似这些服务时间(Jia and Heragu，2009)，附录 1 说明了如何将一个一般性的分布近似为一个 Coxian 分布。本研究将 $T_v(a)$ 的均值与变异系数表示为 τ_v 和 cv_v^2，可以通过公式(3.2)计算 τ_v：

$$\tau_v = \sum_{a=1}^{A} P(a) T_v(a) \tag{3.2}$$

由于电梯空闲时停留在系统 I/O 点处，电梯完成垂直任务所需要行走的距离是：

$$V(t) = (t-1)h$$

考虑电梯加减速的影响，垂直任务的服务时间可以通过公式(3.3)计算：

$$T_{l1}(t) = \begin{cases} \frac{2v_v}{a_v} + \frac{V(t) - \frac{v_v^2}{a_v}}{v_v}, & V(t) > \frac{v_v^2}{a_v} \\ 2\sqrt{\frac{V(t)}{a_v}}, & V(t) \leqslant \frac{v_v^2}{a_v} \end{cases} \tag{3.3}$$

公式(3.3)中，第一种情况下，电梯可以达到其最大速度。

同样的，本研究根据 $T_{l1}(t)$ 分布的均值 T_{l1} 与变异系数 cv_{l1}^2，将其近似为一个 Coxian 分布，τ_{l1} 可由公式(3.4)计算：

$$\tau_{l1} = \sum_{t=1}^{T} P(at) T_{l1}(t) \tag{3.4}$$

因为电梯服从 POSC 待命位策略，剩余任务的服务时间为 $T_{l2}(t) = T_{l1}(t) + 2 * c_v$。于是，可以得到 $T_{l2}(t)$ 的均值 τ_{l2} 与变异系数 cv_{l2}^2。

3.3.2　Fork-Join 排队网络模型

本研究将并行运行模式下基于层的 AVS/RS 系统的运作过程模拟为一个 Fork-Join queueing network(见图 3.2)。

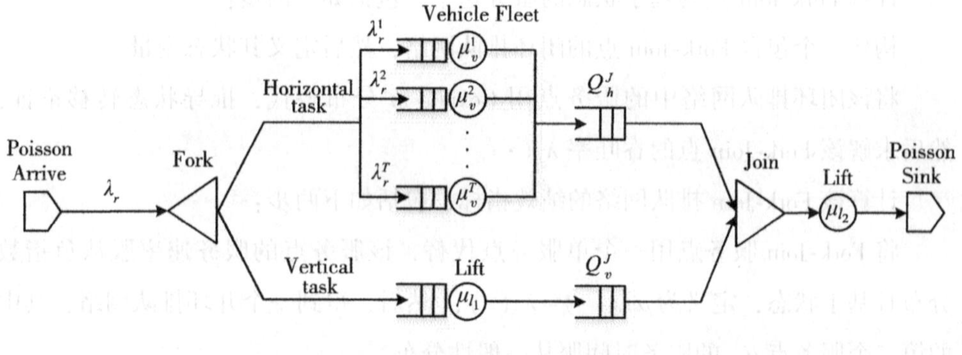

图 3.2　Fork-Join queueing network

图 3.2 中，取货作业每小时 λ_r 的到达率到达 fork 点，根据取货货物所在的层，可以将取货作业分为 T 类顾客，相应的到达率是 λ_r^1，λ_r^2，…，λ_r^T。顾客 t 同时对电梯和第 t 层的小车发出请求，该操作在 fork 点完成，在该点处，一个取货作业被分为水平任务(horizontal task)和垂直任务(vertical task)。水平任务有第 t 层的小车完成，然后在水平任务的聚合队列 Q_h^J 中等待垂直任务，垂直任务由电梯完成，然后在垂直任务的聚合队列 Q_v^J 中等待水平任务。当两任务都完成后，他们离开各自的聚合队列，在 join 点聚合成一个取货作业，然后转移至 μ_{l2} 服务点。在 μ_{l2} 服务点，电梯完成取货作业的剩余任务，即将取货货物从取货层运输至系统的 I/O 点。由于剩余任务的完成不需要等待电梯，所以 μ_{l2} 模拟成一个无限能力的服务点。

在该排队网络中，μ_{vt} 是小车 t 对水平任务的服务速率。因为该系统服从随机存储策略，所以有 $\mu_{vt}=\dfrac{1}{\tau_v}$，$t=1,2,\cdots T$ 居中显示.

为简化本研究的表述，我们定义 $\mu_v:=\mu_{vt}$。垂直任务和剩余任务的服务速率是$\mu_{l1}=\frac{1}{\tau_{l1}}$和$\mu_{l2}=\frac{1}{\tau_{l2}}$。为评估并行运行模式的绩效，本研究设计近似算法求解该排队网络的绩效指标，包括取货作业反应时间、取货作业在外部队列的期望等待时间和小车与电梯的利用率。该近似算法是基于 Coxian 分布的分解算法（Allen 1990；Bolch 2006），包含如下两步：

计算 Fork-Join 点的基于状态的服务速率，包括如下两步：

构建一个包含 Fork-Join 点的闭环排队网络，然后定义其状态变量。

将该闭环排队网络中的服务点用 Coxian- m 分布替代，推导状态转移举证，然后求解该 Fork-Join 点的吞吐率 $\lambda_{fj}(\cdot)$。

计算该 Fork-Join 排队网络的绩效指标，包括如下两步：

将 Fork-Join 服务点用一个单服务点代替，该服务点的服务速率服从负指数分布且基于状态，定义为$\mu_{FES}(\cdot)=\lambda_{fj}(\cdot)$，然后，得到一个开环排队网络，其中的第二个服务点$\mu_{l2}$的服务时间服从一般性分布。

用最大熵值法（maximum entropy method）求解该开环排队网络的绩效指标，然后，我们就获得了该 Fork-Join 排队网络的绩效指标。

3.3.3　基于 Coxian 分布的近似求解算法

第一步：

构建如图 3.3 所示的闭环排队网络，该排队网络中有 K_r 个取货作业，基于随机存储策略，每个取货作业在 t 层执行的概率为 $\frac{1}{T}$。令 Q_h 为水平任务的聚合队列 Q_h^J 中排队等待的顾客数，Q_v 为垂直任务的聚合队列 Q_v^J 中排队等待的顾客数，然后，该闭环排队网络的状态变量可以定义为：

$$s_k=(Q_h,\ Q_v),\quad wherek=Q_v(m+1)+Q_h \tag{3.5}$$

其中，$m=min\ (T,\ K_r)$ 是 Q_h^J 队列中的最大等待顾客数。

因为该系统拥有一个离散电梯，T 个小车且每层的出货缓存区只能容纳一个货物，所以，该状态变量的状态空间为：

$$Q_v+Q_h<m+1,\quad Q_v=0,\ 1,\quad Q_h=0,\ 1,\ 2\cdots,\ m \tag{3.6}$$

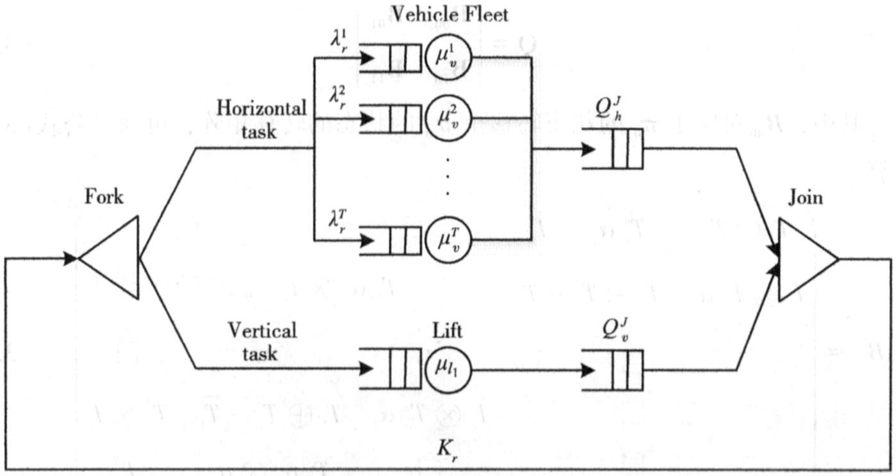

图 3.3 Fork-Join node 的闭环排队网络

一个成功的水平任务与垂直任务的聚合包括两种情况：当 $Q_h > 1$ 时完成一个垂直任务，即对应于电梯到达取货层，该过程的服务速率是 u_{l1}；当 $Q_v = 1$ 时完成一个水平任务，即对应于小车到达出货缓存区并释放货物，该过程的服务速率是 u_v。基于以上两种情况，该闭环排队网络的吞吐率可以由公式(3.7)计算。

$$\lambda_{fj}(K_r) = \sum_{Q_h=0}^{m} u_{l1}\pi(Q_h,\ 1) + \sum_{Q_h=0}^{m-1} u_v\pi(Q_h,\ 1) \tag{3.7}$$

其中，$\pi(s_k)$ 是状态 s_k 的状态概率。

为通过公式(3.7)计算 $\lambda_{fj}(\cdot)$，需要计算闭环排队网络的状态概率 $\pi(s_k)$。本研究先将该闭环排队网络中的各服务点用 Coxian 分布替换，然后推导 s_k 的转移矩阵 Q。首先，将 u_v 服务点用（α_v，T_v）Coxian 分布替换，将 u_{l1} 服务点用（α_l，T_l）。Coxian 分布替换，其中，$\alpha_v = [10\cdots0]_{1\times n_v}$，$\alpha_l = [10\cdots0]_{1\times n_l}$ 状态转移矩阵 T_v 和 T_l 可以通过公式(1.1)或(1.3)计算，吸收矩阵 T_v^o 和 T_l^o 可以通过公式(1.2)或(1.4)计算。然后，可以将闭环排队网络的状态变量转化为 $(s)_k$，i，j)，其中 i，j 分别是小车与电梯服务所出的状态（$i = 0, 1, \cdots, n_v$，$j = 0, 1, \cdots, n_l$）。定义 $Q_v = 0$ 的所有状态的概率向量为 $\pi_0 = [\pi(s_0),\ \pi(s_1),\ \cdots,\ \pi(s_m)]$，$Q_v = 1$ 的所有状态的概率向量为 $\pi_1 = [\pi(s_{m+1}),\ \pi(s_{m+2}),\ \cdots,\ \pi(s_{2m})]$，状态变量 s_k 的状态转移矩阵可以表述为公式(3.8)。

$$\mathbf{Q}=\begin{bmatrix}\mathbf{B}_{00} & \mathbf{B}_{01}\\ \mathbf{B}_{10} & \mathbf{B}_{11}\end{bmatrix} \tag{3.8}$$

其中，$\boldsymbol{B}_{00}$对应于 $\boldsymbol{\pi}_0$ 的状态转移至 $\boldsymbol{\pi}_0$ 的状态的转移矩阵，可通过公式(3.9)计算。

$$B_{00}=\begin{pmatrix} T_l \oplus T_v & T_v^o\alpha_v \otimes I_l & & \square & \square & \square \\ I_v \otimes T_l^o\alpha_l & T_l \oplus T_v - \overline{T}_l^o & & T_v^o\alpha_v\otimes I_l & \square & \square \\ \square\ \square & & \ddots & & \ddots & \square \\ \square\ \square & & I_v\otimes T_l^o\alpha_l & T_l\oplus T_v-\overline{T}_l^o & & T_v^o\otimes I_l \\ \square\ \square & & \square & T_l^o\alpha_l\otimes\alpha_l & & T_l \end{pmatrix} \tag{3.9}$$

其中，$\mathbf{I}_\mathrm{v}$ 是维度为 $n_v \times n_v$ 的单位矩阵，$\mathbf{I}_\mathrm{l}$ 是维度为 $n_l \times n_l$ 的单位矩阵，$\oplus$ 代表克罗内克和，$\otimes$ 代表克罗内克积，并且 $\overline{\mathbf{T}}_\mathbf{l}^\mathbf{o}=\mathbf{I}_\mathrm{v}\otimes\widetilde{\mathbf{T}}_\mathbf{l}^\mathbf{o}$，

$$\widetilde{T}_l^o=\begin{bmatrix}\mu_1^l(1-b_1^l) & \square & \square & \square & \square\\ \square & \ddots & \square & \square & \square\\ \square & \square & 0 & \square & \square\\ \square & \square & \square & \ddots & \square\\ \square & \square & \square & \square & \mu_{n_l}^l\end{bmatrix}_{n_l\times n_l}$$

$\mathbf{B}_{01}$对应于 $\boldsymbol{\pi}_0$ 的状态转移至 $\boldsymbol{\pi}_1$ 的状态的转移矩阵，可通过公式(3.10)计算。

$$\mathbf{B}_{01}=\begin{bmatrix} I_v\otimes T_l^o & \square & \square & \square & \square\\ \square & I_v\otimes T_l^o & \square & \square & \square\\ \square & \square & I_v\otimes T_l^o & \square & \square\\ \square & \square & \square & \ddots & \square\\ \square & \square & \square & \square & I_v\otimes T_l^o\\ 0 & 0 & 0 & 0 & 0\end{bmatrix}, \tag{3.10}$$

$\mathbf{B}_{10}$对应于 $\boldsymbol{\pi}_1$ 的状态转移至 $\boldsymbol{\pi}_0$ 的状态的转移矩阵，可通过公式(3.11)计算。

$$\mathbf{B}_{10}=\begin{bmatrix} T_v^o\alpha_v\otimes\alpha_l & \square & \square & \square & \square & 0 \\ \square & T_v^o\alpha_v\otimes\alpha_l & \square & \square & \square & 0 \\ \square & \square & T_v^o\alpha_v\otimes\alpha_l & \square & \square & 0 \\ \square & \square & \square & \ddots & \square & 0 \\ \square & \square & \square & \square & T_v^o\alpha_v\otimes\alpha_l & 0 \end{bmatrix}, \tag{3.11}$$

$\mathbf{B}_{11}$对应于 $\boldsymbol{\pi}_1$ 的状态转移至 $\boldsymbol{\pi}_1$ 的状态的转移矩阵，可通过公式(3.12)计算。

$$\mathbf{B}_{11}=\begin{bmatrix} T_v-\widetilde{T}_v^o & T_v^o\alpha_v & \square & \square & \square & \square \\ \square & T_v-\widetilde{T}_v^o & T_v^o\alpha_v & \square & \square & \square \\ \square & \square & T_v-\widetilde{T}_v^o & T_v^o\alpha_v & \square & \square \\ \square & \square & \square & \ddots & \ddots & \square \\ \square & \square & \square & \square & T_v-\widetilde{T}_v^o & T_v^o\alpha_v \\ \square & \square & \square & \square & \square & T_v \end{bmatrix}, \tag{3.12}$$

其中，

$$\widetilde{T}_v^o=\begin{bmatrix} \mu_1^v(1-b_1^v) & \square & \square & \square & \square \\ \square & \ddots & \square & \square & \square \\ \square & \square & 0 & \square & \square \\ \square & \square & \square & \ddots & \square \\ \square & \square & \square & \square & \mu_{n_v}^v \end{bmatrix}_{n_v\times n_v}$$

在稳定状态下，有公式(3.13)。

$$\begin{cases} [\boldsymbol{\pi}_0 \quad \boldsymbol{\pi}_1]Q=0 \\ [\boldsymbol{\pi}_0 \quad \boldsymbol{\pi}_1]e=1 \end{cases} \tag{3.13}$$

求解公式(3.13)可以得到状态概率 $\boldsymbol{\pi}_0$ 和 $\boldsymbol{\pi}_1$，将 $\boldsymbol{\pi}_0$ 和 $\boldsymbol{\pi}_1$ 带入公式(3.7)可以计算出闭环排队网络的吞吐率 $\lambda_{fj}(K_r)$。

第二步：

得到 Fork-Join 服务点的吞吐率后，本研究将 Fork-Join 服务点用一个单服务站代替，得到如图 3.4 所示的开环排队网络。

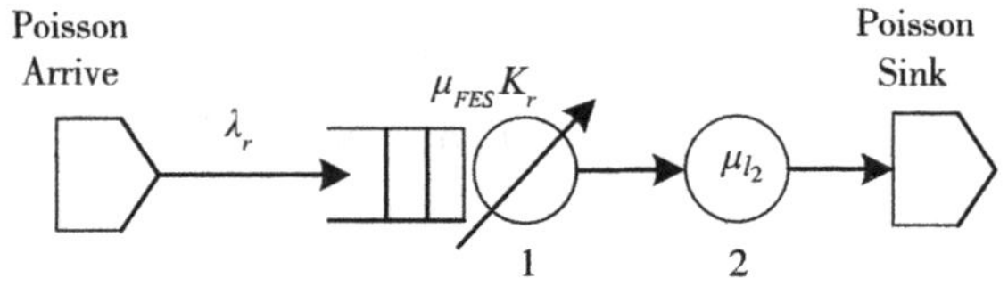

图 3.4　基于 Fork-Join 排队网络的开环排队网络

该开环排队网络中，服务点 1 的服务速率为 $\mu_{FES}(\cdot)=\lambda_{fj}(\cdot)$。由于服务点 1 的服务速率是基于其顾客数的，服务点 2 的服务时间服从一般性分布，所以该开环排队网络是一个非模块形式的(non-product-form)的排队网络。本研究使用最大熵值法来求解该开环排队网络。首先，该排队网络的状态概率可由公式(3.14)计算：

$$\boldsymbol{\pi}(\boldsymbol{k}_1,\ \boldsymbol{k}_2)=\boldsymbol{\pi}_1(\boldsymbol{k}_1)*\boldsymbol{\pi}_2(\boldsymbol{k}_2) \tag{3.14}$$

其中，k_1，k_2 分别是服务点 1 和 2 中的顾客数量。$\pi_1(k_1)$，$\pi_2(k_2)$ 是服务点 1 和 2 的边际状态概率。对于服务点 1，其边际状态概率可由公式(3.15)计算。

$$\pi_1(0)=\frac{1}{1+\sum_{k_1=1}^{+\infty}\prod_{i=1}^{k_1}\frac{\lambda_r}{\mu_{FES}(i)}}$$

$$\pi_1(k_1)=\pi_1(0)*\prod_{i=1}^{k_1}\frac{\lambda_r}{\mu_{FES}(i)} \tag{3.15}$$

对于服务点 2，其边际状态概率可由公式(3.16)计算。

$$\pi_2(k_2)=\begin{cases}\dfrac{1}{G_2},\ k_2=0\\[2ex]\dfrac{1}{G_2}\cdot a_2\cdot b_2^{k_2},\ k_2>0\end{cases} \tag{3.16}$$

其中，

$$a_2=\frac{\rho_2^2}{(1-\rho_2)(\overline{K_2}-\rho_2)}$$

$$b_2=\frac{\overline{K_2}-\rho_2}{\overline{K_2}}$$

$$G_2 = \frac{1}{1-\rho_2} \tag{3.17}$$

在公式(3.17)中，$\rho_2 = \frac{\lambda_r}{\mu_{l_2}}$是利用率，$\overline{K_2}$是服务点2中的平均顾客数，并且有

$$K_2 = \frac{\rho_2}{2}\left(1 + \frac{cv_{A2}^2 + p_2 cv_2^2}{1-\rho_2}\right) \tag{3.18}$$

其中，

$$cv_{D1}^2 = \rho_1(1-\rho_1) + (1-\rho_1)cv_{A1}^2 + \rho_1^2 cv_1^2 \tag{3.19}$$

$$c_{1,2}^2 = 1 + p_{1,2}(c_{D1}^2 - 1) \tag{3.20}$$

$$c_{A2}^2 = -1 + \left[\frac{\lambda_r p_{0,2}}{\lambda_2(c_{0,2}^2+1)} + \frac{\lambda_1 p_{1,2}}{\lambda_2(c_{1,2}^2+1)}\right]^{-1} \tag{3.21}$$

得到服务点1和2的边际状态概率后，该开环排队网络的状态概率可由公式(3.14)计算，然后，服务点1的平均服务速率可由公式(3.22)计算。

$$\mu_1 = \sum_{k_1=1}^{+\infty} \pi_1(k_1) \cdot \mu_{FES}(k_1) \tag{3.22}$$

服务点1和2中的平均顾客数可由公式(3.23)计算。

$$\begin{aligned} \overline{K_1} &= \sum_{k_1=1}^{+\infty} k_1 \cdot \pi_1(k_1) \\ \overline{K_2} &= \sum_{k_2=1}^{+\infty} k_2 \cdot \pi_2(k_2) \end{aligned} \tag{3.23}$$

该系统的期望取货时间可由公式(3.24)计算。

$$T_r = \frac{\overline{K_1}}{\lambda_r} + \frac{1}{\mu_{l2}} \tag{3.24}$$

取货作业在外部队列的期望等待时间可由公式(3.25)计算。

$$W_r = \frac{\overline{K_1}}{\lambda_r} - \frac{1}{\overline{\mu_1}} \tag{3.25}$$

小车与电梯利用率可用公式(3.26)计算。

$$\begin{aligned} \rho_v &= \frac{\lambda_r}{T \cdot \mu_v} \\ \rho_l &= 1 - \pi_1(0) \cdot \pi_2(0) \end{aligned} \tag{3.26}$$

3.4 Arena 仿真验证与运行模式分析

本章构建基于 Arena 的仿真模型来验证理论模型的准确性与有效性，然后分析并行与串行运行模式适用的条件。

仿真模型流程如图 3.5 所示。

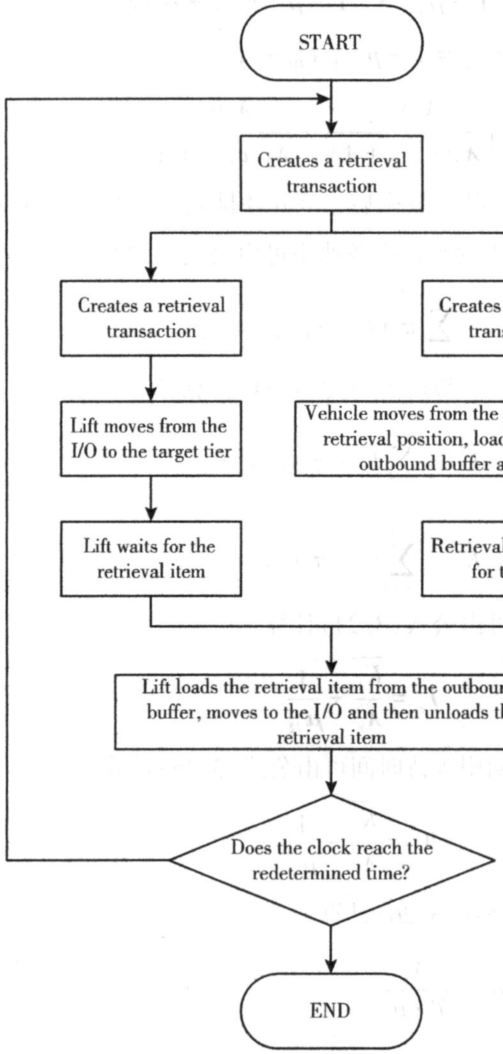

图 3.5　基于层的 AVS/RS 仿真流程图

首先，表 3.2 列举了仿真验证中考虑的系统方案，本研究考虑一个 T 层的基于层的 AVS/RS 系统，该系统存储尺寸为 60×40×40cm（长×宽×高）的料箱。系统的其他假设与理论模型一致，即随机存储策略，POSC 待命位点策略和只考虑取货作业。为验证理论模型在不同的电梯利用率情况下的准确性，本研究考虑六种取货作业到达率，即 $\lambda_r = 50, 75, 100, 125, 150, 175, 200$ 每小时。

对于每一种系统方案，为消除初始偏差，仿真模型首先运行 100 个小时的热身期，为达到在 95%置信水平下，仿真结果分布的半长小于其均值的 2%，仿真模型将每个系统方案重复运行 100 次仿真，每次运行 1000 个小时。本研究对如下四个绩效指标进行比较：取货作业系统反应时间 T_r，取货作业在外部队列中的平均等待时间 W_r，电梯利用率 ρ_l 和小车利用率 ρ_v。仿真结果与理论结果分别用 R_s 和 R_a 表示，理论结果相对仿真结果的绝对误差通过公式（3.27）表示。

$$\delta = \frac{|R_a - R_s|}{R_s} \times 100percent \tag{3.27}$$

表 3.2 **用于比较串、并行运行策略的系统方案**

Small	1	2	3	4	5	6	7	8	9	10	11	12
T		6			7			8			9	
A	30	42	54	35	49	63	40	56	72	45	63	91
$\frac{A}{T}$	5	7	9	5	7	9	5	7	9	5	7	9
C	360	504	648	490	686	882	640	896	1152	810	1134	1638
Large	1	2	3	4	5	6	7	8	9	10	11	12
T		10			11			12			13	
A	50	70	90	55	77	99	60	84	108	65	91	117
$\frac{A}{T}$	5	7	9	5	7	9	5	7	9	5	7	9
C	1000	1400	1800	1210	1694	2178	1440	2016	2592	1690	2366	3042

绝对误差结果如图 3.6 所示，δ 的平均值结果为 $\bar{\delta}_{Tr} = 4.91\%$，$\bar{\delta}_{Wr} = 11.77\%$，$\bar{\delta}_{pl} = 1.82\%$，$\bar{\delta}_{pv} = 0.96\%$，。结果表明理论模型可以有效、准确的计算并行运行模式下基于层的 AVS/RS 的绩效指标。

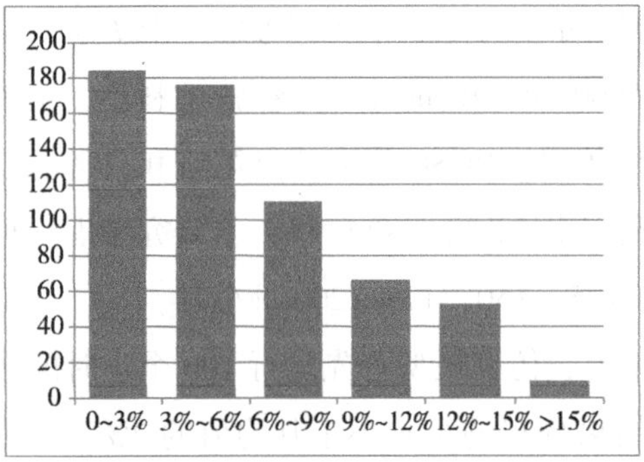

(a) δ_{Tr}

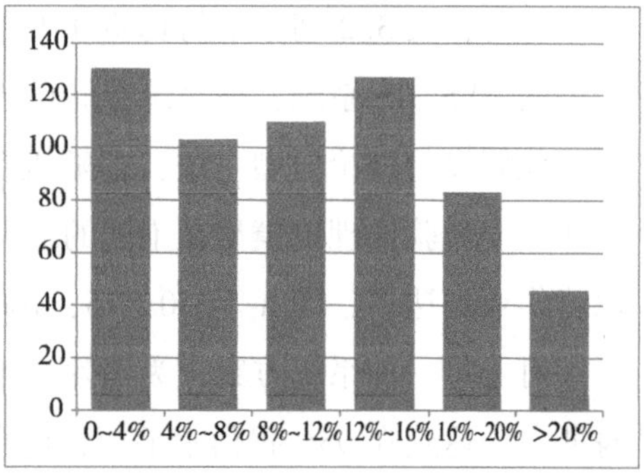

(b) δ_{Wr}

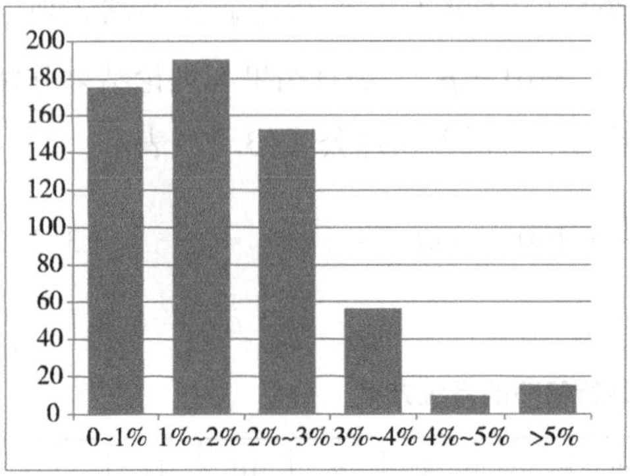

(c) δ_{pl}

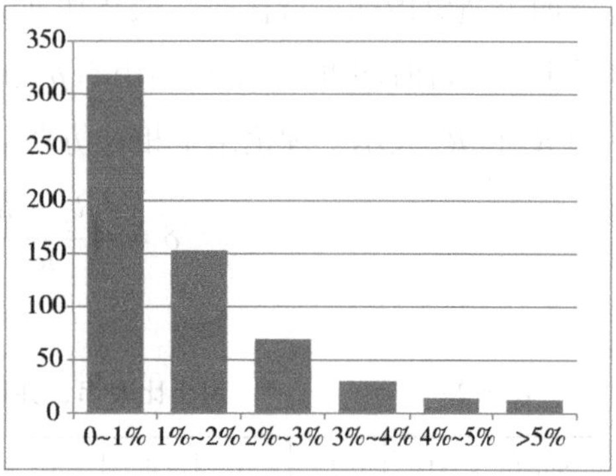

(d) δ_{pw}

图 3.6　基于层的 AVS/RS 系统仿真验证结果

3.5　串、并行运行模式比较

本章使用数值试验比较串、并行运行模式下的系统绩效指标。基于以上仿真验证结果，本研究使用 Fork-Join 排队网络评估并行运行模式的绩效，使用 Marchet et al.（2012）中构建的开环排队网络评估串行运行模式的绩效。为全面比较两运行模式的绩效，本研究 T 从 6 变化至 13，同时，$\frac{A}{T}$ 取 5，7，9 三个值，取货作业到达率 λ_r 从每小时 50 以 10 的步长变化至每小时 200。根据系统层数，本研究将所有系统方案分为小尺寸系统（$T=6$，7，8，9）和大尺寸系统（$T=10$，

11，12，13）。

本研究以取货时间的反应时间作为指标比较串、并行运行模式，并行运行模式相对于串行运行模式的绩效提高通过公式(3.28)计算。

$$I = \frac{1}{16}\sum_{\lambda_r = 50}^{200} \frac{T_r^s - T_r^p}{T_r^s} \cdot 100\% \tag{3.28}$$

其中，T_r^s 和 T_r^p 分别是串、并行运行模式下的取货作业系统反应时间。

图 3.7 是小尺寸系统中串、并行运行策略的绩效对比，图 3.8 是大尺寸系统中串、并行运行策略的绩效对比。

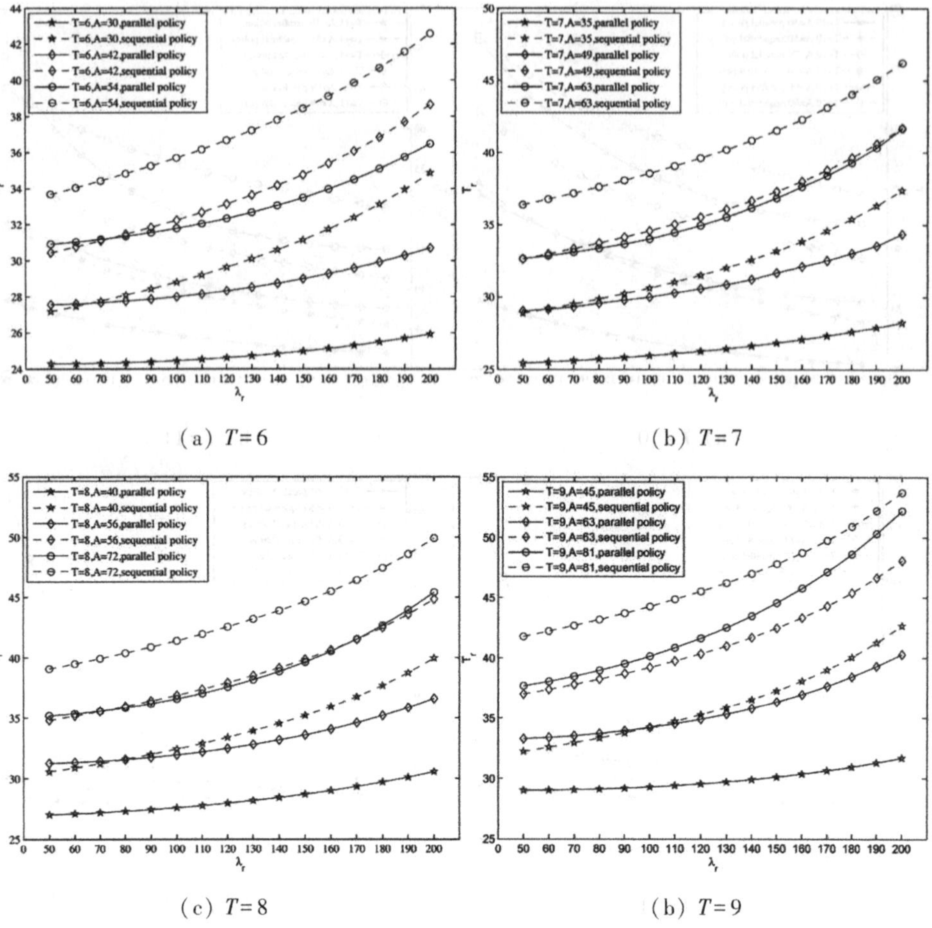

（a）$T=6$　　（b）$T=7$

（c）$T=8$　　（b）$T=9$

图 3.7　小尺寸系统中串、并行运行模式绩效对比

图 3.7 表明在小尺寸的基于层的 AVS/RS 系统中，并行运行模式一直优于串行运行策略。在所有系统中，并行运行模式相对于串行运行模式的绩效提升百分比 I 随着系统高度 T 和巷道长度 A 递减。具体来说，在层数 $T \leqslant 10$ 的系统中，并行运行策略优于串行运行策略，最小平均绩效提升量为 5.51%。

从图 3.8 中，本研究得出如下结论：(1) 相对于小尺寸系统，并行运行模式的优势变弱。在层数 $T > 10$ 和 $\frac{A}{T} \geqslant 7$ 的系统中，在串、并行运行模式的曲线之间存在一个交点，表示为 $(\hat{\lambda}_r, \hat{T}_r)$，例如，对于方案 17，$\hat{\lambda}_r > 200$ 每小时。$\hat{\lambda}_r$ 是

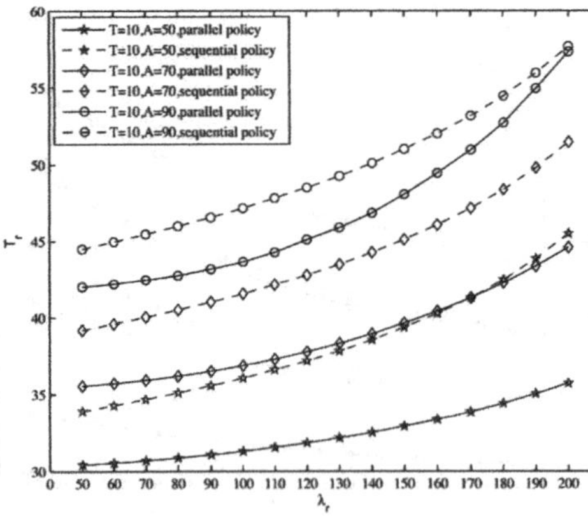

(a) $T=10$

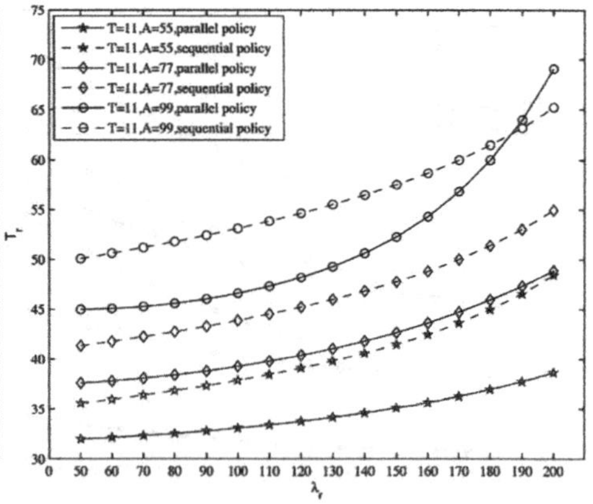

(b) $T=11$

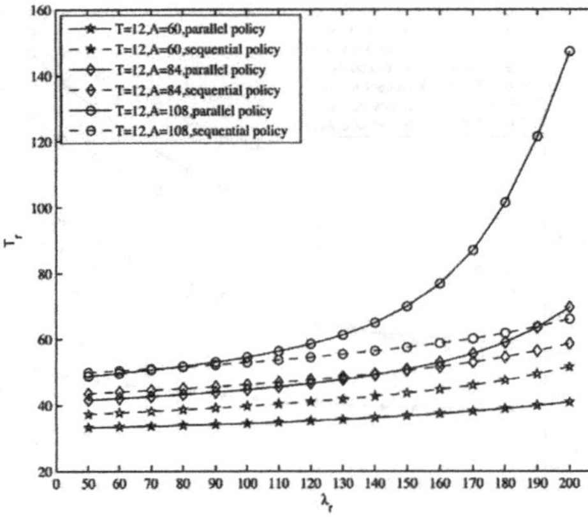

(c) $T=11$

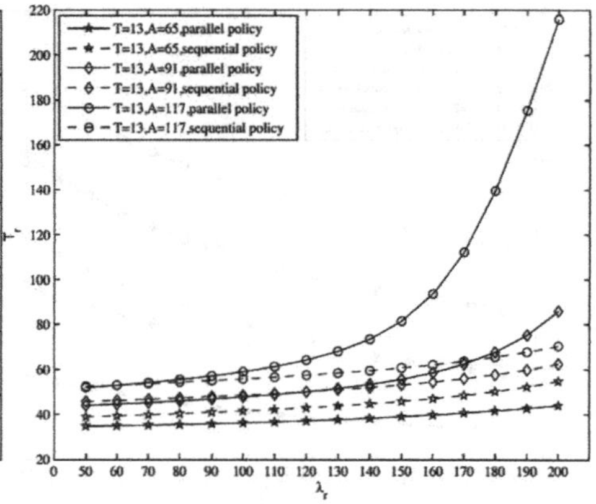

(b) $T=12$

图 3.8　大尺寸系统中串、并行运行模式绩效对比

关键取货作业到达率，当 $\lambda_r > \hat{\lambda}_r$ 时，并行运行模式优于串行运行模式；当 $\lambda_r < \hat{\lambda}_r$ 时，串行运行模式优于并行运行模式。并且，$\hat{\lambda}_r$ 随着系统高度 T 和巷道长度 A 的增加而降低。串行运行模式在大尺寸系统中优于并行运行模式看似不合理，然而，该结果可以通过如下分析解释：并行运行模式的优势在于它允许电梯与小车同时运行，从而减少了总运行时间。具体来说，并行运行模式下，总运行时间是电梯运行时间与小车运行时间的最大值，在串行运行模式下，总运行时间是电梯运行时间与小车运行时间的总和。然而，对于尺寸大、取货作业到达率大的系统中，使用并行运行策略增加了电梯的作业负担，从而增加了作业对电梯的等待时间，此外，电梯还有可能等待取货货物。在小尺寸系统中，电梯能力充足，从而总运行时间的减少大于等待时间的增加，所以并行运行模式更优。在大尺寸系统中，当 $\lambda_r > \hat{\lambda}_r$ 时，各层的货物都需要等待电梯，导致等待时间的增加大于总运行时间的减少，所以，串行运行模式优于并行运行模式。

本章在一个真实的基于层的 AVS/RS 系统中对于串、并行运行模式的绩效，该系统是 KNAPP 公司的一个 OSR shuttle 系统，拥有 10 层单倍深货架，每层配置一个基于层的自动小车进行货物的水平运输。该系统可以存储 1440 个标准料箱，当前该系统的面临每小时 118 的取货作业需求，其他系统参数见表 3.2。系统取货作业到达率 λ_r 从每小时 50 以 10 的步长增加至每小时 200，串、并行运行模式的取货作业系统反应时间见图 3.9。

表 3.2　　**OSR 系统参数**

l	w	h	v_v	a_v	v_h	a_h	c_h	c_v
0.65m	0.35m	0.67m	5 m/s	7 m/s^2	2 m/s	1.25 m/s^2	5.1 s	2.4 s

图 3.9 表明，在当前服务载荷下（$\lambda_r = 118$ 每小时），使用并行运行策略可以将取货作业系统反应时间 T_r 提高 2.11%，关键取货作业到达率 $\hat{\lambda}_r = 155$ 每小时，当 $\lambda_r \leqslant 155$ 每小时时，并行运行模式优于串行运行模式，反之，则串行运行模式更优。该案例分析结果与前文的数值实验结果一致。

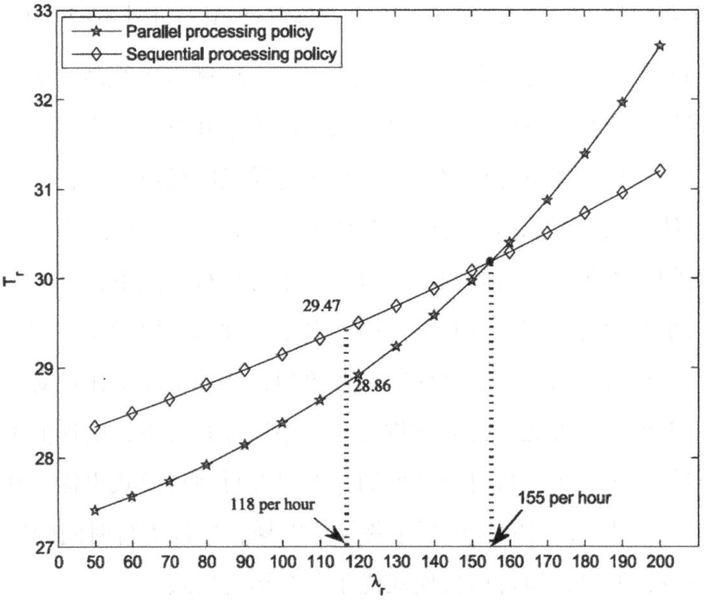

图 3.9　OSR 系统中串、并行运行模式对比

3.6　本章小结

本研究了基于层的 AVS/RS 系统，在该系统中，小车隶属于某一层。在层到层的 AVS/RS 系统中，小车可以通过电梯到达系统的其他层。前者更适合于处理小尺寸的货物，或者更适合于处理大尺寸的货物。在该系统中，由于小车数量可调整，且电梯与小车独立，该系统拥有较高的柔性与反应速度。

在当前的基于层的 AVS/RS 系统的研究中，学者们都假设小车与电梯服从串行式运行模式。本研究提出并行式运行模式，在该模式下，电梯与小车可以同时为一个作业服务。为评估并行运行模式的绩效指标，本研究构建了一个 Fork-Join 排队网络模型。在该模型中，一个取货作业将被分解为一个由电梯服务的垂直任务和一个由小车服务的水平任务。然后，本研究设计了分解式算法来求解该排队网络的绩效指标，包括系统对取货作业的反应时间、取货作业在外部队列中的期望等待时间和电梯与小车利用率。此外，本研究搭建了仿真模型来验证理论模型的有效性与准确性，结果表明，理论模型可以有效且准确地给出并行运行模式下基于层的 AVS/RS 系统的绩效指标。本研究通过数值试验比较串、并行运行模式的绩效，结果表明，在小尺寸系统中，并行运行模式优于串行运行模式。具体来说，当系统层数小于 10 时，并行运行模式可以将系统反应时间提高 5.51%。然而，并行运行模式的优势随着系统尺寸的增加而变弱。

在大尺寸系统中，即系统层数大于 10 且系统长宽比大于 7，存在一个关键取货作业到达率。当系统的取货作业到达率小于该关键值时，并行运行模式更优，反之，串行运行模式更好。为充分比较两种运行模式的绩效，本研究还进行了一个真实案例分析。分析结果表明，在真实系统中，并行运行模式可以将取货作业系统反应时间提高约 2.21%。

关于后续研究，本研究会考虑并行运行模式在层到层的 AVS/RS 系统中的绩效，同时，也会考虑存货作业和待命位点策略对系统绩效的影响。

第4章 紧致化智能机器人存取系统的存储策略研究

4.1 紧致化智能机器人存取系统应用现状概述

根据知名咨询公司罗兰伯格2016年的报告“机器人在物流系统中的大规模应用将不再是问题”且“在未来十年内，欧洲区将有超过150万个工作岗位被机器人取缔”。随着自动小车技术的不断发展，越来越多的仓储系统开始使用自动小车（autonomous robot）代替人工进行货物的运输，以提高系统吞吐能力和降低系统运行成本。为提高仓储系统存储空间紧致化程度与吞吐能力柔性，紧致化自动小车存取系统开始使用可移动式的存储单元。例如Swisslog公司在2012年推出的AutoStore系统。在该系统中，库存产品被存储在标准化的物料箱中，然后将物料箱组织成一个网格结构进行存储。具有移动和提升功能的机器人在货架顶端进行行走来进行货物的搬运和存取。货物将在位于系统周边的工作站台和位于系统中间的存储区域间进行移动。基于该系统优良的存储密度和突出的吞吐能力柔性，该系统在许多电商企业都得到了广泛的应用，替代了传统的存取系统，例如位于英国的ASDA和Ocado、荷兰的Active Ants、澳大利亚的Catch of The Day等。位于欧洲的最大的银行之一——Rabobank最近也为该类系统的技术提供商提供了贷款服务。

该类系统的流行取决于它的几个主要优势，与传统的自动化存储系统相比，移动式存储单元自动小车存储系统具有如下几个优点：

（1）更高的系统吞吐能力。传统自动化存储系统通常只有一个自动化运输设备，例如堆垛机（S/R machine），所以其一次只能处理一个订单。然而，在自动化小车系统中，每个小车都可以单独处理一个订单，所以该系统可以同时处理多个订单，每个作业人员在单位时间内可以完成更多的拣选订单。

(2)更好的存储能力扩展性。移动存储单元自动小车存储系统中的存储设施可以更简单的增加或者减少；在 Kiva 系统中，存储单元是移动式的货架(shelf)，可以根据系统需求随意扩展或者缩减系统存储能力；在 Autostore 系统中，存储单元是高层网格，也可以根据系统存储需求进行扩充或者撤离。

(3)更好的系统吞吐能力柔性。自动小车存储系统的货物运输设备是小车，该系统可以根据需求增加或者减少车辆数量，以达到提高或者降低系统吞吐能力的要求。基于以上几点优势，移动存储单元自动小车存储系统在众多电商企业的仓库中得到了广泛的应用，包括亚马逊、京东、天猫超市、Catch of the Day、Ocado 等。

(4)紧致化的存储空间。标准物料箱以堆叠的形式进行存储，大幅节约了存储空间和地面面积。

(5)更短的反应时间。机器人可以在两个维度自由移动，并且可以自由选择路径来规避拥堵，因此具有更高的移动自由度。

在一个企业计划使用移动存储单元自动小车存储系统之前，首先需要根据企业的需求来进行系统绩效指标评估，然后进行系统设计，以满足企业对于系统吞吐率或者运行成本的要求，这个过程叫作系统绩效指标评估(system performance estimation)。移动存储单元自动小车存储系统的绩效受许多因素的影响，包括小车和工作站的数量、系统布局(例如系统的长和宽)、小车待命位点策略、系统存储策略、小车对作业和工作站对小车的分配策略等。系统绩效指标评估是自动小车存储系统结构设计与实际应用之前的重要过程，通常有理论评估模型与仿真评估模型两种方法：理论模型具有评估速度快的优势，但是其准确性和评估综合性不如仿真模型；仿真模型具有更接近真实系统的优势，但是其运行时间较长。

此外，由于与移动存储单元自动小车存储系统相关的理论绩效指标评估模型的缺少，很多运行策略还没有得到充分、有效的研究，例如存储策略(storage policy)、翻箱策略(reshuffling policy)等。存储策略将显著影响该系统的运行效率和运行成本，具体来说，将一类产品存储在一个堆叠中将形成指定存储策略，该存储策略虽然可以消除取货过程中产生的翻箱作业，但是也会增大系统所需的存储空间。相反，将多类产品混合存储在一个堆叠中将形成共享式存储策略，该策略虽然可以降低系统所需的存储空间，但是会产生大量的取货过程中产生的翻箱作业。基于此种考虑，本研究计划在紧致化智能机器人存取系统（Robot-based Compact Storage/Retrieval System，RCSRS）中研究指定存储策略和共享式存储策略。除此之外，本研究还将在堆叠之间考虑随机存储策略和分类存储策略。在分类存储策略下，拥有相似周转率的货物将被存储在一个共同的区域，在一个分类存储区域内，货物通过共享式存储的方式进行存储。对于翻箱作业，本研究将考虑立即翻箱策略和延迟翻箱策略，从吞吐率和成本的角度为 RCSRS 系统选择适合的运行策略。具体来说，本研究计划回答如下研究问题：

（1）如何为紧致化智能机器人构建准确有效的理论绩效指标评估模型？

（2）对于不同的存储策略而言，什么样的系统结构最有利于系统绩效指标的提升？

（3）何种存储策略更优，指定存储策略还是共享式存储策略，随机存储堆叠还是分类存储堆叠？

系统吞吐时间往往是存取系统最重要的绩效指标之一，它决定了一个订单在系统中的完成时间，反映了系统的实际运行水平，此外，机器人和工作站台的利用率也是系统的重要绩效指标。为了准确有效地评估这些重要的系统绩效指标，本研究为紧致化智能机器人存取系统构架了基于半开半闭排队网络的绩效指标评估模型，该模型使用一个匹配站来模拟机器人和订单的匹配过程。本研究首先将该半开半闭排队网络分解为两个具有基于状态的服务点；然后用近似均值计算法求解各点的服务能力；最后，利用矩阵几何算法进行该半开半闭排队网络的求解和绩效指标估算。本研究使用仿真模型和一个真实系统验证了该理论模型的准确性和有效性，此外，也探究了严重拥堵情况下的绩效指标。结果表明，理论模型的误差是可接受的。对于给定了存储货物的系统，本研究优化了系统的长宽比和存储堆叠的最优高度；对于一个给定补货策略的系统而言，更高的存储堆叠对于制定存储策略更优，分类存储在系统吞吐时间方面由于指定存储策略。然而，当以系统运行成本为优化目标，系统吞吐时间为重要约束时，本研究发现，共享式存储策略显著优于指定存储策略。指定存储策略的年均投入成本几乎是共享式存储策略的两倍。这是由于指定存储策略需要更多的存储空间，从而带来更多的地面面积成本和存储区域成本。

4.2　紧致化智能机器人存取系统描述

本章首先描述紧致化智能机器人存取系统并给出建模假设和符号；然后，介绍该系统中考虑的存储策略；最后，讨论本系统使用的翻箱策略。

4.2.1　紧致化智能机器人存取系统

紧致化智能机器人存取系统是一类紧致的、自动化存取系统。该系统使用机器人进行货物的运输和存储(见图4.1)。在该系统中，货物被存储在标准物料箱中，并且将物料箱存储在一个紧致化的网格中。每个网格的入口对应于一个存储堆叠的入口。机器人在网格的顶部进行移动，将货物在位于系统周边的工作站和位于系统中间的存储位间进行搬运。机器人可以在存储堆叠和工作站处进行货物的取和放。

(a)主视图　　　　(b) 自动小车

图4.1　基于小车的紧致化存取系统(RCSRS)

系统周边的底部设置了工作站，在工作站的入口处，机器人可以进行等待，工作站有一个工作位、一个拣选位和一个投递位。当机器人经货物释放后，一个转换系统可以快速的将该物料箱和一个已经拣选了的物料箱进行交换。基于这种方式，该系统可以使用双指令策略，即一个存作业跟着一个取作业。相较于传统的存作业和取作业，双指令作业模式可以节约约30%的行走时间。在紧致化智能机器人存取系统中，一个顾客订单可能含有多个物品，每个都对应于一个标准物料箱。当机器人将所有的货物都拣选到一个物料箱里面后，该拣选订单就完成了。具体来说，一个双指令的作业的完成包含如下几个步骤：

(1)订单到达该系统后，如果所有机器人都处于繁忙状态，该订单首先在工作站处进行等待，否则，系统将分配一个机器人给该订单。订单对机器人的等待时间为 W_R。本研究假设订单的到达过程服从一个泊松分布，且订单到工作站台的指派策略为随机指派。具体来说，当有多个机器人处于繁忙状态时，系统将随机分配一个机器人给工作站。否则，该系统将分配第一个空闲的机器人给该工作站。

(2)机器人从其待命位到取货位的行走时间为 $T_{d,\ r}$。本研究忽略机器人行走过程中的拥堵。因为机器人数量相比于系统中的存储格口来说比较少，机器人可以选择多条最短路中的一条进行行走，从而来规避拥堵。

(3)机器人进行取货作业的时间为 T_r。如果目标货物位于某一个存储堆叠的底部，则需要机器人进行翻箱作业。

(4)机器人将货物从拣选位运输到工作站的时间为 $T_{r,\ w_i}$。本研究假设机器人到分拣站台的指派策略为随机指派策略，即机器人将随机返回一个工作站台。

(5)如果工作站台处于繁忙状态，机器人在等待区进行等待，机器人在工作站的等待时间为 W_{w_i}。该等待时间取决于工作站的处理速度和排队队长。

(6)当投递位处于可用状态时，机器人投递该货物。如果前一个拣选作业已经完成，那么作业人员目前处于闲置状态，该概率为 p_p^{idle}，转换系统迅速将新的物料箱和已经拣选过的物料箱进行交换，并且，新的物料箱被移动到拣选作业人跟前。然后机器人抓取已经拣选过的物料箱。如果拣选人员还在前一个订单上作业，即以概率 $1-p_p^{idle}$ 处于繁忙状态，则机器人将等待 T_p^{rem} 时长。

(7)机器人通过时间 $T_{w_i,\ s}$ 将货物从工作站台运输至存储位，该过程中的拥堵将被忽略。

(8)机器人通过时长 T_s 将货物释放到存储堆叠上方，然后机器人停在那里。即本研究采用停留在作业完成点的待命位策略。

4.2.2 指定 & 共享存储策略和随机 & 分类存储堆叠

为方便研究，本研究考虑如图 4.2 所示的系统结构。工作站设置在系统的左右两侧，在每个工作站的入口处有一个小车等待的缓冲区(space for waiting robots)。每个工作站有一个旋转系统(switch system)和两个存放料箱的位置：一个位置供拣货人员进行拣选；另一个位置用于小车释放和抓取料箱。当小车释放一个需要进行拣选的料箱后，该旋转系统快速的将前面已经拣选了的料箱和该料箱更换位置，然后小车抓起拣选过的料箱，将其存放到系统中去。基于此作业模式，小车进行双指令作业(dual command cycle)，即在一个作业周期中执行一个存作业和一个取作业。

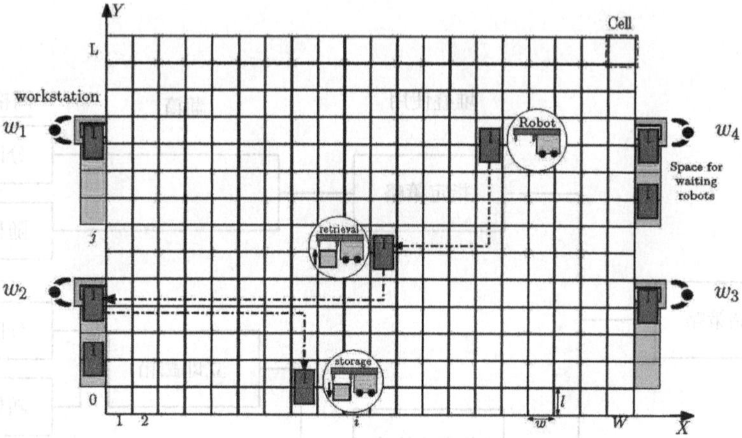

图 4.2 基于小车的紧致化存取系统俯视图

在一个使用高位存储堆叠的系统中，存储策略决定了该系统所需要的存储空间和吞吐时间。在制定存储策略(dedicated storage policy)下，每个堆叠只存储一种货物，其优势在于避免了取货过程中的翻箱过程。劣势在于系统需要更多的存储空间。在共享式存储策略(shared storage policy)下，每个堆叠中可以存储多种货物，其优势在于系统需要的存储空间更少，其劣势在于由于取货过程包含了料箱的翻箱作业，取货时间更长。在堆叠中，本研究考虑指定存储策略和分享式存储策略。此外，在网格上，本研究考虑随机存储策略(random stacks)和分区存储策略(zoned stacks)。在随机存储策略下，每个堆叠都有可能存储任意一种货物，在分区存储策略下，所有的堆叠分为几类区域(zone)，指定区域的堆叠只存储属于该区域的货物。

在共享式存储策略下，取货过程可能需要翻箱，本研究考虑两种翻箱策略，即立即翻箱策略(immediate reshuffling)和延迟翻箱策略(delayed reshuffling)。在立即翻箱策略下，小车首先将阻挡在目标料箱上面的料箱移动至相邻的网格单元上，然后取出目标料箱并将其放置在相邻的网格单元上，最后，小车将阻挡料箱返回该堆叠。在延迟翻箱策略下，小车将阻挡料箱移动至相邻网格单元上后，取出目标料箱，然后将其运输至工作站完成双指令作业，最后再返回阻挡料箱处，将它们返回堆叠中。

综上，本研究在基于小车的紧致化存取系统中考虑如图 4.3 所示的运行策略。

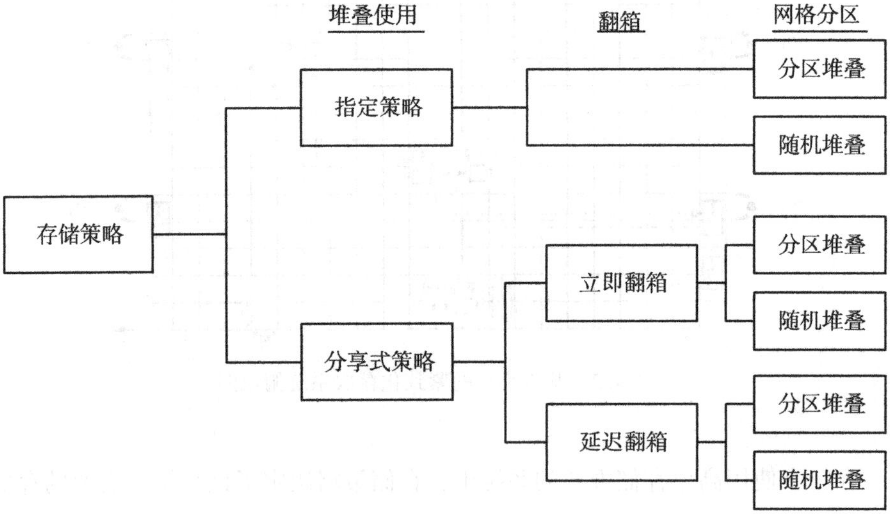

图 4.3　本研究考虑的存储于翻箱策略

4.2.3　符号与假设

本研究所做假设同第四章，本研究所用符号如表 4.1 所示。

表 4.1　　　　**主要符号**

符号	描述	符号	描述
W,L,H	系统宽、长(以堆叠数量)和高(以存储层)	w,l,h_b	存储单元宽、长和高(m)
v_r,v_l	小车和其电梯速度(m/s^2)	t_{lu},t_t	电梯取货时间和小车转向时间(s)
C	系统存储容量, $C = WL$	λ	订单到达率(每小时)
R	小车数量	τ	预留存储空间比例
n_w	工作站数量。本研究假设工作站沿长度方向均匀分布,即,相邻工作站之间的距离为 $\frac{L}{n\_w/2+1}$	γ	蜂窝效应指数, $0<\gamma<1$。该效应描述因存储空间对非指令存储货物的不可用性而引起的存储空间浪费比例
N,N_i	总产品数,第 i 类产品中的产品数	N_{st},N_{st}^i	总堆叠数
D_i	产品 i 的需求率,以料箱/单位时间为单位	K	订货成本(ordering cost)与库存成本(holding cost)的比例,本研究假设所有产品的 K 都一样
SS_i	产品 i 的安全库存,以料箱为单位	a_i	产品 i 需要的存储空间,以料箱为单位
T_{lu}^D	指定存储策略下,小车抓取或者释放一个料箱的时间(s)	T_{lu}^S	分享式存储策略下,小车抓取或者释放一个料箱的时间(s)
T_{lu}^{SI}	立即翻箱策略下,小车获取取货料箱的时间(s)	T_{lu}^{SD}	延迟翻箱策略下,小车获取取货料箱的时间(s)
T_{lu}	小车从其待命位点移动到取货点的时间(s)	T_r	小车挖出取货料箱的时间(s)
T_{r,w_i}	小车从取货点移动至工作站 i (s)	T_p	拣货人员完成一个订单的时间。本研究假设所有作业人员的拣选时间均服从一个正太分布 $U[a,b]$
$T_{w_i,s}$	小车从工作站 i 移动至存货点所用的时间(s)	T_r	小车释放存货料箱的时间(s)
p_i	产品 i 是取货货物的概率, $p_i = \frac{D_i}{\sum D_i}$	p_{w_i}	订单被分配到工作站 i 的概率
w_A,w_B,w_C	A,B,C 区域的宽度,(以堆叠数计量)	P_A,P_B,P_C	取货货物属于 A,B,C 类的概率

在分区存储策略下，本研究基于货物周转率将其分为 A，B，C 三类，相对应的，系统网格也分为 A，B，C 三个存储区域，如图 4.4 所示。本研究按照周转率来区分各个产品，将所有货物按照周转率由高到低进行排序。A 类产品周转率最高，包含 N_A 种产品，存储在宽度为 w_A 的区域中；B 类产品周转率次之，包含 N_B 种产品，存储在宽度为 w_B 的区域中（A 区域左右各 $\frac{w_B}{2}$）；C 类产品周转率最低，包含 N_C 种产品，存储在宽度为 w_C 的区域中（B 区域左右各 $\frac{w_c}{2}$）。

在指定存储策略下，一个堆叠只存储一种产品，无论是随机堆叠还是分区堆叠策略下，小车永远取堆叠顶端的第一个料箱或将料箱放在堆叠的顶端，从而避免了翻箱操作。然而，在分享式存储策略下，情况却有所不同。在随机堆叠策略下，所有产品随机的分布在所有堆叠中；在分区堆叠策略下，属于一个周转率类别的产品存储在一个区域内。在取货作业中，如果目标料箱在底层，小车先进行翻箱作业；在存货作业中，小车永远将料箱放在堆叠的顶端。存储堆叠中使用的存储策略将会影响小车在网格上的行走。令 x_s 表示将要存储目标料箱的堆叠的 x 轴坐标，在分享式存储策略与分区存储策略下，目标工作站与目标堆叠之间的 x 轴距离小于 $\frac{W}{2}$。具体来说，当目标工作站在左侧时，有 $x_s = 1, 2, \cdots, \frac{W}{2}$，否则，$x_s = \frac{W}{2}+1, \frac{W}{2}+2, \cdots, W$。

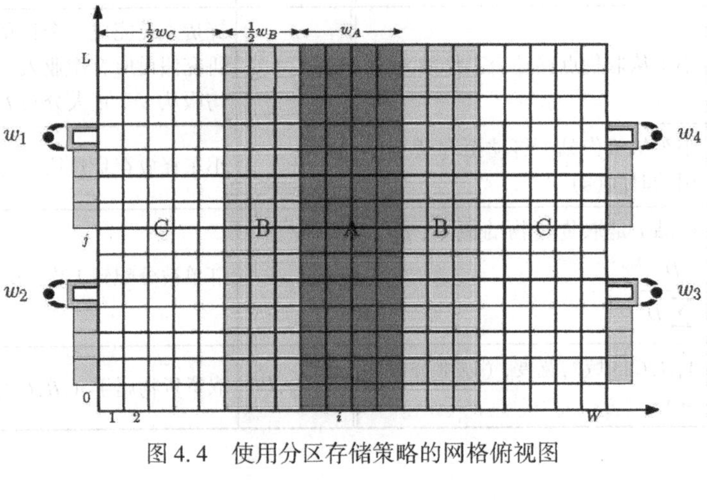

图 4.4　使用分区存储策略的网格俯视图

在基于小车的紧致化存取系统中，存储策略的使用还会影响系统所需的存储空间。在分享式存储策略下，系统所需的存储空间更少(Yu, De Koster and Guo (2015))。本研究假设系统实行 EOQ 补货方案，那么，根据 Yu, De Koster and Guo (2015)中给出的结果，产品 i 所需要的存储空间为：

$$a_i(N_i) = 0.5(1 + N_i^{-\varepsilon})\sqrt{2KD_i} + SS_i \tag{4.1}$$

其中，N_i 是与产品 i 共享存储空间的产品数。在指定存储策略下，$N_i = 1$(随机和分区存储堆叠)，在分享式存储策略和随机存储堆叠情况下，$N_i = N$。ε 是存储空间分享因数，且 $\varepsilon = 0.23$(Yu, De Koster and Guo (2015))。

接下来，本研究计算在不同存储策略下，该系统所需要的存储堆叠的数量和各个堆叠中的存储水平。首先，本研究假设预留百分比为 τ 的存储空间作为后续发展使用，那么，一个堆叠中可用的存储位数就是 $\overline{H} = H(1-\tau)$，本研究设 $\overline{H}$ 为整数。

在指定存储策略和随机存储堆叠情况下，每个堆叠只能存储一种产品，产品 i 所需要的堆叠数为：

$$N_{st}^i = \left\lceil \frac{a_i(1)}{\overline{H}} \right\rceil \tag{4.2}$$

其中 $\lceil\ \rceil$ 表示向上取整。

然后，系统所需要的总堆叠数为 N_{st}。令系统长宽比为 r，那么，本研究可以通过公式(4.3)得到系统的尺寸：

$$L = \left\lceil \left(\frac{N_{st}}{r}\right)^{0.5} \right\rceil,\ W = rL \tag{4.3}$$

在指定存储策略和分区堆叠情况下，三种产品类别中的产品数为 N_A，N_B 和 N_C，各自所需要的存储堆叠数可以通过公式(4.4)计算。

$$N_{st}^C = \sum_{i=1}^{N_C} N_{st}^i,\ N_{st}^B = \sum_{i=N_C+1}^{N_B+N_C} N_{st}^i,\ N_{st}^A = \sum_{i=N_B+N_C+1}^{N} N_{st}^i \tag{4.4}$$

然后，系统所需要的总堆叠数为 $N_{st} = N_{st}^A + N_{st}^B + N_{st}^C$，系统尺寸可以通过公式(4.3)计算，各区域的宽度为 $w_A = \left\lceil \frac{WN_{st}^A}{N_{st}} \right\rceil$，$w_B = \left\lceil \frac{WN_{st}^B}{N_{st}} \right\rceil$ 和 $w_C = \left\lceil \frac{WN_{st}^C}{N_{st}} \right\rceil$。

在指定存储策略下，由于堆叠中的存储位无法被充分利用，存储产品 i 的堆

叠中料箱的最大数量为

$$I_i = \left\lceil \frac{a_i(1)}{N_{st}^i} \right\rceil \tag{4.5}$$

在分享式存储策略与随机存储堆叠情况下，所有的产品共享所有的堆叠。所以，系统所需要的总堆叠数可以通过公式(4.6)计算。

$$N_{st} = \left\lceil \frac{\sum_{i=1}^{N} a_i(N)}{\overline{H}} \right\rceil \tag{4.6}$$

在分享式存储策略与分区存储堆叠情况下，一个区域的堆叠只能被属于该区域的产品使用。所以，每个区域需要的堆叠数可以通过公式(4.7)计算，系统所需要的总堆叠数为 $N_{st} = N_{st}^A + N_{st}^B + N_{st}^C$。

$$N_{st}^C = \left\lceil \frac{\sum_{i=1}^{N_C} a_i(N_C)}{\overline{H}} \right\rceil,\ N_{st}^B = \left\lceil \frac{\sum_{i=N_C+1}^{N_B+N_C} a_i(N_B)}{\overline{H}} \right\rceil,\ N_{st}^A = \left\lceil \frac{\sum_{i=N_B+N_C+1}^{N} a_i(N_A)}{\overline{H}} \right\rceil \tag{4.7}$$

由于一个堆叠可以存储多种产品，所以，堆叠内的存储位都可以得到充分的使用。在分享式存储策略下，一个存储堆叠中的 W，L，H 料箱数为 $\overline{H}$。

4.3 系统绩效评估模型

本章构建半开半闭排队网络模型(Semi-Open Queueing Network，SOQN)，用于评估本研究提出的各存储策略和翻箱策略的绩效，以期为系统设计和运行优化提供管理启示意义。本章首先构建 SOQN，然后计算服务时间表达式，最后使用基于矩阵几何算法(matrix-geometric method)来求解该 SOQN。

4.3.1 半开半闭排队网络模型

本研究将基于小车的紧致化存取系统为双指令服务的过程模拟为一个 SOQN。每个订单都包含一个存作业和一个取作业，小车被模拟为一种单独的资源，每个订单的服务都需要首先匹配一个小车资源(见图 4.5)。该 SOQN 模型包含一个同步服务点(synchronization node)，该点包含一个订单队列(Q_O)和一个小车队列

(Q_R)。到达系统的订单首先在 Q_O 中等待小车，闲置的小车则在 Q_R 中等待订单的到达。其中，除工作站以外，其余服务站点的服务都不需要等待资源，所以，它们被模拟为无线能力服务者(Infinite Servers，IS)。

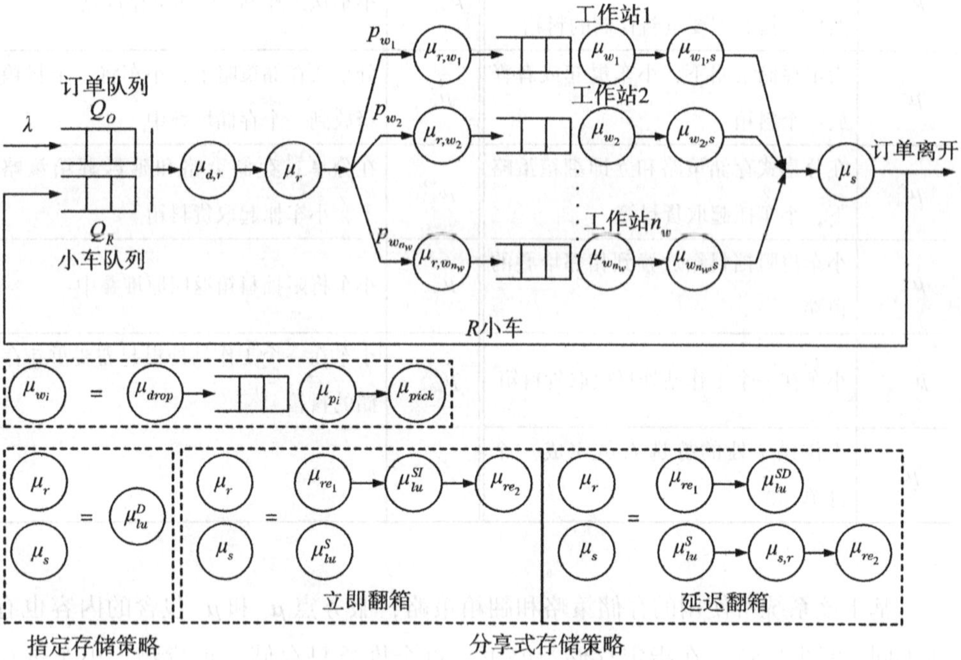

图 4.5 基于小车的紧致化存取系统的 SOQN 模型

表 4.2 给出了该 SOQN 中各服务点的描述，该模型通过变化服务点 μ_s 和 μ_r 的结构来模拟立即翻箱、延迟翻箱和以上提出的各种存储策略。小车首先从其待命位点移动至取货料箱所在的堆叠处，该过程被模拟为服务点 $\mu_{d,\ r}$ (IS)。到达取货点后，小车从堆叠中提取取货料箱，该过程模拟为服务点 μ_r。然后，小车以概率 $p_{w_i}=\dfrac{1}{n_w}$ 行走至工作站 w_i，该过程模拟为服务点 $\mu_{r,\ w}$。到达工作站后，如果拣选人员繁忙，小车等待，然后进行交换料箱的过程，该过程模拟为服务点 μ_w。小车将需要重新存储的料箱运输至存储点，该过程模拟为服务点 $\mu_{w_i,\ s}$。最后，小车将料箱释放到存储堆叠的顶部，该过程模拟为服务点 μ_s。

表 4.2　**SOQN 中服务点**

服务点	描述	服务点	描述
$\mu_{d,\ r}$	小车从其待命位点移动至取货点	$\mu_{r,\ w_i}$	小车从取货点移动至工作站 i
μ_{w_i}	小车在工作站 i 处释放取货料箱，然后，提起需要重新存储的料箱	$\mu_{w_i,\ s}$	小车从工作站 i 移动至存货点
μ_{lu}^{D}	指定存储策略下，小车提起或者释放一个料箱	μ_{lu}^{S}	分享式存储策略下，小车将一个料箱释放到一个存储堆叠中
μ_{lu}^{SI}	在分享式存储策略和立即翻箱策略下，小车抓起取货料箱	μ_{lu}^{SD}	在分享式存储策略和延迟翻箱策略下，小车抓起取货料箱
μ_{re_1}	小车将阻挡料箱放置到相邻堆叠的顶端	μ_{re_2}	小车将阻挡料箱返回原堆叠中
μ_{drop}	小车在一个工作站处释放取货料箱	μ_{pick}	小车在一个工作站处提起需要重新存储的料箱
μ_p	工作站 i 处的拣选人员完成一个订单		

基于该系统所使用的存储策略和翻箱策略，服务点 μ_s 和 μ_r 包含的内容也有所不同(见图 4.5)。在指定存储策略下，每个堆叠只存储一种货物，小车进行存、取时，都只需接触堆叠的顶端。所以，服务点 μ_s 和 μ_r 都只包含指定存储策略下的取货操作 μ_{lu}^{D}。在分享式存储策略下，如果取货料箱被阻挡，小车首先需要将阻挡料箱移动至相邻的堆叠顶部暂时放置，然后再将它们按原有存储顺序返回堆叠中。在该存储策略下，翻箱作业过程因翻箱策略的不同而有所不同。在立即翻箱策略下，为完成一个取货作业，小车首先将阻挡料箱移动至相邻堆叠的顶部(服务点 μ_{re_1})，然后抓起目标料箱、将其放置在相邻堆叠顶部(服务点 μ_{lu}^{SI})，最后，小车将阻挡料箱返回原堆叠中(服务点 μ_{re_2})，所以，服务点 μ_r 包含三个串联服务点 μ_{re_1} 和 μ_{re_2}。为完成一个存作业，小车直接将存货料箱放置在目标堆叠的顶部(服务 μ_{lu}^{S})，所以，服务点 μ_s 包含一个服务点 μ_{lu}^{S}。在延迟翻箱策略下，为完成一个取货作业，小车首先将阻挡货物放置在相邻堆叠的顶部(服务点 μ_{re_1})，然后将取货料箱抓起(服务点 μ_{lu}^{SI})，所以，服务点 μ_r 包含两个串联服务

点μ_{re_1}和μ_{lu}^{SD}。为完成一个存作业，小车首先将存货料箱存至目标堆叠顶部(服务点μ_{lu}^{S})，然后移动至取货堆叠处(服务点μ_{lu}^{SI})，最后将阻挡料箱返回堆叠中(服务点μ_{re_2})，所以，服务点μ_s包含三个串联的服务点μ_{lu}^{S}和μ_{re_2}。

小车获得取货料箱后，移动至目标工作站(服务点$\mu_{r,\ w_i}$)。因为本研究假设小车被随机分配到任意工作站，所以，服务点$\mu_{r,\ w_i}$的访问概率为$p_{w_i}=\dfrac{1}{n_w}$。如果有小车在工作站接受服务，小车在缓存区中等待。接下来，如果作业人员处于工作状态，小车首先等待其完成上一个作业(剩余作业时间为T_p^{rem})，否则，小车释放取货料箱，然后抓起需要重新进行存储的料箱。所以，工作站的服务过程μ_{w_i}包含三个部分：释放μ_{drop}(IS)、拣选μ_{p_i}(IS)和抓起μ_{pick}(IS)。本研究假设所有拣选人员的作业时间T_p都服从一个正态分布$U[a,\ b]$，那么有$\mu_w:=\mu_{w_i}$。

小车完成一个双指令后被释放，停在作业完成点等待下一个作业。该过程对应于小车进入队列Q_R等待订单。接下来，本研究计算该SOQN中服务点的服务时间表达式。

4.3.2 服务时间表达式

令系统左下角为原点(0, 0)，工作站i的坐标为$(x_{w_i},\ y_{w_i})$。因为工作站均匀分布在系统左右两侧，工作站的坐标由公式(4.8)计算。

$$x_{w_i}=\begin{cases}0,\ i=1,\ 2,\ \cdots,\ \dfrac{n_w}{2}\\ W,\ i=\dfrac{n_w}{2}+1,\ \cdots,\ n_w\end{cases},\quad y_{w_i}=\begin{cases}\dfrac{L}{\dfrac{n_w}{2}+1}\cdot i,\ i=1,\ 2,\ \cdots,\ \dfrac{n_w}{2}\\ \dfrac{L}{\dfrac{n_w}{2}+1}\cdot\left(i-\dfrac{n_w}{2}\right),\ i=\dfrac{n_w}{2}+1,\ \cdots,\ n_w\end{cases} \tag{4.8}$$

令小车待命位点坐标为$(x_d,\ y_d)$，取货料箱所在堆叠和存货料箱将要去的堆叠坐标分别为$(x_r,\ y_r)$和$(x_s,\ y_s)$。在随机堆叠策略下，这三个坐标的分布如公式(4.9)：

$$P(x)=\frac{1}{W},\ x=1,\ 2,\ \cdots,\ W,\ P(y)=\frac{1}{L},\ y=1,\ 2,\ \cdots,\ L \tag{4.9}$$

在分区堆叠策略下，这三个坐标的分布不同关于公式(4.10)。首先，取货产品属于一个特定的分类的概率为

$$P_A = \frac{\sum_{i=1}^{N_A} D_i}{\sum_{i=1}^{N} D_i},\ P_B = \frac{\sum_{i=N_A+1}^{N_A+N_B} D_i}{\sum_{i=1}^{N} D_i},\ P_C = \frac{\sum_{i=N_A+N_B+1}^{N} D_i}{\sum_{i=1}^{N} D_i} \tag{4.10}$$

然后，小车待命位点和存取位的坐标分布可以通过公式(4.11)计算。

$$P(x) = \begin{cases} P_C,\ 1 \leqslant x \leqslant \dfrac{w_C}{2} or \dfrac{w_C}{2} + w_B + w_C \leqslant x \leqslant W \\ \dfrac{P_B}{w_B},\ \dfrac{w_C}{2} \leqslant x \leqslant \dfrac{w_C}{2} + \dfrac{w_B}{2} or \dfrac{w_C}{2} + \dfrac{w_B}{2} + w_A \leqslant x \leqslant \dfrac{w_C}{2} + w_B + w_A \\ \dfrac{P_A}{w_A},\ \dfrac{w_C}{2} + \dfrac{w_B}{2} \leqslant x \leqslant \dfrac{w_C}{2} + \dfrac{w_B}{2} + w_A \end{cases} \tag{4.11}$$

$$P(y) = \frac{1}{L},\ 0 \leqslant y \leqslant L$$

得到小车待命位点和存取点的坐标分布后，本研究可以计算服务点 $\mu_{d,\ r}$，$\mu_{r,\ w_i}$ 和 $\mu_{w_i,\ s}$ 的服务时间。首先，小车从其待命位点移动至取货点的行走时间是：

$$T_{d,\ r} = \frac{|x_d - x_r| \cdot w + |y_d - y_r| \cdot l}{v_r} + g \cdot t_t \tag{4.12}$$

其中，g 是决定小车在行走过程中是否需要转向的 0/1 变量，并且有：

$$g = \begin{cases} 0,\ x_d = x_r or y_d = y_r \\ 1,\ x_d \neq x_r and y_d \neq y_r \end{cases} \tag{4.13}$$

然后，小车从取货点移动至工作站 i 的行走时间，即 $T_{r,\ w_i}$，和小车从工作站 i 移动至存货点的行走时间，即 $T_{w_i,\ s}$，可以分别通过公式(4.14)和公式(4.15)计算。

$$T_{r,\ w_i} = \frac{|x_r - x_{w_i}| \cdot w + |y_r - y_{w_i}| \cdot l}{v_r} + g \cdot t_t \tag{4.14}$$

$$T_{w_i,\ s} = \frac{|x_s - x_{w_i}| \cdot w + |y_s - y_{w_i}| \cdot l}{v_r} + g \cdot t_t \tag{4.15}$$

通过计算，本研究可以得到 $T_{d,r}$，T_{r,w_i} 和 $T_{w_i,s}$ 的前二阶矩(见附录2)

本研究前面已提到，工作站的服务时间为

$$T_w = p_p^{idle}\left[2\left(\frac{Hh_b}{v_l} + t_{lu}\right)\right] + (1 - p_p^{idle})\left[2\left(\frac{Hh_b}{v_l} + t_{lu}\right) + T_p^{rem}\right]$$
$$= 2\left(\frac{Hh_b}{v_l} + t_{lu}\right) + (1 - p_p^{idle})T_p^{rem} \tag{4.16}$$

为计算拣选人员空闲的概率 p_p^{idle} 和他的剩余服务时间 T_p^{rem}，本研究将拣选人员的服务过程模拟为一个 $M/G/1$ 的排队系统。该系统中的顾客到达率为 $\frac{\lambda}{n_w}$，服务时间为 $T_p \in U[a, b]$。第六章中的仿真验证结果表明该近似过程的误差是可接受的。然后，本研究可得 $p_p^{idle} = 1 - \frac{\frac{\frac{\lambda}{n_w}}{2}}{\frac{2}{a+b}}$，且 T_p^{rem} 的均值可以通过如下公式计算。

$$\overline{T_p^{rem}} = \frac{\overline{T_p}}{2}(1 + cv_p^2) = t_p \tag{4.17}$$

基于此，工作站的服务时间的前二阶矩可以通过公式(4.18)计算。

$$\mu_w^{-1} = 2\left(\frac{Hh_b}{v_l} + t_{lu}\right) + (1 - p_p^{idle})\overline{T_p^{rem}},\ cv_w^2 = \frac{(1 - p_p^{idle})^2 D(T_p^{rem})}{\mu_w^{-2}} \tag{4.18}$$

其中，$D(T_p^{rem})$ 是 T_p^{rem} 的方差，且有 $D(T_p^{rem}) = cv_p^2 \times \overline{T_p^{rem}}$

接下来，本研究根据系统所使用的存储策略和翻箱策略来计算服务点 μ_r 和 μ_s 的服务时间。在指定存储策略下，服务点 μ_s 和 μ_r 都只包含服务点 μ_{lu}^D。假设小车需要从一个存储产品 i 的含 h 个料箱的堆叠中取或者存一个料箱($h = 1, 2, \cdots, I_i$ 且 I_i 由公式(4.5)给出)，那么，小车取或者存产品 i 的时间可通过公式(4.19)计算。

$$T_{lu}^i = \frac{2(H - h)h_b}{v_l} + t_{lu},\ h = 1, 2, \cdots, I_i \tag{4.19}$$

因为产品 i 是目标产品的概率为 $p_i = \frac{D_i}{\sum_{i=1}^{N} D_i}$，服务点 μ_{lu}^{D} 的前二阶矩可以通过公式(4.20)和公式(4.21)计算：

$$\mu_{lu^D}^{-1} = \sum_{i=1}^{N} p_i \overline{T_{lu}^{i}} = \sum_{i=1}^{N} \frac{p_i}{I_i} \sum_{h=1}^{I_i} \frac{2(H-h)h_b}{v_l} + t_{lu} \tag{4.20}$$

$$cv_{lu^D}^{2} = \frac{\sum_{i=1}^{N} \frac{p_i}{I_i} \sum_{h=1}^{I_i} \left[\frac{2(H-h)h_b}{v_l} + t_{lu}\right]^2 - \mu_{lu^D}^{-2}}{\mu_{lu^D}^{-2}} \tag{4.21}$$

在分享式存储策略下，服务点 μ_s 和 μ_r 的服务过程包含翻箱操作(μ_{re_1} 和 μ_{re_2})以及货物的拿起/释放操作(μ_{lu}^{SI} 对应于立即翻箱策略，μ_{lu}^{SD} 对应于延迟翻箱策略)。假设目标料箱位于一个含 h 个料箱的堆叠的第 i 层(从顶层往下，$i = 1, 2, \cdots, h$；$h = 1, 2, \cdots, \overline{H}$)，然后，小车需要将目标料箱上面的 $i-1$ 各料箱翻箱。服务点 μ_{re_1} 和 μ_{re_2} 的服务时间可以分别通过公式(4.22)和公式(4.23)计算。

$$\begin{aligned} T_{re_1} &= \sum_{j=1}^{i-1} \left[\frac{2(H-h+j)h_b}{v_l} + \frac{2jw}{v_r} + 2t_{lu}\right] \\ &= \left[\frac{2(H-h)h_b}{v_l} + 2t_{lu} + \frac{(wv_l + h_b v_r)i}{v_l v_r}\right](i-1) \end{aligned} \tag{4.22}$$

$$\begin{aligned} T_{re_2} &= \sum_{j=1}^{i-1} \left[\frac{2(H-h+j+1)h_b}{v_l} + \frac{2jw}{v_r} + 2t_{lu}\right] \\ &= \left[\frac{2(H-h+1)h_b}{v_l} + 2t_{lu} + \frac{(wv_l + h_b v_r)i}{v_l v_r}\right](i-1) \end{aligned} \tag{4.23}$$

T_{re_1} 和 T_{re_2} 的前二阶矩可以分别通过公式(4.24)和公式(4.25)计算。

$$\mu_{re_1}^{-1} = \overline{T_{re_1}} = \frac{1}{\overline{H}} \sum_{h=1}^{\overline{H}} \frac{1}{h} \sum_{i=1}^{h} \left[\frac{2(H-h)h_b}{v_l} + 2t_{lu} + \frac{(wv_l + h_b v_r)i}{v_l v_r}\right](i-1) \tag{4.24}$$

$$cv_{re_1}^{2} = \frac{E[T_{re_1}^{2}] - \overline{T_{re_1}^{2}}}{\overline{T_{re_1}^{2}}} \tag{4.25}$$

在立即翻箱策略下，小车首先抓起取货料箱，然后将其放置在相邻网格单元的顶部，最后，完成翻箱操作后再去拿起取货料箱。该过程的服务时间可通过公式(4.26)计算。

$$T_{lu}^{SI}=\frac{2(H-h+i)h_b}{v_l}+t_{lu}+\frac{l}{v_r}+t_{lu}+\frac{2l}{v_r}+t_{lu} \tag{4.26}$$

在延迟翻箱策略下，小车获取取货料箱的操作对应于小车从堆叠中抓起取货料箱，该过程操作时间可通过公式(4.27)计算。

$$T_{lu}^{SD}=\frac{2(H-h+i)h_b}{v_l}+t_{lu} \tag{4.27}$$

服务时间 T_{lu}^{SI} 和 T_{lu}^{SD} 的前二阶矩可以分别通过公式(4.28)和公式(4.29)计算。

$$\mu_{lu^{SI}}^{-1}=\overline{T_{lu}^{SI}}=\frac{1}{\overline{H}}\sum_{h=1}^{\overline{H}}\frac{1}{h}\sum_{i=1}^{h}\frac{2(H-h+i)h_b}{v_l}+3t_{lu}+\frac{3l}{v_r},\ cv_{lu^{SI}}^2=\frac{E[T_{lu}^{SI^2}]-(\overline{T_{lu}^{SI}})^2}{(\overline{T_{lu}^{SI}})^2} \tag{4.28}$$

$$\mu_{lu^{SD}}^{-1}=\overline{T_{lu}^{SD}}=\frac{1}{\overline{H}}\sum_{h=1}^{\overline{H}}\frac{1}{h}\sum_{i=1}^{h}\frac{2(H-h+i)h_b}{v_l}+t_{lu},\ cv_{lu^{SD}}^2=\frac{E[T_{lu}^{SD^2}]-(\overline{T_{lu}^{SD}})^2}{(\overline{T_{lu}^{SD}})^2} \tag{4.29}$$

需要说明的是，本研究假设在共享存储策略下，堆叠中的每个货物被取货的概率是相同的，即 $\frac{1}{\overline{H}}$。在共享存储策略的操作过程中，周转率较高的货物将会移动到堆叠的上方，而周转率较低的货物将会移动到堆叠的下方。为迎合这种趋势，本研究使用一个递减函数来近似一个堆叠中的货物被取货的概率，在这种情况下，本研究的理论模型需要适当的进行修改。

4.3.3 基于矩阵几何算法的解法

本研究构建的 SOQN 包含一种类型的顾客和多个服务时间服从一般性分布的服务点，由于该类 SOQN 没有产品式解法(Jia and Heragu，2009)。基于此，本研究使用如下近似解法求解该 SOQN：

(1)构建一个包含服务点 $\mu_{r,w}$，μ_w 和 $\mu_{w_i,s}$ 的闭环排队网络 CQN1(见图 4.6)。然后，本研究使用近似均值分析算法(Approximate Mean Value Method，AMVA)求解该闭环排队网路的吞吐率 $TH_1(n_1)$，将该部分用一个服务率为 $\mu_{c_1}(n_1)=$

$TH_1(n_1)$ 的复合服务点代替。

(2)构建一个包含服务点 $\mu_{d,r}$，μ_r 和 μ_s 的闭环排队网络 CQN2(见图 4.7)，使用 AMVA 求解其吞吐率 $TH_2(n_2)$，将该部分用一个服务率 $\mu_{c_2}(n_2)=TH_2(n_2)$ 的复合服务点代替。

(3)得到一个含两个复合服务点的简化 SOQN(见图 4.8)，然后使用矩阵几何算法求解(Matrix-Geometric Method，MGM)该模型。

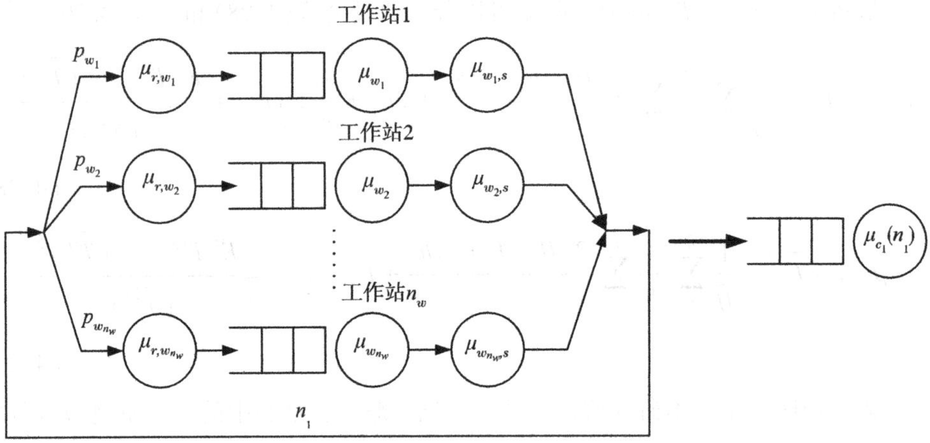

图 4.6　闭环排队网络 CQN1

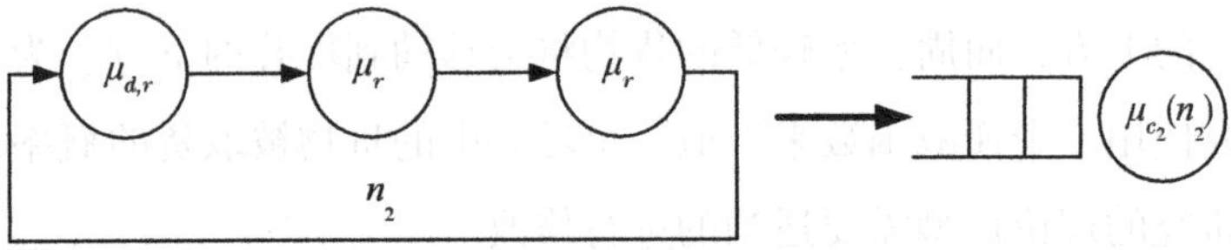

图 4.7　闭环排队网络 CQN2

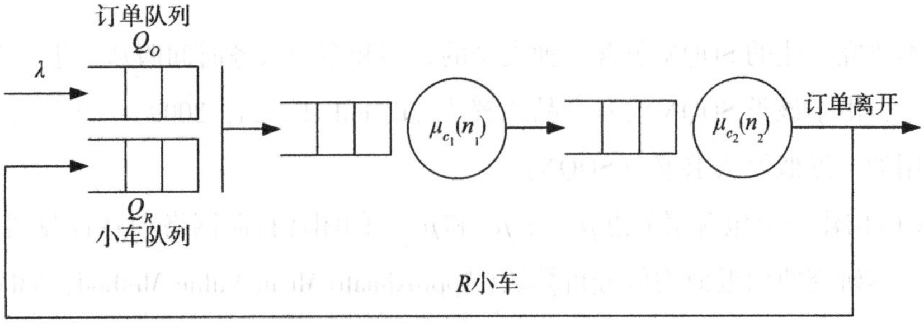

图 4.8　简化半开半闭排队网络

本研究定义该简化半开半闭排队网络的状态变量为 $s_k=(n_{oq},\ n_1,\ n_2)$，其中 n_{oq} 在外部队列 Q_o 中等待小车的订单数，状态变量的下标 k 通过公式(4.30)计算。

$$k=\begin{cases}\dfrac{(n_1+n_2)(n_1+n_2+1)}{2}+n_2,\ n_{oq}=0\\[2ex] n_{oq}(R+1)+\dfrac{R(R+1)}{2}+n_2,\ n_{oq}>0\end{cases}\tag{4.30}$$

简化半开半闭排队网络的状态转移过程如图 4.9 所示。

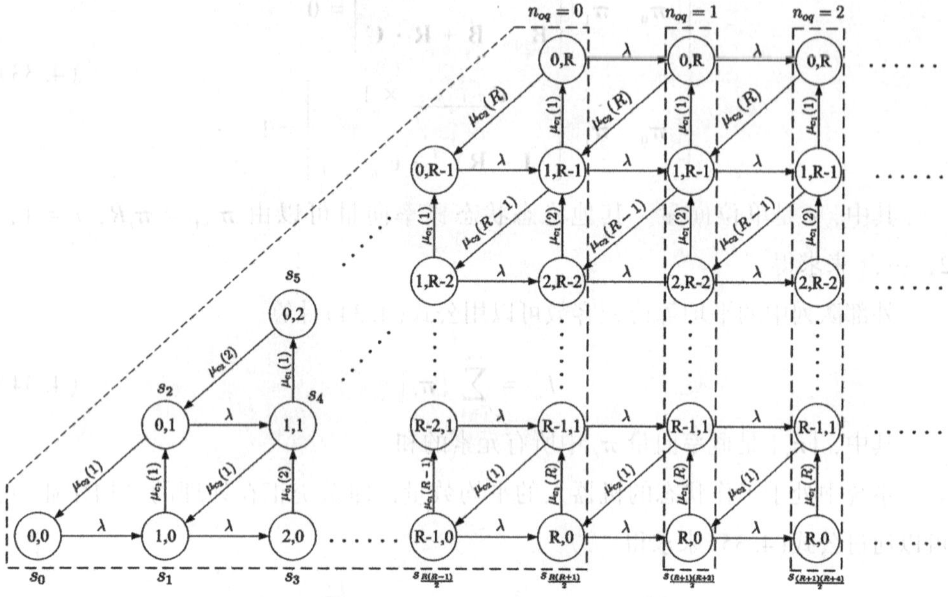

图 4.9 简化 SOQN 的状态转移过程

令 π_k 为状态 s_k 的稳态概率。定义稳态概率向量为 $\boldsymbol{\pi}_0=(\pi_0,\ \pi_1,\ \cdots,\ \pi_{\frac{R(R+3)}{2}})$ 和 $\boldsymbol{\pi}_i=(\pi_{\frac{R(R+3)}{2}+(i-1)(R+1)+1}\cdots,\ \pi_{\frac{R(R+3)}{2}+i(R+1)})$，$i>1$，其中 i 是在外部队列中等待的顾客的数量。然后，生产矩阵可以通过公式(4.31)计算。

$$\mathbf{Q}=\begin{bmatrix}\mathbf{B}_{00} & \mathbf{B}_{01} & 0 & 0 & 0 & \cdots\\ \mathbf{B}_{10} & \mathbf{B} & \mathbf{A} & 0 & 0 & \cdots\\ 0 & \mathbf{C} & \mathbf{B} & \mathbf{A} & 0 & \cdots\\ 0 & 0 & \mathbf{C} & \mathbf{B} & \mathbf{A} & \cdots\\ \vdots & \vdots & \vdots & \vdots & \vdots & \ddots\end{bmatrix}\tag{4.31}$$

其中，$\mathbf{B}_{00}$代表从 $\boldsymbol{\pi}_0$ 到 $\boldsymbol{\pi}_0$ 的转移矩阵，$\mathbf{B}_{01}$代表从 $\boldsymbol{\pi}_0$ 到 $\boldsymbol{\pi}_1$ 的转移矩阵，$\mathbf{B}_{10}$ 代表从 $\boldsymbol{\pi}_1$ 到 $\boldsymbol{\pi}_0$ 的转移矩阵，$\boldsymbol{A}$ 代表从 $\boldsymbol{\pi}_i$ 到 $\boldsymbol{\pi}_{i+1}$ 的转移矩阵，$\boldsymbol{B}$ 代表从 $\boldsymbol{\pi}_i$ 到 $\boldsymbol{\pi}_i$ 的转移矩阵，$\boldsymbol{C}$ 代表从 $\boldsymbol{\pi}_{i+1}$ 到 $\boldsymbol{\pi}_i$ 的转移矩阵（各矩阵表达式见附录 3）。

得到生成矩阵 $\boldsymbol{Q}$ 后，本研究可以基于公式(4.32)，通过附录中的迭代算法求得所谓的速率矩阵 $\boldsymbol{R}$

$$A + R \cdot B + R^2 \cdot C = 0 \tag{4.32}$$

得到 $\boldsymbol{R}$ 后，本研究可以通过求解方程式(4.33)来求解状态概率向量 $\boldsymbol{\pi}_0$ 到 $\boldsymbol{\pi}_1$

$$\begin{cases} [\boldsymbol{\pi}_0 \quad \boldsymbol{\pi}_1] \begin{bmatrix} \mathbf{B}_{00} & \mathbf{B}_{01} \\ \mathbf{B}_{10} & \mathbf{B} + \mathbf{R} \cdot \mathbf{C} \end{bmatrix} = \mathbf{0} \\ [\boldsymbol{\pi}_0 \quad \boldsymbol{\pi}_1] \begin{bmatrix} \mathbf{e}_{\frac{(R+1)(R+2)}{2} \times 1} \\ (\mathbf{I} - \mathbf{R})^{-1} \cdot \mathbf{e}_{(R+1)\times 1} \end{bmatrix} = 1 \end{cases} \tag{4.33}$$

其中，$\boldsymbol{e}$ 是单位向量。其他稳态状态概率向量可以由 $\boldsymbol{\pi}_{i+1} = \boldsymbol{\pi}_i \boldsymbol{R}$，$i = 1, 2, \cdots$，来求得。

外部队列中的平均等待顾客数可以用公式(4.34)计算。

$$L_{oq} = \sum_{i=1}^{+\infty} |\boldsymbol{\pi}_i| \tag{4.34}$$

其中，$|\boldsymbol{\pi}_i|$ 是概率向量 $\boldsymbol{\pi}_i$ 中所有元素的和。

系统中处于工作状态的机器人的平均数量，即系统正在处理的平均作业数，可以通过公式(4.35)来求得。

$$L_{DC} = \sum_{i+j \leqslant R} (i+j) \cdot \pi(0, i, j) + \sum_{k=1}^{+\infty} R \cdot |\pi_k| \tag{4.35}$$

一个工作站的缓存区中，等待小车的平均数可通过公式(4.36)计算。

$$L_w = \sum_{i+j \leqslant R} EL_w(i) \cdot \pi_0(i, j) + \sum_{k=1}^{+\infty} \sum_{i+j=R} EL_w(i) \cdot \pi_k(i, j) \tag{4.36}$$

其中，$EL_w(i)$ 是当服务点 $\mu_{c_1}(\cdot)$ 有 i 个顾客时，该工作站的缓存区中等待小车的平均数。可以通过 AMVA 算法得到该值。

根据利特尔法则(Little's Law)，作业对小车的平均等待时间和小车对工作站的平均等待时间可以通过公式(4.37)和公式(4.38)计算。

$$W_R = \frac{L_{oq}}{\lambda} \tag{4.37}$$

$$W_w = \frac{n_w L_w}{\lambda} \tag{4.38}$$

系统吞吐时间可以通过公式(4.39)计算。

$$THT_{DC} = \frac{L_{oq} + L_{DC}}{\lambda} \tag{4.39}$$

小车与拣货人员的利用率可以分别通过公式(4.40)和公式(4.41)计算。

$$\rho_R = \frac{L_{DC}}{R} \cdot 100\% \tag{4.40}$$

$$\rho_p = \sum_{i+j \leqslant R} Qw(i) \cdot \pi_0(i, j) + \sum_{k=1}^{+\infty} \sum_{i+j=R} Qw(i) \cdot \pi_k(i, j) \tag{4.41}$$

其中，$Q_w(i)$ 是当第一个复合服务点有 i 个顾客时，一个工作站繁忙的概率。本书通过 AMVA 算法得到该值。

4.4 绩效评估模型仿真验证

本章使用仿真模型和真实案例验证理论模型的有效性与可行性。

4.4.1 仿真验证

本书使用 Arena(版本 14.7)为基于小车的紧致化存取系统构建仿真模型。系统参数(例如料箱尺寸、小车速度和小车装载/卸载货物的时间)见表 4.3。该系统参数来源于一家在瑞士的纸材料分配中心，该中心使用基于小车的紧致化存取系统。

表 4.3　　仿真模型中的系统参数

N	w	l	h_b	R	n_w	v_r	v_l	T_p	t_{lu}	t_t	K	τ	γ
5000	0.8m	0.6m	0.33m	30	4	3m/s	1.6m/s	$U[5, 15]$	1.2s	1s	500	0.2	0.2

注：产品需求服从 ABC 曲线，曲率为 $s = 0.222$，即 $D_i = s\left(\frac{i}{N}\right)^{s-1}$。安全库存服从一个均匀分布 $U[10, 100]$。

为充分验证理论模型的有效性与可行性，本书通过变化系统高度 H，订单到达率 λ 和系统所使用的存储策略和翻箱策略来生成多个系统方案。具体来说，H 取 10 或者 15，系统长宽比等于 1。在一个给定存储策略下，本书首先可以得到系统所需的存储容量 C，然后得到系统长 L 和宽 W。对于每种系统方案，订单到达率 λ 都取三个值，对应于工作站利用率从 60%变到 80%。所以，本书一共有 36 个仿真方案。对于每一个方案，仿真程序首先运行 100 小时的热身，以消除系统误差，然后正式运行 100 次，每次 1000 个小时，以达到 95%置信度条件下置信区间半场小于均值的 2%。本书收集系统的五个指标，和理论值进行对比，包括双指令吞吐时间 THT_{DC}，小车对工作站的期望等待时间 W_w，小车利用率 ρ_R，拣选人员利用率 ρ_p 和堆叠填充率 $FD = \frac{\sum_{i=1}^{N} a_i}{L \cdot W \cdot \overline{H}}$。理论模型的准确性通过绝对相对误差 δ 来衡量：

$$\delta = \frac{|A - S|}{S} \cdot 100\%$$

其中，A 和 S 分别是理论结果和仿真结果。δ 的均值和变化范围见表 4.4。结果表明，本书构建的理论模型可以评估基于小车的紧致化存取系统在本书研究的存储策略和翻箱策略下的系统绩效，除了小车对工作站的平均等待时间 W_w。然而，由于 W_w 的绝对值相对较小，所以，其相对误差的绝对值较大。根据表 4.4，本书还能得到以下几点结论：

(1)与随机存储堆叠相比，将堆叠进行分区可以在指定存储策略下将系统吞吐时间平均提高 4.5%，在分享式存储策略下将系统吞吐时间平均提高 7.7%。

(2)尽管指定存储策略比分享式存储策略多需要 51.9%的存储位，但是，指定存储策略相比于分享式存储策略，可以将系统吞吐时间平均提高 24.5%。立即翻箱策略相比于延迟翻箱策略，可以将双指令吞吐时间平均提高 12.1%。

4.4.2　真实系统验证

本章通过一个真实系统来验证本书构建的理论模型的有效性。使用该系统的是一个位于比利时奥德纳尔德的运动服务公司(Lalesse(2016))。该系统的尺寸

表 4.4　理论结果对仿真结果的相对误差的均值与范围

存储策略	分区	翻箱	H,W,L	THT_{DC}			W_w			ρ_B			ρ_p			FD		
				δ	$\underline{\delta}$	$\bar{\delta}$	δ	$\underline{\delta}$	$\bar{\delta}$	δ	$\underline{\delta}$	$\bar{\delta}$	δ	$\underline{\delta}$	$\bar{\delta}$	δ	$\underline{\delta}$	$\bar{\delta}$
指定	随机	—	10,134,134	4.28	1.02	8.53	9.23	2.33	24.43	2.51	0.55	4.45	0.10	0.00	0.84	1.67	0.22	2.39
		—	15,113,113	5.11	2.01	9.78	14.23	4.77	25.58	3.46	1.82	6.82	0.11	0.09	0.56	0.87	0.23	3.12
	分区	—	10,134,134	1.78	0.13	5.21	12.80	3.07	27.07	2.43	0.95	3.95	0.08	0.01	0.41	2.12	1.50	4.12
		—	15,113,113	4.09	2.09	7.83	13.47	2.19	25.08	3.76	1.95	4.68	0.10	0.06	0.32	1.91	0.50	2.84
分享式	随机	立即	10,94,94	3.02	1.05	5.55	8.91	1.25	13.22	2.51	1.30	4.14	0.56	0.12	1.28	1.45	0.32	4.33
			15,76,76	1.36	0.06	4.61	18.64	6.43	34.80	1.61	1.01	3.27	0.36	0.05	1.22	1.87	0.54	3.55
		延迟	10,94,94	4.54	1.14	10.18	8.42	3.36	15.82	2.05	1.05	3.88	0.34	0.10	2.41	1.15	0.78	1.43
			15,76,76	0.95	0.39	4.34	18.28	7.20	31.77	0.84	0.32	1.89	0.08	0.06	0.50	1.56	1.10	3.36
	分区	立即	10,95,95	1.69	0.08	4.21	15.12	2.05	21.99	1.44	0.12	3.40	0.14	0.00	0.87	1.97	0.98	3.78
			15,78,78	1.33	0.02	5.72	19.83	5.62	40.30	1.45	0.41	3.59	0.15	0.04	0.46	1.15	0.22	2.54
		延迟	10,95,95	1.03	0.15	3.92	11.12	4.69	20.91	1.02	0.44	1.99	0.53	0.09	1.45	2.54	0.78	3.78
			15,78,78	2.34	0.85	5.87	20.62	6.71	37.97	1.17	0.28	4.74	0.14	0.02	2.12	1.17	0.45	2.39

注：$\underline{\delta}$ 是误差百分比的最小值，$\bar{\delta}$ 是误差百分比的最大值。

为长×宽×高=38×84×14，存储 45000 个料箱，并使用 8 个小车和 3 个工作站来处理每小时 600 个的拣选订单。其他系统参数包括：$v_r=3.51\text{m/s}$，$v_l=1.4\text{m/s}$，$w=0.65\text{m}$，$h_b=0.35\text{m}$，$T_p=7\text{s}$，$t_{lu}=1.2\text{s}$。该系统使用完全混合的存储策略，即分享式策略和随机堆叠的组合，并使用立即翻箱策略。为准确比较真实系统与理论模型的绩效，本章在理论模型中考虑小车的加减速。令 D 为行走距离，v_{max} 为小车最大速度（v_r 为小车最大速度，v_l 为小车抓手最大速度），a 为加减速率（a_r 为小车加减速率，a_l 为小车抓手加减速率）。基于小车或者抓手能否在行走距离 D 内达到其最大速度，行走时间可以通过公式(4.42)计算(Tappia et al. (2016))

$$t=\begin{cases}2v_{max}/a+\left(D-\dfrac{v_{max}^2}{a}\right)/v_{max}, & D>\dfrac{v_{max}^2}{a}\\ \dfrac{2\sqrt{D}}{a} & D\leqslant\dfrac{v_{max}^2}{a}\end{cases}\tag{4.42}$$

在该系统中，小车的加减速率为 $a_r=5\text{m/s}^2$，小车抓手的加减速率为 $a_l=3\text{m/s}^2$。本研究通过三个系统绩效指标来验证理论模型，包括每个工作站的吞吐能力 TC_w，小车队工作站的期望等待时间 W_w 和拣选人员的利用率 ρ_p。验证结果见表 4.5，结果表明本研究构建的理论模型可以准确的预测基于小车的紧致化存取系统的绩效。

表 4.5　**真实系统验证结果**

TC_w^{RC}	TC_w^A	δ_{TC_w}	W_w^{RC}	W_w^A	δ_{W_w}	ρ_p^{RC}	ρ_p^A	δ_{ρ_p}
235.12 orders/hour	227.74 orders/hour	3.14%	3.34s	3.89s	13.41%	85.11%	87.05%	2.28%

注：RC 表示真实系统结果，A 表示理论结果

基于以上验证结果，本研究在第五章研究如下问题：不同存储策略下的系统最优结构，指定存储策略与分享式存储策略、随机堆叠与分区堆叠的绩效对比。

4.5　数值试验

本章利用理论模型分析对 RCSRS 系统的结构设计与运行策略有用的管理启

示意义。4.5.1 研究不同存储策略下系统的最优结构尺寸，4.5.2 研究不同存储策略下系统的最优堆叠高度，4.5.3 考虑 RCSRS 系统的成本优化问题。

4.5.1 最优系统结构

本书研究一个存储能力固定的 RCSRS 系统的最优结构尺寸(长、宽、高)。系统存储 N 种产品，产品需求率 $D(i)$ 和订货成本与存货成本的比例 K 都给定，系统满足 EOQ 补货条件。目标是通过设计系统尺寸来最小化系统吞吐时间 THT_{DC}。所以，本研究构建模型(M.1)。

$$\min THT_{DC}(H,\ r,\ P_A,\ P_B)$$

$$\text{s.t.}\begin{cases} D(i)=s\left(\dfrac{i}{N}\right)^{s-1},\ i=1,\ 2,\ \cdots,\ N \\ N_{st}\leqslant L\cdot W \\ L\leqslant \hat{L},\ W\leqslant \hat{W},\ H\leqslant \hat{H} \\ r=\dfrac{W}{L} \\ P_A+P_B+P_C=1,\ 0<P_A<1,\ 0<P_B<1,\ 0<P_C<1 \\ N,\ R,\ \lambda,\ n_w,\ K,\ s,\ \tau\ \textit{are given} \end{cases} \tag{M.1}$$

其中，工作站数量 n_w 满足系统稳定条件 $\mu_w\cdot n_w<1$。第一个等式是产品 i 的需求，第二个不等式保证了堆叠数足以存储所有产品，第三个不等式表示网格尺寸的实际约束。在堆积堆叠策略下，决策变量是网格高度 H 和系统长宽比 r，在分区堆叠策略下，决策变量是 P_A，P_B，H 和 r。本研究使用如下搜索步骤来求解模型(M.1)：

(1)在堆积堆叠策略下，首先计算产品 i 所需存储空间，即 a_i。在分区堆叠策略下，将 P_A，P_B，P_C 在满足条件 $P_A+P_B+P_C=1$ 的前提下从 0.1 以 0.1 的步长变化至 0.8。对于每一个组合，计算各类产品中的产品数 N_A，N_B，N_C，计算 a_i。然后进入步骤 2。将 H 从 1 以步长 1 变化至一个上界，随机堆叠下，该上界为 $min\{\max 1_i a_i \hat{H}$，分区堆叠下，该上界为 $\hat{H}$。对于每个 H，计算系统堆叠总数 N_{st}，然后进行如下步骤：

①在随机堆叠策略下，系统长宽比取 $\frac{(3n_w+4)l}{(4n_w+8)w}$（证明件附录 4）。在分区堆叠策略下，将 r 从下界以步长 0.1 变化至上界 $\bar{r}$。对每个 r，取 $L=\left\lceil\frac{N_{st}}{r}\right\rceil$，$W=\lceil r\cdot L\rceil$。如果 $W\leqslant\hat{W}$，$L\leqslant\hat{L}$，(H, r) 或者 (H, r, P_A, P_B) 就是模型(M.1)的一个可行解。

②对于每个可行解，通过算法 *AM-SOQN* 求解其对应的系统吞吐时间 THT_{DC}。

从所有可行解中 (H^*, r^*) 找出最优解或者 $(H^*, r^*, P_A^*, P_B^*, P_C^*)$，其对应的系统吞吐时间为 THT_{DC}^*。

本研究考虑数个案例来求解基于小车的紧致化存取系统的最优尺寸。系统存储 $N=10000$ 中产品，产品需求服从 *ABC* 曲线，曲率 s 取五个值，即 $s=1$, 0.748，0.431，0.222，0.065。系统预留 20%的存储空间用于后续发展，订单到达率为 $\lambda=300$ 每小时，系统尺寸限制为 $\hat{H}=40$，$\hat{W}=250$，$\hat{L}=250$。系统使用 4 个工作站和 20 个小车处理拣选订单，对应于拣选人员利用率 $\rho_p>75\%$，其他系统参数见表 4.3，系统长宽比 r 从 0.1 以步长 0.1 变化至 2.5。为反映存储策略对堆叠使用的影响，本研究引入一个新概念：需求率最高的产品所需要的堆叠数 $N_{st,\ max}=\max\limits_i\{N_{st}^i\}$。并且，本研究通过公式(4.43)来计算取货作业吞吐时间 THT_R 来研究立即翻箱与延迟翻箱之间的权衡分析

$$THT_R=\begin{cases} W_R+\bar{T}_{d,\ r}+\bar{T}_{lu}^{D}+\bar{T}_{r,\ w}+W_w+\frac{1}{2}\bar{T}_w, & Dedicated \\ W_R+\bar{T}_{d,\ r}+\bar{T}_{re_1}+\bar{T}_{lu}^{SI}+\bar{T}_{re_2}+\bar{T}_{r,\ w}+W_w+\frac{1}{2}\bar{T}_w, & Shared,\ Immediate\ reshuffling \\ W_R+\bar{T}_{d,\ r}+\bar{T}_{re_1}+\bar{T}_{lu}^{SD}+\bar{T}_{r,\ w}+W_w+\frac{1}{2}\bar{T}_w, & Shared,\ Delayed\ reshuffling \end{cases} \tag{4.43}$$

表 4.6 和表 4.7 分别对应随机堆叠下和分区堆叠下系统的最优结构尺寸。从中，本研究有如下几点观察：

在随机堆叠策略下，系统最优长宽比为 $r^*=0.5$（见附录 4 证明）。在分区堆

叠策略下，系统最优长宽比 r^* 略大于0.5，这是因为将堆叠进行分区有利于减小小车在宽度方向上的行走时间。

指定存储策略需要的总存储位大约是分享式存储策略需要的总存储位的两倍。这是因为两个原因：分享式存储策略允许空间共享且堆叠的填充率更高；高网格更适合指定存储策略，扁平网格更适合分享式存储策略。

以双指令作业吞吐时间为评价标准，指定存储策略在立即翻箱策略下，优于分享式存储策略约10%，在延迟翻箱策略下，优于分享式存储策略约4.6%。与延迟翻箱策略相比，立即翻箱策略可以将双指令作业吞吐时间平均降低约15.7%，然后会提高取货吞吐时间约13.7%。

表4.6　**随机堆叠策略下系统最优结构尺寸**

存储	翻箱	s	H^*	W^*	L^*	C	r^*	$N_{st,\ max}$	THT_{DC}	THT_R	$FD(\%)$
指定	—	0.065	18	85	170	260100	0.5	42	91.06	56	72.38
	—	0.222	27	87	174	408726	0.5	25	101.67	61.91	74.4
	—	0.431	34	85	170	491300	0.5	11	107.8	65.15	73.76
	—	0.748	21	105	210	463050	0.5	6	108.32	66.96	84.46
	—	1	40	71	142	403280	0.5	1	101.38	60.83	98.02
分享式	立即	0.065	7	87	174	105966	0.5	—	97.57	66.96	99.51
		0.222	7	111	221	171717	0.5	—	114.47	78.05	99.19
		0.431	8	113	226	204304	0.5	—	121.33	83.86	99.35
		0.748	8	118	235	221840	0.5	—	124.73	86.19	98.75
		1	8	118	236	222784	0.5	—	124.91	86.32	99.38
	延迟	0.065	7	87	174	105966	0.5	—	115.09	57.75	99.51
		0.222	9	98	195	171990	0.5	—	135.83	68.28	99.37
		0.431	11	97	193	205931	0.5	—	144.07	72.5	98.91
		0.748	11	100	200	220000	0.5	—	147.38	74.13	99.57
		1	11	101	201	223311	0.5	—	148.09	74.5	99.15

表 4.7　　　　　　　　**分区堆叠策略下系统最优结构尺寸**

存储	翻箱	s	H^*	W^*	L^*	C	r^*	P_A^*	P_B^*	P_C^*	THT_{DC}	THT_R	$FD(\%)$
指定	—	0.065	18	93	155	259470	0.6	0.1	0.4	0.5	87.22	52.31	72.55
	—	0.222	26	97	161	406042	0.6	0.1	0.2	0.7	99.33	59.39	74.89
	—	0.431	32	88	176	495616	0.5	0.1	0.1	0.8	106.66	64.15	73.22
	—	0.748	21	105	210	463050	0.5	0.1	0.5	0.4	107.89	66.5	84.46
	—	1	40	71	142	403280	0.5	—	—	—	100.92	60.83	98.02
分享式	立即	0.065	6	104	173	107952	0.6	0.6	0.2	0.2	91.02	64.51	99.34
		0.222	7	122	203	173362	0.6	0.8	0.1	0.1	106.85	77.43	99.51
		0.431	7	134	222	208236	0.6	0.8	0.1	0.1	113.74	82.56	99.58
		0.748	8	130	216	224640	0.6	0.7	0.2	0.1	116.85	86.06	99.72
		1	8	131	217	227416	0.6	—	—	—	117.36	86.27	99.26
	延迟	0.065	7	112	140	109760	0.8	0.1	0.3	0.6	106.1	55.37	99.34
		0.222	8	124	177	175584	0.7	0.2	0.7	0.1	126.29	66.32	99.31
		0.431	9	128	182	209664	0.7	0.3	0.6	0.1	135.67	71.8	99.48
		0.748	8	140	200	224000	0.7	0.7	0.2	0.1	140.55	74.06	99.12
		1	9	123	205	226935	0.6	—	—	—	141.33	74.27	99.46

4.5.2　不同存储策略下的最优系统高度

本章研究不同存储策略下，基于小车的紧致化存取系统的最优高度。4.5.1 的结果表明系统最优高度 H^* 会受系统中的存储策略的影响和产品特征的影响，即曲率 s。本研究也发现，产品的补货，即订货成本与库存成本的比例 K 也可能影响 H^*。基于此，本章研究不同存储策略下 H^* 和 K 的关系。

本章通过变化产品数量 N 和存储策略来生成一系列的方案。具体来说，$N=5000$ 或者 15000，系统使用指定存储策略、分享式存储策略、随机或分区堆叠策略。产品需求率服从曲率为 $s=0.065$ 的 ABC 曲线。对于分享式存储策略，本研究使用立即翻箱策略，K 以步长 100 从 100 变化至 1000。本研究使用模型(M.1)来求解系统最优高度 H^*，结果如图 4.10 所示。

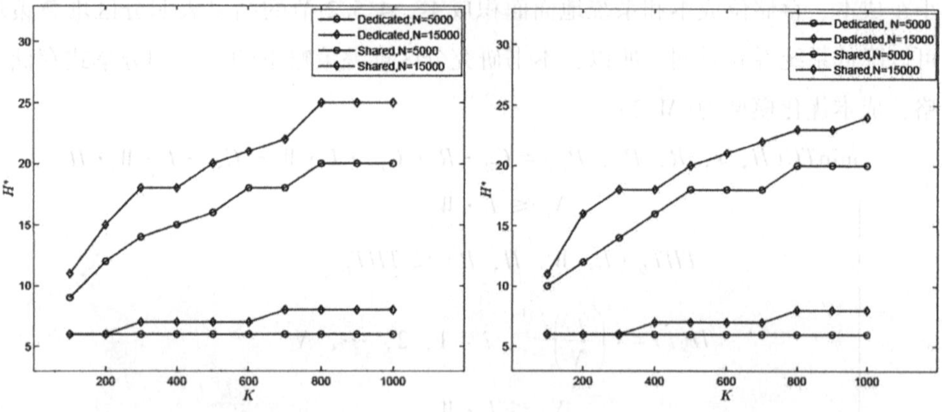

(a) 随机堆叠策略　　　　(b) 分区堆叠策略

图 4.10　最优堆叠高度

结果表明，在指定存储策略下，最优堆叠高度 H^* 随着 K 的增加显著增加，然后，在分享式存储策略下，H^* 只会略微增加。该结果表明，如果订货成本增加，订货期变长，单次订货量增加。因此，系统需要使用更高的网格来存储更多的产品。相反，如果订货成本降低，系统需要降低网格高度，以减少库存量。与指定存储策略相比，分享式存储策略下的最优堆叠高度相对较小且对 K 的敏感度更低。这表明高网格更加适合指定存储策略，而扁平网格则更加适合分享式存储策略。

4.5.3 成本优化模型

上述结果表明，相比于分享式存储策略，指定存储策略在系统吞吐时间方面更具优势。这是因为分享式存储策略下，小车取货作业需要翻箱操作。然而，尽管分享式存储策略不利于系统吞吐时间，但是它却可以节省存储空间。因此，这两种存储策略之间的选择问题实际上是运作效率与系统成本之间的权衡问题。本章研究指定存储策略下和分享式存储策略下 RCSRS 系统中的成本优化问题。

系统存储的产品数量 N 和产品需求 D_i 已知，订单到达率 λ 已知，工作站数量 n_w 是满足稳定条件 $n_w \cdot \mu_w > \lambda$ 的最小值，系统吞吐时间 THT_{DC} 需要小于一个

给定值 $THT_{DC_{max}}$，优化目标是最小化系统总年均成本 TC。系统成本包含三部分：小车成本、存储位成本和系统地面面积成本。4.5.2 节的结果表明分区堆叠策略可以降低系统吞吐时间，所以，本书研究分区堆叠策略下的指定和分享式存储策略，成本优化模型为(M.2)。

$$\min TC(H, r, R, P_A, P_B) = C_R \cdot R + C_{FS} \cdot L \cdot W + C_{SP} \cdot L \cdot W \cdot H$$

$$\text{s.t.}\begin{cases} N_{st} \leqslant L \cdot W \\ THT_{DC}(L, W, H, R) \leqslant THT_{DC_{max}} \\ D(i) = s\left(\dfrac{i}{N}\right)^{s-1}, \ i = 1, 2, \cdots, N \\ N_{st} \leqslant L \cdot W \\ L \leqslant \hat{L}, \ W \leqslant \hat{W}, \ H \leqslant \hat{H} \\ r = \dfrac{W}{L} \\ P_A + P_B + P_C = 1, \ 0 < P_A < 1, \ 0 < P_B < 1, \ 0 < P_C < 1 \\ N, R, \lambda, n_w, K, s, \tau \ are\ given \end{cases} \tag{M.2}$$

其中，C_R 每个小车的年成本，C_{SP} 是每个存储位的年成本，C_{FS} 是每平米地面面积的年成本。第一个约束确保堆叠总数足够存储所有产品，第二个约束确保系统吞吐时间小于最大吞吐时间，即 $THT_{DC}(L, W, H, R) \leqslant THT_{DC_{max}}$，第三个约束是系统尺寸约束。决策变量包括小车数量 R，A，B 产品类中的产品比例，即 P_A，P_B 和网格尺寸 H，r。

本研究使用一个贪婪算法来求解模型(M.2)：

在 $P_A + P_B + P_C = 1$ 条件下，将 P_A，P_B，P_C 以步长 0.1 从 0.1 变化至 0.8，然后获得所有的 $(P)_A$，P_B，P_C)组合。对于每个组合，首先计算产品 i 所需的存储空间，即 a_i，然后进入步骤 2。

将 H 以步长 1 从 1 变化至一个上界，指定存储策略下，上界为 $\min\{\max_i\{a_i\}, \hat{H}\}$，分享式存储策略下，上界为 $\hat{H}$。对每个 H，计算系统所需总堆叠数 N_{st}，并进行如下步骤：

将 r 从下界以步长 0.1 变化至上界。对每个 r，令 $L = \left\lceil \dfrac{N_{st}}{r} \right\rceil$，$W = \lceil r \cdot L \rceil$，

如果 $L \leqslant \hat{L}$，$W \leqslant \hat{W}$，进行步骤(b)。

使用 *AM-SOQN* 算法找到满足 $THT_{DC}(r, L, W, H, R) \leqslant THT_{DC_{max}}$ 的最小小车数量 R，然后，记录 $(r, L, W, H, R, P_A, P_B)$ 为模型(M.2)的一个可行解。

计算所有可行解的总年均成本，然后选择其中的最小值。

接下来，本研究使用一个例子分析基于小车的紧致化存取系统的成本优化问题。该系统存储 $N = 10000$ 中产品，产品的需求 *ABC* 曲线，曲率为 $s = 0.067$，0.222，0.567。每个小车可以使用7年，成本为30000欧元，每个存储位可以使用10年，成本为40欧元，仓库中每平方米地面面积可以使用30年，成本为500欧元。本研究考虑利率 $IR = 0.5\%$，然后，小车、存储位和每平米仓库地面面积的年均成本为

$$
\begin{aligned}
C_R &= \sum_{t=1}^{7} \frac{30000\,(1+IR)^{t-1}}{7}, \\
C_{SP} &= \sum_{t=1}^{10} \frac{40\,(1+IR)^{t-1}}{10}, \\
C_{FS} &= \sum_{t=1}^{30} \frac{500\,(1+IR)^{t-1}}{30}
\end{aligned}
\tag{4.44}
$$

系统订单到达率为 $\lambda = 300$ 每小时，其他系统参数见表4.3。本研究求解模型(M.2)，系统最小成本见图4.11。

图4.11表明，在吞吐时间约束下，与指定存储策略相比，分享式存储策略可以显著减少RCSRS系统的总成本。具体来说，分享式存储策略下，系统最优成本比指定存储策略下的低约50%。该结果可以通过如下原因解释：与分享式存储策略相比，指定存储策略需要更多存储空间且堆叠的填充率相对较低。

除了分享式存储策略在系统成本方面的优势外，图4.11也反映了指定存储策略在系统吞吐时间方面的优势。相比于分享式存储策略，指定存储策略可以为基于小车的紧致化存取系统提供更低的系统吞吐时间。具体来说，在指定存储策略下，$s = 0.065$ 时，系统吞吐时间 THT_{DC} 可以到达[90，95]，$s = 0.222$ 时，THT_{DC} 可以到达[95，110]，$s = 0.576$ 时，THT_{DC} 可以到达[110，120]。因此，这两种存储策略之间的权衡就是：分享式存储策略可以显著减少系统成本，而指定存储策略可以为系统提供更低的吞吐时间。

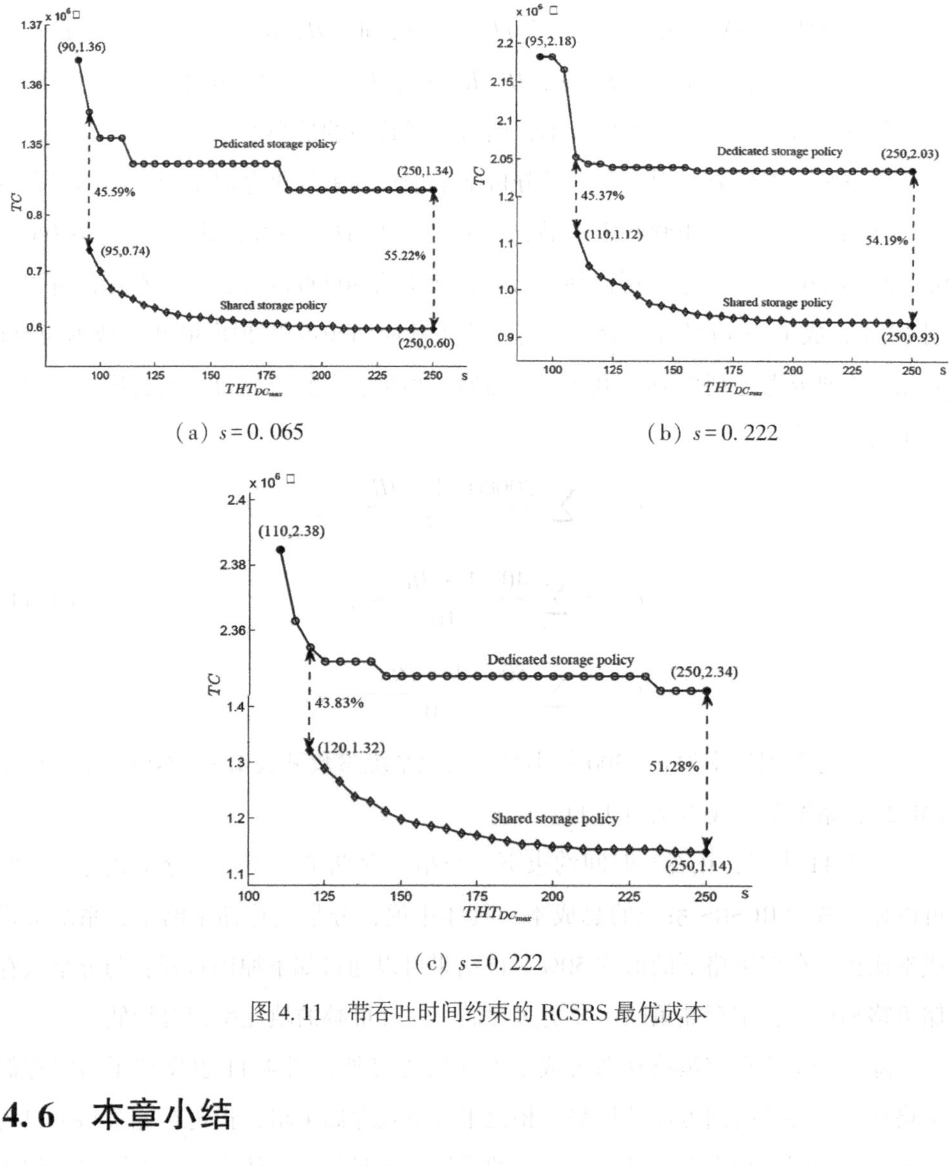

(a) $s=0.065$

(b) $s=0.222$

(c) $s=0.222$

图 4.11　带吞吐时间约束的 RCSRS 最优成本

4.6 本章小结

近十年，基于小车技术的物流解决方案取得了快速的发展，在未来十年，欧洲区预计有约 1500000 工作会被机器人取代。该趋势将会带来物料处理方面约 20%～40%的成本节约，这意味着我们正处于一个仓储机器人技术将被广泛使用的关键时期(Roland Berger，2016)。本书研究了一种新型的机器人物料处理技术：基于小车的紧致化存取系统（Robot-based Compact Storage and Retrieval Systems，RCSRS）。该系统使用标准尺寸料箱存储产品，然后将料箱以堆叠的方式形成存储空间。系统顶部是由矩形单元形成的网格，每个单元对应于一个堆叠的入口。系统使用带运输功能和抓取功能的小车运输料箱。工作站设置在系统的最底端和周边，产品通过工作站进出该系统。基于其较高的存储空间利用率和出色的吞吐能力，该系统在最近几年得到了许多应用，例如英国的ASDA和Ocado、荷兰的Active Ants、澳大利亚的Catch of The Day等。

本研究着眼于RCSRS系统的绩效评估和存储策略评价。本研究在堆叠中考虑指定和分享式存储策略，在网格水平上考虑随机和分区堆叠策略。在分享式存储策略下，考虑立即和延迟翻箱策略。本研究在各种存储策略和翻箱策略下，构建半开半闭排队网络来评估系统绩效，包括系统吞吐时间、订单对小车的期望等待时间、小车对工作站的期望等待时间以及小车和工作站的利用率。首先将半开半闭排队网络转化为一个含两个复合服务点的简化排队网络，然后使用矩阵几何算法来求解。本研究使用仿真和真实系统来验证理论模型的有效性和可行性，结果表明本研究构建的理论模型可以较好的评估系统绩效指标。

本研究利用理论模型优化系统结构尺寸，结果表明在随机堆叠策略下，系统最优长宽比约为2/3，在分区堆叠策略下，该值略大。在最优结构中，高网格更适合于指定存储策略，扁平存储策略更适合于分享式存储策略。并且，结果表明指定存储策略更有利于降低系统的双指令吞吐时间，延迟翻箱策略可以通过牺牲双指令吞吐时间来降低系统取货吞吐时间。此外，本研究还研究了指定存储策略与分享式存储策略之间的权衡问题。结果表明，分享式存储策略可以减少系统存储空间，从而降低系统总成本，但是，指定存储策略可以提供更低的系统吞吐时间。

作为后续研究，本研究将考虑在网格上设计单向行走路线，以避免小车的拥堵和堵塞。另外，也会研究小车对订单的分配策略以及工作站对小车的分配策略。

第5章 智能机器人订单拣选系统的能源管理策略研究

5.1 智能机器人订单履行系统的能源管理问题概述

为降低仓储系统运行成本，提高吞吐能力与柔性，越来越多的新型存储与订单拣选技术被应用到仓储系统中来降低运行成本，提升系统吞吐能力并提高系统服务能力柔性。机器人订单履行系统(Robotic Mobile Fulfillment System, RMFS)是一种使用移动式货架存储货物，用自动小车运输货架的物料处理系统(见图5.1)。系统周边设置(左、右和底部)有订单拣选(order picking)与补货(replenishment)工作站(workstation)。该系统的先驱是Kiva system(Mountz 2012)，然后，由于其较高的吞吐能力与柔性，被广泛应用到许多电子商务履行中心，包括亚马逊(Amazon)，the Gap，Walgreens，Staples，Gilt Groupe和Office Depot。

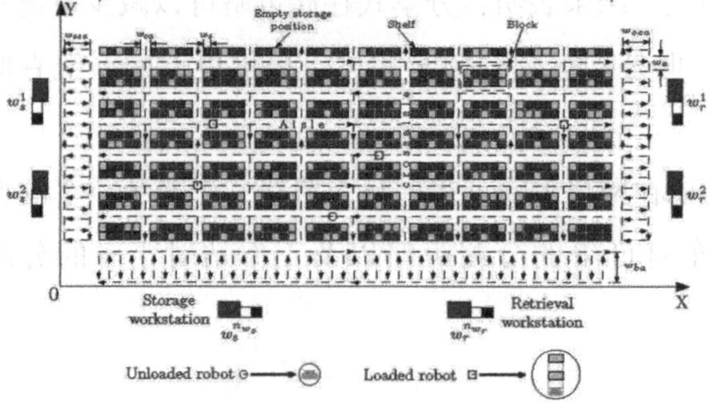

(a) 俯视图

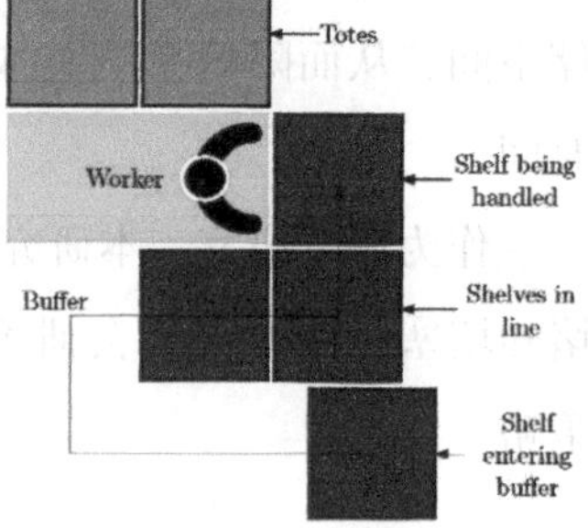

(b) 工作站

图5.1 机器人订单履行系统

与传统的物到人(parts-to-picker)系统相比(Amazon 2016)，机器人订单履行系统具有以下几点优势：首先，RMFS系统比传统的物到人系统(例如自动化存取系统AS/RS)具有更高的系统吞吐能力(throughput capacity)。一般来说，一个传统的物到人系统每次只能处理一个物品，然而，RMFS系统可以使用多个机器人小车同时处理多个物品，所以，该系统内的拣选人员可以在更短时间内完成一个订单，从而导致了更高的系统吞吐能力。其次，RMFS系统具有更好的可扩展性(scalability)与更高的柔性(flexibility)，该系统可以通过增加系统中的存储货架来扩展存储能力，为适应不断变化的需求环境，系统结构和工作站分布也可以进行调整，在繁忙时期，系统吞吐能力可以通过加入更多机器人小车与工作站进行扩充，在空闲时期，则可以通过撤回小车与工作站来减低运行成本。此外，与基于人工作业的传统仓储系统相比，RMFS中机器人的平均运行成本更低。

将一个RMFS系统应用到实际之前，通过绩效评估来进行系统设计与规划是非常重要的。在这样一个系统中，有许多因数可能影响系统的吞吐能力与运行成本，例如小车与工作站的数量、系统结构(长和宽)、小车待命位策略(dwell point policy)等。由于机器人小车由电池驱动，电池管理问题将是影响系统绩效的另一个重要因数。具体来说，充满电的小车可以正常运行一个班次，即8小时，因此，在非繁忙时期，小车白天运行一个班次，晚上进行电量恢复。在繁忙时期，小车在白天需要运行2~3个班次，在班次之间，小车可能出现电量耗尽情况，如何快速恢复小车电量将会决定到可用小车的数量，从而影响系统吞吐能力。电池管理问题在自动导轨小车系统(AGV)中得到过研究，McHaney(1995)表明小车电量耗尽会显著影响AGV系统的绩效。然而，在AGV系统研究中，电池管理问题对系统绩效与成本的影响又通常被忽略(Le-Anh and De Koster 2006)。基于此考虑，本书研究RMFS系统中的电池恢复管理问题，考虑有线充电策略(plug-in charging)、无线充电策略(inductive charging)和电池更换策略(battery swapping)。本研究将回答如下研究问题：

(1)如何在考虑电池恢复的情况下，为RMFS系统构建准确有效的绩效指标评估模型？

(2)机器人小车的电池管理如何影响RMFS系统的绩效？

(3)哪种电池恢复策略最有利于系统绩效，充电还是更换电池？

为回答以上研究问题，本研究为 RMFS 构建了半开半闭排队网络模型(Semi-Open Queueing Network，SOQN)来评估系统绩效。其中，电池充电过程被模拟成一个单排队队列(single queue)，电池更换过程被模拟为一个镶嵌的 SOQN，空闲电池被模拟为与断电小车进行匹配的额外资源。本研究首先将理论模型转化为一个带两个复合服务点的 SOQN，然后使用矩阵几何算法来求解。同时，本研究也构建了一个闭环排队网络(Closed-Queueing Network，CQN)来估算系统最大吞吐能力。本研究使用理论模型来研究电池恢复管理对系统绩效和成本的影响。

结果表明，机器人小车的电池恢复策略会显著影响 RMFS 的系统绩效，无线充电策略表现最佳，相比于有线充电策略，电池更换策略可以将系统取货吞吐时间平均提高 4.85%。为研究电池恢复策略对系统运行成本的影响，本研究构建了为有吞吐时间约束的系统智能机器人订单履行系统构建了成本优化模型，结果发现电池更换策略在年均成本方面的绩效对电池的成本很敏感。总体来说，当电池成本较低时，电池更换策略比有线充电策略便宜。如果系统要求的取货吞吐时间较低，无线充电策略将在运行成本方面更具优势；如果忽略 RMFS 系统中机器人小车的电池恢复问题，将会低估系统所需的小车数量和总运行成本。并且，可以找到一个关键的有线充电机器人价格，当价格更高时，无线充电策略的运行成本将低于线充电策略。当价格较低、并且系统要求的取货时间较低，无线充电策略在成本方面优于有线充电策略和电池更换策略。本研究还发现忽略机器人拥堵将导致系统所需的机器人数量和系统成本多出 15%。

本研究的贡献包括：在考虑电池恢复问题的情形下，提出了三种电池恢复策略，为 RMFS 系统构建了准确有效的绩效指标评估模型。构建了一种带多个镶嵌 SOQN 的模型，并设计分解算法进行求解。使用理论模型研究了三种电池恢复策略之间的成本与绩效权衡问题。

5.2　系统介绍与充电策略

本章首先在 5.2.1 中介绍机器人小车订单履行系统 RMFS，然后在 5.2.2 中介绍本研究在 RMFS 系统中考虑的电池充电与更换策略。

5.2.1 机器人订单履行系统 RMFS

机器人订单履行系统是一种使用自动小车技术的自动存储与订单拣选系统(见图 5.1)。该系统将货物存储在移动式货架(shelf)上，然后将货架组织成 5×2 的存储块。带举起与运输功能的机器人小车在巷道与工作站之间进行货架运输。巷道和横向巷道分别设置在 X 和 Y 坐标轴方向上。为了避免小车的拥堵与阻塞，巷道和横向巷道中的行走方向都是单向的(用虚线标记)。一个空载的小车可以在货架下面移动，一个负载小车则只能在巷道和横向巷道中行走。工作站设置在系统的左、右和底端。存储工作站从系统的左上角开始，沿逆时针方向放置，取货工作站从右上角开始，沿顺时针方向放置。本研究考虑典型的电子商务环境，即，RMFS 系统中的一个拣选订单只包括一个产品(称作单线订单)。为了规避机器人在行走过程中的拥堵，本系统设置有巷道和横向巷道。本研究假设一个典型的电子商务环境，即一个订单只包含一个拣选物品，也称作单线订单，多线订单可见研究 Lamballais et al. (2017)。

本研究所用主要符号如表 5.1 所示。

表 5.1 **主要符号**

符号	描述	符号	描述
n_a，n_{ca}	巷道、横向巷道数量	w_s	货架宽度(m)，货架为正方形
w_a，w_{ba}	巷道、底部巷道的宽度(m)	w_{ca}，w_{sca}	横向巷道、侧面横向巷道宽度(m)
n_{bw}，n_{sw}	底部、侧面工作站数量	n_{w_s}，n_{w_r}	存、取工作站数量
n_c	充电站或电池更换站中充电桩数量	n_b	电池更换站中，空闲电池数量
W	系统宽度(m)	L	系统长度(m)
R	机器人小车数量	v	小车速度(m/s)
p_d	小车完成一个作业后，电量耗尽的概率	λ_s，λ_r	存、取作业的到达率(每小时)

续表

符号	描述	符号	描述
t_r，t_p	工作站补货、拣选时间(s)	t_{lu}	小车举起或释放货架的时间，其为固定值(s)
$T_{d,rh}$	小车从其待命位点移动至目标货架的时间(s)	T_{sh,w_s}	小车从目标货架移动至存货工作站的时间(s)
T_{sh,w_r}	小车从目标货架移动至取货工作站的时间(s)	$T_{w_s,s}$	小车从存货工作站移动至存货点的时间(s)
$T_{w_r,s}$	小车从取货工作站移动至存货点的时间(s)	$T_{d,br}$，$T_{br,d}$	小车从待命位点移动至电池恢复站的时间，和反过程(s)
T_c	电池充电时间(s)；服从一个均匀分布	T_s	小车更换电池的时间(s)，假设为常数

一个机器人订单履行系统需要服务两类作业：订单拣选(即取货作业)和库存补给(即存货作业)。存取作业包括如下步骤：

(1)作业在外部队列中等待可用小车。期望等待时间为 W_R。本研究假设存取作业的到达都服从泊松过程，且小车被随机地指派给作业，即系统将把第一个可用的小车分配给作业，如果所有的机器人都处于繁忙状态，则订单等待，否则，系统随机指派一个机器人给到达的作业。需要说明的是，将其他机器人指派给订单也是可能的，例如离拣选货架最近的机器人或者离拣选站最近的机器人。

(2)小车从其待命位点移动至目标货架，即包含取货物品或需要补货的货架。移动时间为 $T_{d,sh}$，包括小车举起货架的时间 t_{lu}。本研究考虑小车的加减速影响，并且，小车沿最短路线行走。

(3)小车将货架运输至目标工作站。该系统拥有 n_{w_s} 个存货工作站(从左上角逆时针放置)和 n_{w_r} 个取货工作站(从右上角顺时针放置)。到存货工作站的移动时间为 T_{sh,w_s}，到取货工作站的移动时间为 T_{sh,w_r}。本研究假设小车被随机指派给工作站，存取作业将被随机指派给工作站台。

(4)如果作业人员处于工作状态，小车在工作站队列中等待，存货工作站的期望等待时间为 W_{w_s}，取货工作站的期望等待时间为 W_{w_r}。

(5)对于一个存货作业，作业人员将补货物品放置在货架上，对于一个取货作业，作业人员将货物从货架上取下，然后放入料箱中。不失一般性，本研究假设补货时间 t_r 服从均匀分布 $U[a, b]$，取货时间 t_p 服从均匀分布 $U[c, d]$。

(6)小车将货架运回其原来的存储位，存货货架的移动时间为 $T_{w_s, s}$，取货货架的移动时间为 $T_{w_r, s}$，包括释放货架的时间 t_{lu}。本研究使用作业完成点待命位策略(Point-of-Service-Completion，POSC)，即，小车停在作业完成的点。

本研究考虑三种电池恢复方案：有线充电策略、无线充电策略和电池更换策略。在使用有线充电策略或者电池更换策略的 RMFS 中，系统会在小车完成一个作业后检查小车的电量，然后将电量耗尽的小车引导到电池恢复站。令小车完成一个作业后电量耗尽的概率为 p_d（p_d 的估算见附录 5）。然后，另一个步骤跟随步骤(6)：步骤(7) 电量耗尽小车从其待命位点移动至电池恢复站，移动时间为 $T_{d, br}$，当电池电量完全恢复后，小车移动至其原待命位点，移动时间为 $T_{d, br}$。

在使用无线充电策略的 RMFS 系统时，每个工作站都设置有一个无线充电区域，每当小车在该工作站时，就接受充电。所以，小车的充电时间等于小车在工作站中的等待与服务时间总和。本研究假设一次充电可以保证小车至少完成一次作业。

5.2.2 电池充电与更换策略

有线充电与无线充电策略均在电动汽车中得到了广泛应用(Wang, Stielau et al. 2005; Sortomme, Hindi et al. 2011; Yilmaz and Krein 2013)。无线充电技术也会广泛应用到了 AGV 系统和 RMFS 系统中(R&PLUS, 2013; Savoye, 2010)。

在本研究中，有线充电站位于系统存储区域的中间，包含 n_c 个安置在地面上的充电口(见图 5.2(a))。每个充电口一次可以为一个小车充电。在充电站附近，设置有一个缓冲区供小车进行等待，小车可以自动连接上充电口。当小车电量恢复后，其移动至其原来待命位点。在使用无线充电策略的 RMFS 系统中，每个工作站地面上设置有一个无线充电区域，该区域可以产生电磁感应区，供小车电池充电(见图 5.2(b))。小车的充电时间即其在工作站台的等待时间。

一个电池更换站包含三个部分：n_c 个充电口、n_b 个空闲电池和电池更换设施(见图 5.2(c))。当一个小车电量耗尽时，它被引导至电池更换站。如果无可用空闲电池，小车在队列中进行等待；否则，小车进行电池更换。被更换的电池重新进行充电，本研究假设充电时间服从均匀分布 $U[3000, 4200]s$，电量恢复后，被添加到空闲电池库存中。本研究假设电池更换设施有足够的能力，所以，小车不需要等待更换设施。电池更换站也位于系统存储区域中间，并且有足够的区域供机器人进行等待。

接下来，本研究构建理论模型来评估系统绩效，研究电池恢复方案对系统绩效的影响。

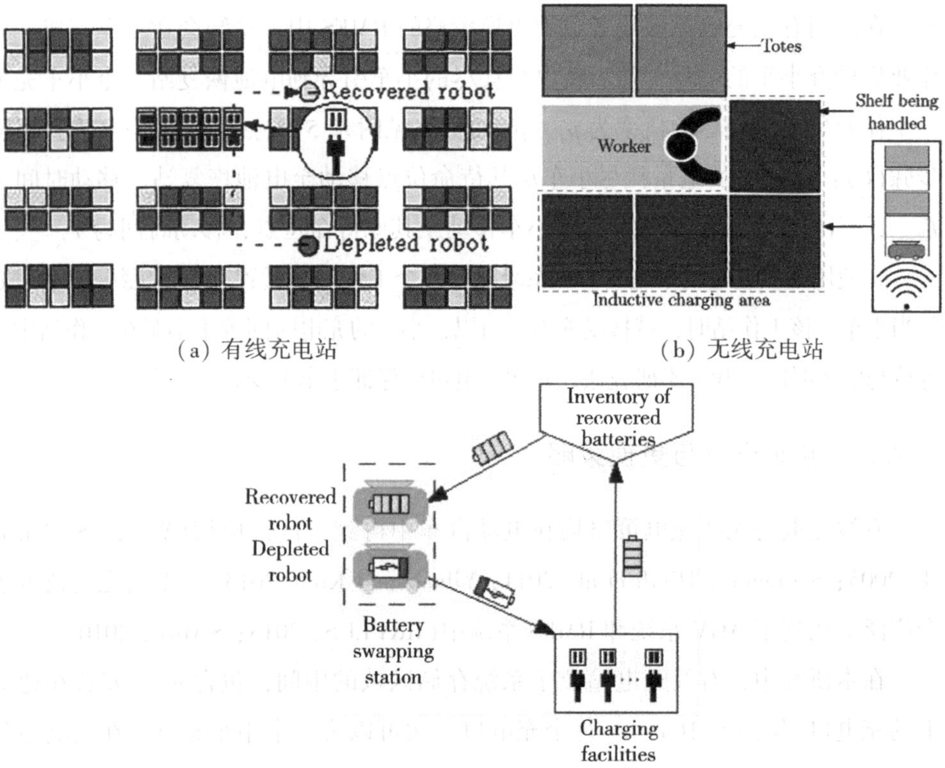

(a) 有线充电站　　(b) 无线充电站

(c) 电池更换站

图 5.2　RMFS 系统电池恢复策略

5.3　RMFS 系统绩效指标评估模型

5.3.1 为使用充电或者更换电池策略的 RMFS 系统构建 SOQNs 模型，5.3.2

计算 SOQN 中的服务点的服务时间表达式，5.3.3 给出该 SOQN 的解法。

5.3.1 带电池恢复站的 RMFS 的 SOQN 模型

图 5.3 是本研究为使用有线充电策略和电池更换策略的智能机器人订单履行系统构建的半开半闭排队网络模型(SOQNs)。

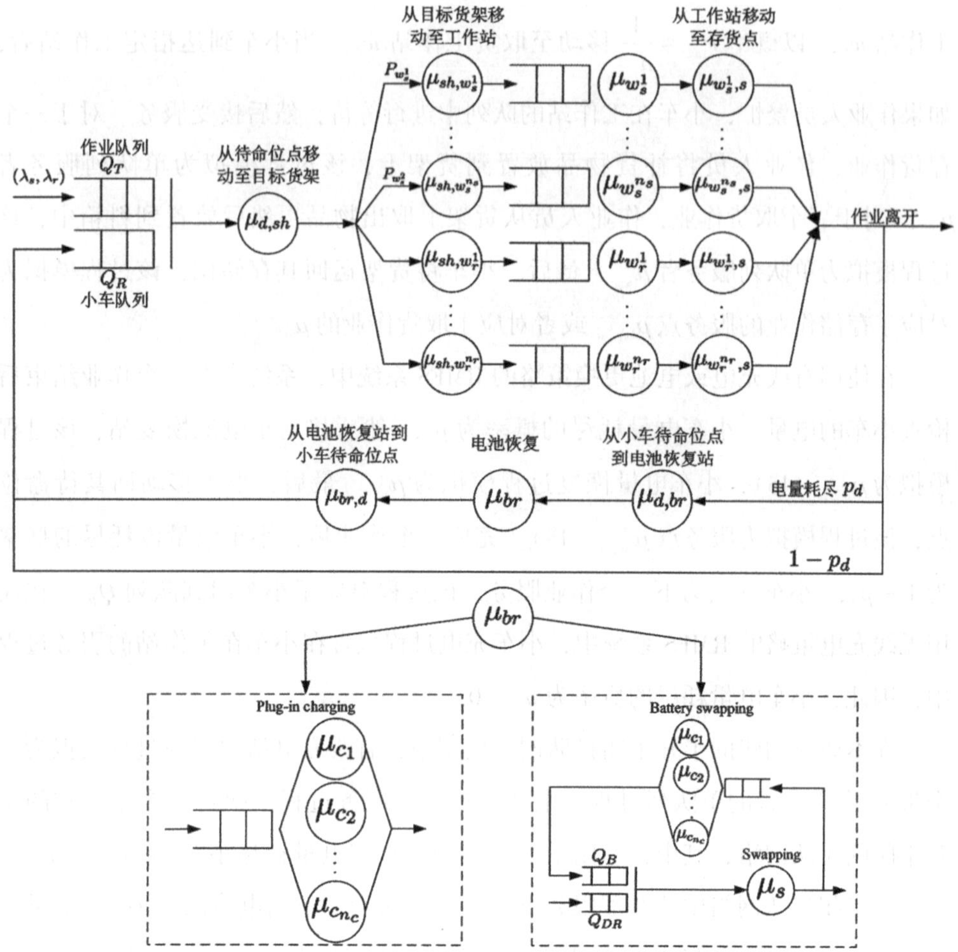

图 5.3 带电池恢复的 RMFS 系统的 SOQN 模型

当一个作业到达后，它首先获取一个小车，该过程对应于匹配服务点，该服务点包含两个排队队列，即作业队列 Q_T 和小车队列 Q_R。如果 Q_R 中有空闲小车，作业随机获取一个小车然后离开匹配服务点；否则，作业在队列 Q_T 中等待第一个可用的小车。然后，小车从其待命位点移动至目标货架并举起它，该过程对应于服务点 $\mu_{d,\ sh}$，由于该服务过程没有等待过程，该服务点是无限能力服务者(IS)。小车将货架运输至指定工作站，该过程模拟为服务点 $\mu_{sh,\ w_s^i}$ 或者 $\mu_{sh,\ w_r^j}$，$i=1,\ 2,\ \cdots,\ n_{w_s}$；$j=1,\ 2,\ \cdots,\ n_{w_r}$。接下来，小车以概率 $P_{w_s^i}=\dfrac{1}{n_{w_s}}$ 移动至存货工作站 w_s^i，以概率 $P_{w_r^j}=\dfrac{1}{n_{w_r}}$ 移动至取货工作站 w_r^j。当小车到达指定工作站后，如果作业人员繁忙，小车在工作站的队列中进行等待，然后接受服务。对于一个存货作业，作业人员将补货物品放置到货架上，该过程模拟为单队列服务者 $\mu_{w_s^i}$，对于一个取货作业，作业人员从货架上取出物品，然后放置到料箱中，该过程模拟为单队列服务者 $\mu_{w_r^j}$。最后，小车将货架运回其存储位，该过程模拟为对应于存储作业的服务点 $\mu_{w_s^i,\ s}$ 或者对应于取货作业的 $\mu_{w_r^j,\ s}$。

在使用有线充电或电池更换策略的 RMFS 系统中，系统会在一个作业结束后检查小车的电量。小车电量耗尽的概率为 p_d，然后移动至电池恢复站，该过程模拟为 $\mu_{d,\ br}$(IS)，小车电量恢复过程模拟为 μ_{br}，最后，小车移动回其待命位点，该过程模拟为服务点 $\mu_{br,\ d}$(IS)。完成一个作业后，小车电量没耗尽的概率为 $1-p_d$，小车继续为下一个作业服务，该过程对应于小车回到队列 Q_R。在使用无线充电策略的 RMFS 系统中，小车充电过程包含在小车在工作站的服务过程中，因此，小车电量耗尽的概率为 $p_d=0$。

在本研究构建的半开半闭排队网络模型中，有线充电站的服务过程模拟为一个带 n_c 个服务者的单队列过程。电池更换站的服务过程模拟为一个镶嵌式的半开半闭的排队网络，其中，空闲电池模拟为一种与电量耗尽小车相匹配的资源，该半开半闭排队网络中的匹配服务点包含两个队列：空闲电池队列 Q_B 与电量耗尽小车队列 Q_{DR}。如果空闲电池队列中有空闲电池，机器人直接获取电池，否则，机器人需要进行等待。获得空闲电池后，小车进行电池更换过程(模拟为服务点 μ_s)，最后，小车回到其原待命位点。电池更换站中的充电过程同样被模拟为一个带 n_c 个服务者的单队列过程。

5.3.2 服务时间表达式

本章计算 SOQN 中个服务点的服务时间。为此，本研究首先给出系统中各设施的坐标，包括货架、工作站、电池恢复站。令存储区域的左下角为原点，货架模块的坐标为 (x_b, y_b)，$x_b - 1, 2, \cdots, n_{ca}+1$，$y_b - 1, 2, \cdots, n_a+1$，货架在一个模块中的坐标为 (x_{bs}, y_{bs})，$x_{bs} - 1, 2, \cdots 5$，$y_{bs} - 1, 2$。令所有货架的坐标集合为 S，然后，有 $S = (w_{sca} + (5w_s + w_{ca})(x_b - 1) + w_s(x_{bs} - 1),\ w_{ba} + (2w_s + w_a)(y_b - 1) + w_s(y_{bs} - 1))$，$x_b = 1, 2, \cdots, n_{ca}+1$，$y_b = 1, 2, \cdots, n_a + 1$，$x_{bs} = 1, 2, \cdots, 5$，$y_{bs} = 1, 2$。

令 (x_{sh}, y_{sh}) 为目标存储作业货架或者取货作业货架的坐标，由于本研究考虑随机存储策略，然后。对于该坐标有公式(5.1)。

$$(x_{sh}, y_{sh}) \in S,\ P(x_{sh}, y_{sh}) = \frac{1}{10(n_a+1)(n_{ca}+1)} \tag{5.1}$$

其中 $P(x_{sh}, y_{sh})$ 是坐标 (x_{sh}, y_{sh}) 为集合 S 中的一个指定元素的概率。由于本研究使用随机存储策略。

令小车待命位点为 (x_d, y_d)，因为本研究假设小车服从 POSC 待命位点策略，所以，小车的待命位点坐标也可以通过公式(5.1)计算。系统的左右两侧各设置有 n_{sw} 个工作站，底端设置有 n_{bw} 工作站，所以，侧面工作站的坐标为：

$$x_{sw} = \begin{cases} 0, & left\ side \\ W, & right\ side \end{cases},\quad y_{sw} = \frac{i \cdot L}{n_{sw}+1} \tag{5.2}$$

底端工作站的坐标为：

$$x_{bw} = \frac{i \cdot W}{n_{bw}+1},\ y_{bw} = 0,\ i = 1, 2, \cdots, n_{bw} \tag{5.3}$$

有线充电站与电池更换站都设置在系统存储区域的中间，所以，它们的坐标为 $(x_{br}, y_{br}) = \left(\frac{(5w_s + w_{ca})n_{ca} - w_{ca}}{2}, \frac{(2w_s + n_a)n_a - w_s - w_a}{2}\right)$。接下来，本研究计算 SOQN 模型中各服务点的服务时间，包括小车从其待命位点移动至目标货架的时间 $T_{d,sh}$，小车从目标货架移动至工作站的时间 $T_{sh,w}$，小车从工作站移动至存储位的时间 $T_{w,s}$ 和小车在其待命位点与电池恢复站之间运动的时间 $T_{d,br}$，$T_{br,d}$。

5.3.2.1 小车从其待命位点移动至目标货架的时间 $T_{d,\ sh}$

空载小车可以在货架下移动，所以，小车以最短矩形路径移动至目标货架，该移动时间为 $D_{d,\ sh} = |x_d - x_{sh}| + |y_d - y_{sh}|$。考虑到机器人的加减速影响，对应的行驶时间可以用公式(5.4)计算：

$$T_{d,\ sh} = \begin{cases} 2v_{max}/a + (D_{d,\ sh} - v_{max}^2 a)/v_{max} + t_{lu},\ D_{d,\ sh} > v_{max}^2/a \\ 2\sqrt{\dfrac{D_{d,\ sh}}{a}} + t_{lu},\ D_{d,\ sh} \leqslant v_{max}^2/a \end{cases} \tag{5.4}$$

该推导公式也可以在 Lerher (2015) 和 Zou et al. (2016) 的研究中获取到。

然后，$T_{d,\ sh}$ 的前二阶矩(包括均值和变异系数)可以通过公式(5.5)计算。

$$\overline{T_{d,\ sh}} = \frac{1}{[10(n_a + 1)(n_{ca} + 1)]^2} \sum_{(x_d,\ y_d) \in S} \sum_{(x_{sh},\ y_{sh}) \in S} T_{d,\ sh},\ cv_{d,\ sh}^2 = \frac{E[T_{d,\ sh}^2] - \overline{T_{d,\ sh}^2}}{\overline{T_{d,\ sh}^2}} \tag{5.5}$$

服务点 $\mu_{d,\ sh}$ 的服务速率为 $\mu_{d,\ sh} = \dfrac{1}{\overline{T_{d,\ sh}}}$。

5.3.2.2 小车在目标货架与工作站之间的行走时间

承载着货架的小车只能在巷道或横向巷道中移动，所以，它将遵照巷道或者横向巷道的方向行驶，本研究假设小车通过最短路径行走至目的地。需要说明的是，由于小车在目标货架与工作站之间的路线会形成一个循环，所以，从目标货架到工作站的时间与反向时间相同。为了简化陈述，本研究只给出从目标货架到工作站的行驶时间。该时间的表达式会随着目标货架与工作站的位置的不同而变化，大致可以分为如下几类：

(1)目标工作站在系统的侧面时，智能小车在目标货架和工作站之间的行走距离 $D_{sh,\ w}$ 可以分为如下四类：

①y_b 为奇数，y_{bs} 为偶数：小车首先移动至相邻巷道(移动距离为 $\dfrac{w_s}{2} + \dfrac{w_a}{2}$)，然后移动至侧面横向巷道(移动距离为 x_{sh})，最后移动至目标工作站(移动距离

为 $\left|y_w - y_{sh} - \dfrac{w_s}{2} - \dfrac{w_a}{2}\right|$)。

② y_b 为偶数，y_{bs} 为奇数：小车首先移动至相邻巷道(移动距离为 $\dfrac{w_s}{2}+\dfrac{w_a}{2}$)，然后移动至侧面横向巷道(移动距离为 x_{sh})，最后移动至目标工作站(移动距离为 $\left|y_w - y_{sh} + \dfrac{w_s}{2} + \dfrac{w_a}{2}\right|$)。

③ y_b 为奇数，y_{bs} 为奇数：小车首先移动至相邻巷道(移动距离为 $\dfrac{w_s}{2}+\dfrac{w_a}{2}$)，移动至最近的横向巷道(移动距离为 $(5-x_{bs})\cdot w_s$)，移动至第一个朝向目标工作站的横向巷道(移动距离为 $2w_s + w_a$)，移动至侧面横向巷道(移动距离为 x_{sh})，最后移动至目标工作站(x_b 为奇数时，移动时间为 $\left|y_w - y_{sh} - \dfrac{3w_s}{2} - \dfrac{w_a}{2}\right|$，$x_b$ 为偶数时，移动时间为 $|y_w - y_{sh} + 2w_s + w_a|$)。

④ y_b 为偶数，y_{bs} 为偶数：小车首先移动至相邻巷道(移动距离为 $\dfrac{w_s}{2}+\dfrac{w_a}{2}$)，移动至最近的横向巷道(移动距离为 $(5-x_{bs})\cdot w_s$)，移动至第一个朝向目标工作站的横向巷道(移动距离为 $2w_s + w_a$)，移动至侧面横向巷道(移动距离为 x_{sh})，最后移动至目标工作站(x_b 为奇数时，移动时间为 $|y_w - y_{sh} + 2w_s + w_a|$，$x_b$ 为偶数时，移动时间为 $\left|y_w - y_{sh} - \dfrac{3w_s}{2} - \dfrac{w_a}{2}\right|$)。

需要说明的是该系统在 X 轴方向是对称的，因此，机器人从左侧工作站到目标货架和从右侧工作站到目标货架的时间是一样的。

(2)目标工作站在系统的底端时，智能小车在目标货架和工作站之间的行走距离 $D_{sh,\ w}$ 可以分为如下四类：

① y_b 为奇数，y_{bs} 为奇数：小车首先移动至相邻巷道(移动距离为 $\dfrac{w_s}{2}+\dfrac{w_a}{2}$)，移动至最近的向下的横向巷道($x_b$ 为奇数时，移动距离为 $(5-x_{bs})\cdot w_s$，x_b 为偶数时，移动距离为 $(10-x_{bs})\cdot w_s + w_a$)，移动至底端巷道(移动距离为 $y_{sh} - \dfrac{w_s}{2} -$

$\frac{w_a}{2}$)，最后移动至目标工作站(x_b 为奇数时，移动时间为 $|x_w - x_{sh} - (10 - x_{bs}) \cdot w_s - w_a|$，$x_b$ 为偶数时，移动时间为 $|x_w - x_{sh} - (5 - x_{bs}) \cdot w_s|$)。

② y_b 为偶数，y_{bs} 为偶数：小车首先移动至相邻巷道(移动距离为 $\frac{w_s}{2} + \frac{w_a}{2}$)，移动至最近的向下的横向巷道(x_b 为奇数时，移动距离为 $(10 - x_{bs}) \cdot w_s + w_a$，$x_b$ 为偶数时，移动距离为 $(5 - x_{bs}) \cdot w_s$)，移动至底端巷道(移动距离为 $y_{sh} + \frac{w_s}{2} + \frac{w_a}{2}$)，最后移动至目标工作站(x_b 为奇数时，移动时间为 $|x_w - x_{sh} - (10 - x_{bs}) \cdot w_s - w_a|$，$x_b$ 为偶数时，移动时间为 $|x_w - x_{sh} - (5 - x_{bs}) \cdot w_s|$)。

③ y_b 为奇数，y_{bs} 为偶数：x_b 为奇数的情况与 $y_b D_{sh,\ w}$ 为奇数，y_{bs} 为偶数和 x_b 为偶数的情况一样；x_b 为偶数的情况与 y_b 为偶数，y_{bs} 为偶数和 x_b 为奇数的情况一样。

④ y_b 为偶数，y_{bs} 为奇数：x_b 为奇数的情况与 y_b 为偶数，y_{bs} 为奇数和 x_b 为偶数的情况一样；x_b 为偶数的情况与 y_b 为奇数，y_{bs} 为奇数和 x_b 为奇数的情况一样。

得到 $D_{sh,\ w}$ 后，小车从目标货架移动至工作站的时间为 $T_{sh,\ w} = \frac{D_{sh,\ w}}{v}$，其前二阶矩可以通过公式(5.6)计算。

$$\mu_{w_s}^{-1} = \frac{a + b}{2},\ cv_{w_s}^2 = \frac{(b - a)^2}{3(a + b)^2} \tag{5.6}$$

由于 $T_{w,\ s}$ 与 $T_{sh,\ w}$ 的前二阶矩相同，所以有 $\overline{T}_{w,\ s} = \overline{T}_{sh,\ w}$，$cv_{sh,\ w}^2 = cv_{w,\ s}^2$。服务点 $\mu_{sh,\ w}$ 的服务速率为 $\mu_{sh,\ w} = \frac{1}{\overline{T}_{sh,\ w}}$，服务点 $\mu_{w,\ s}$ 的服务速率为 $\mu_{w,\ s} = \frac{1}{\overline{T}_{w,\ s}}$。

因为本研究假设 $t_{rt} \in U[a,\ b]$，$t_{pt} \in U[c,\ d]$，存取工作站的服务时间的前二阶矩可以通过公式(5.7)计算。

$$\mu_{w_r}^{-1} = \frac{c + d}{2},\ cv_{w_r}^2 = \frac{(d - c)^2}{3(c + d)^2} \tag{5.7}$$

5.3.2.3　小车在待命位点与电池恢复站之间的移动时间

电量耗尽的小车可以在货架底端行走，因此，小车待命位点与电池恢复站之间的最短路形成一个矩形。所以，有公式(5.8)。

$$D_{d,\ br} = |x_d - x_{br}| + |y_d - y_{br}| \tag{5.8}$$

$T_{d,br}$的前二阶矩可以通过公式(5.9)计算。

$$\mu_{d,\ br} = \mu_{br,\ d},\ cv_{d,\ br}^2 = cv_{br,\ d}^2 \tag{5.9}$$

由于小车在待命位点与电池恢复站之间的行走为相反过程。

5.3.3 SOQN 模型求解

本研究构建的半开半闭排队网络模型包含两种类型的顾客(存取作业)和多个服务时间服从一般性分布的服务点，并且，带电池更换站的 SOQN 有两个匹配服务点，该类 SOQN 没有产品式解法(Jia and Heragu 2009; Cai et al. 2014; Ekren et al. 2014; Tappia et al. 2016)。基于此，本研究使用如下近似解法求解 SOQN:

(1)将存取作业整合为一种顾客类型，计算其到达间隔时间的前二阶矩和在各服务点的服务时间的前二阶矩。然后，原始 SOQN 就被转化为单类型顾客的 SOQN。

(2)构建一个包含服务点$\mu_{d,\ sh}$，$\mu_{sh,\ w}$，μ_w，$\mu_{w,\ s}$ 的闭环排队网络 CQN1(见图 5.4)。然后，使用近似均值分析算法(Approximate Mean Value Method, AMVA)计算 CQN1 的吞吐率 $TH_1(n_1)$，将 CQN1 包含的服务部分用一个服务率为$\mu_{c_1}(n_1) = TH_1(n_1)$ 的复合服务点(composite service node)代替。

(3)对于使用有线充电或电池更换的 RMFS 系统，构建一个包含服务点$\mu_{d,\ br}$，μ_{br}，$\mu_{br,\ d}$ 的闭环排队网络 CQN2(见图 5.5 和图 5.6)，使用 AMVA 求解其吞吐率 $TH_2(n_2)$，将 CQN2 包含的服务部分用一个服务率$\mu_{c_2}(n_2) = TH_2(n_2)$ 的复合服务点代替。对于使用无线充电的 RMFS 系统，令 $p_d = 0$。

(4)对于使用有线充电或电池更换的 RMFS 系统，得到含两个复合服务点的简化 SOQN，对于使用无线充电的 RMFS 系统(见图 5.7)，得到含一个复合服务点的 SOQN，然后使用矩阵几何算法(Matrix-Geometric Method, MGM)求解简化 SOQN。

(5)将整合顾客分解为分离的存取作业，评估他们各自的绩效。

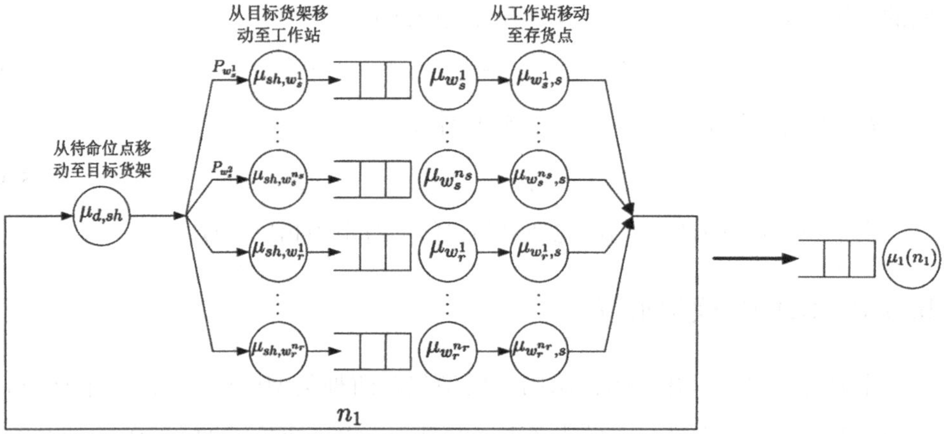

图 5.4　闭环排队网络 CQN1

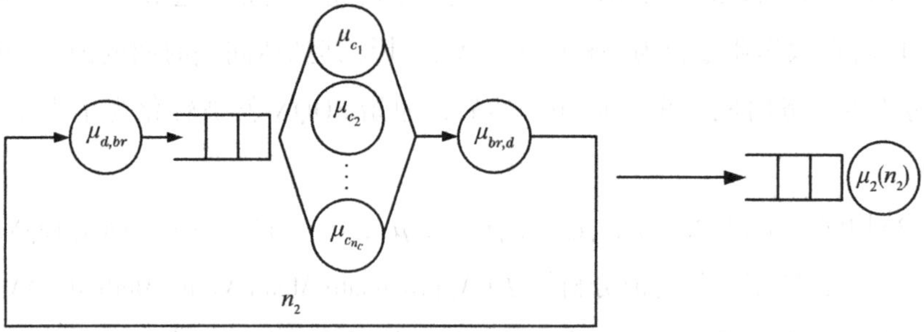

图 5.5　有线充电策略对应的闭环排队网络 CQN2

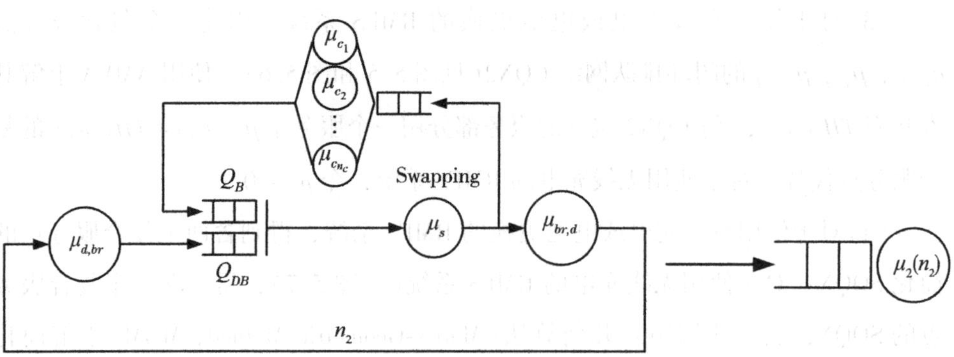

图 5.6　电池更换策略对应的闭环排队网络 CQN2

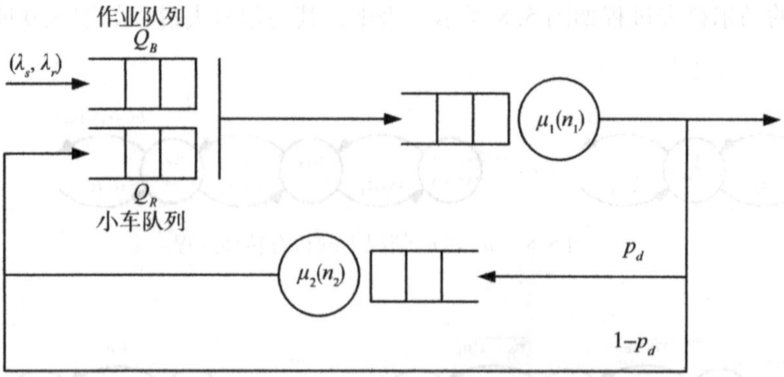

图 5.7 简化半开半闭排队网络

5.3.4 整合顾客

原始 SOQN 中的存取作业被整合为一种顾客类型。整合顾客的到达率为 $\lambda = \lambda_s + \lambda_r$，其变异系数为 $cv^2 = \frac{\lambda_s cv_s^2}{\lambda} + \frac{\lambda_r cv_r^2}{\lambda}$（Whitt 1983）。该顾客在每个服务点的到达率为 $\lambda_i = \sum \lambda_c$，其中 R_i 是访问服务点 i 的作业集合(包括存取作业)。该顾客在各个服务点的服务时间的前二阶矩可以通过公式(5.10)计算。

$$\hat{\mu}_i = \frac{\sum_{c \in R_i} \lambda_c}{\sum_{c \in R_i} \lambda_c / \mu_{ci}}, \quad \hat{cv}_i^2 = \frac{\sum_{c \in R_i} \lambda_c (cv_{ci}^2 + 1) / \mu_{ci}^2}{\left(\sum_{c \in R_i} \lambda_c\right) \hat{\mu}_i^2} - 1 \tag{5.10}$$

5.3.5 CQN1 和 CQN2 吞吐率计算

CQN1 包含服务点 $\mu_{d,sh}$，$\mu_{sh,w}$，μ_w，$\mu_{w,s}$，本研究使用近似均值分析法(AMVA)求解该闭环排队网络的吞吐率 TH_1，其中 n_1 为 CQN1 中的顾客数(AMVA 算法见附录 6)。对于模拟有线充电策略的 CQN2，本研究也使用 AMVA 算法计算其吞吐率 $TH_2(n_2)$，其中 n_1 为 CQN2 中的顾客数。对于模拟电池更换的 CQN2，本研究先单独分析其中的 SOQN，然后推导 $TH_2(n_2)$。

假设该 SOQN 包含 n_r，$n_r \leq n_2$，本研究定义该 SOQN 的状态变量为 (N_s, N_c)，其中 N_s 和 N_c 分别是在电池更换点和充电点的小车数量。如果 $n_r \leq n_b$，该

SOQN 的马尔科夫过程如图 5.8 所示，否则，其马尔科夫过程如图 5.9 所示。

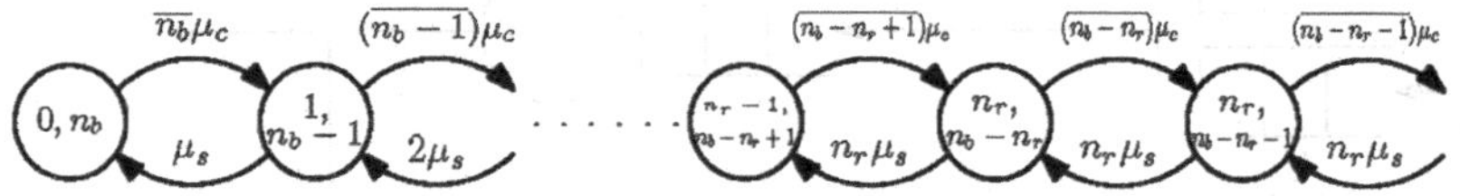

图 5.8　$n_r \leqslant n_b$ 情况下的状态转移过程

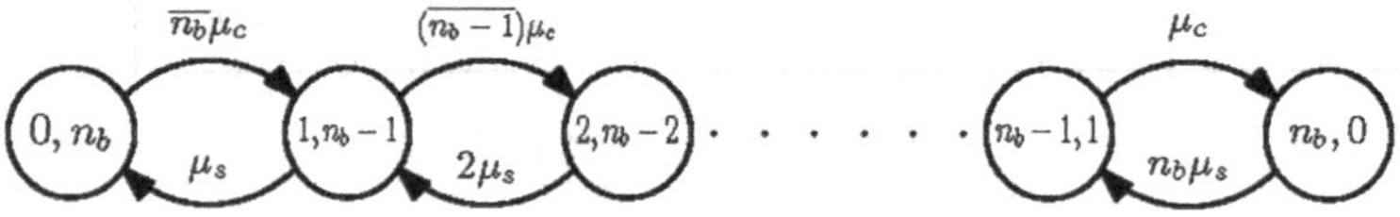

图 5.9　$n_r \geqslant n_b$ 情况下的状态转移过程

通过求解该马尔科夫过程，可以得到其状态概率 $\pi_{sw}(N_s, N_c)$ 和该 SOQN 的吞吐率，如公式(5.11)所示。

$$TH_{sw}(n_r) = \sum_{N_c=1}^{n_b} \overline{N_c} \cdot \mu_c \tag{5.11}$$

其中 $\overline{N_c} = \overline{n_b - i} = \min(n_b - i, n_c)$。

得到 $TH_{sw}(n_r)$ 后，将该 SOQN 用一个复合服务点代替，其吞吐率为 $\mu_{br}(n_r) = TH_{sw}(n_r)$，然后，通过 AMVA 算法求解 CQN2 的吞吐率 $TH_2(n_2)$。

5.3.6　矩阵几何算法(MGM)

经过以上步骤后，本研究将原始 SOQN 模型转化为一个带两个复合服务点的 SOQN 模型。本研究将其状态变量定义为 $s_k = (n_{eq}, n_1, n_2)$，其中 n_{eq} 在外部队列 Q_T 中等待小车的订单数，状态变量的下标 k 通过公式(5.11)计算。

$$k = \begin{cases} \dfrac{(n_1 + n_2)(n_1 + n_2 + 1)}{2} + n_2, & n_{eq} = 0 \\ n_{eq}(R + 1) + \dfrac{R(R + 1)}{2} + n_2, & otherwise \end{cases} \tag{5.12}$$

简化半开半闭排队网络的状态转移过程如图 5.10 所示。

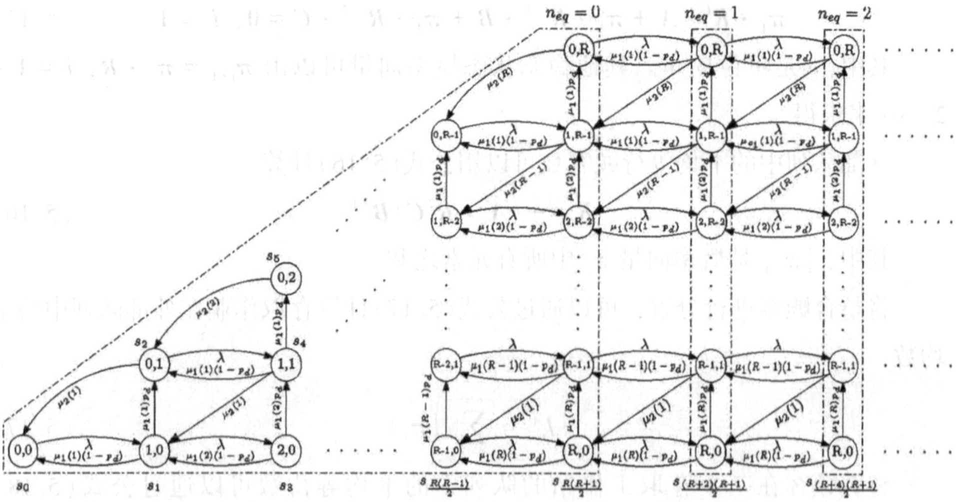

图 5.10 简化 SOQN 的状态转移过程

令 π_k 为状态 s_k 的稳态概率。定义稳态概率向量为 $\boldsymbol{\pi}_0 = (\pi_0, \pi_1, \cdots, \pi_{\frac{R(R+3)}{2}})$ 和 $\boldsymbol{\pi}_i = (\pi_{\frac{R(R+3)}{2}+(i-1)(R+1)+1}, \cdots, \pi_{\frac{R(R+3)}{2}+i(R+1)})$ 其中 i 是在外部队列中等待的顾客的数量。然后，生产矩阵可以通过公式(5.13)计算。

$$Q = \begin{bmatrix} B_{00} & B_{01} & 0 & 0 & 0 & \cdots \\ B_{10} & B & A & 0 & 0 & \cdots \\ 0 & C & B & A & 0 & \cdots \\ 0 & 0 & C & B & A & \cdots \\ \vdots & \vdots & \vdots & \vdots & \vdots & \ddots \end{bmatrix} \tag{5.13}$$

其中，$\boldsymbol{B}_{00}$ 代表从 $\boldsymbol{\pi}_0$ 到 $\boldsymbol{\pi}_0$ 的转移矩阵，$\boldsymbol{B}_{01}$ 代表从 $\boldsymbol{\pi}_0$ 到 $\boldsymbol{\pi}_1$ 的转移矩阵，$\boldsymbol{B}_{01}$ 代表从 $\boldsymbol{\pi}_0$ 到 $\boldsymbol{\pi}_1$ 的转移矩阵，$\boldsymbol{B}_{10}$ 代表从 $\boldsymbol{\pi}_1$ 到 $\boldsymbol{\pi}_0$ 的转移矩阵，$\boldsymbol{A}$ 代表从 $\boldsymbol{\pi}_i$ 到 $\boldsymbol{\pi}_{i+1}$ 的转移矩阵，$\boldsymbol{B}$ 代表从 $\boldsymbol{\pi}_i$ 到 $\boldsymbol{\pi}_i$ 的转移矩阵，$\boldsymbol{B}$ 代表从 $\boldsymbol{\pi}_{i+1}$ 到 $\boldsymbol{\pi}_i$ 的转移矩阵（各矩阵表达式见附录 7）。

得到生成矩阵 $\boldsymbol{Q}$ 后，本研究可以基于公式(5.14)，通过附录中的迭代算法求得所谓的速率矩阵 $\boldsymbol{R}$。

$$\boldsymbol{\pi}_{i+1} = \boldsymbol{\pi}_i \cdot \boldsymbol{R},\ i \geq 1 \tag{5.14}$$

得到 $\boldsymbol{R}$ 后，本研究可以通过求解方程式(5.15)来求解状态概率向量 $\boldsymbol{\pi}_0$ 到 $\boldsymbol{\pi}_1$。

$$\boldsymbol{\pi}_1 \cdot \boldsymbol{R}^i \cdot \boldsymbol{A} + \boldsymbol{\pi}_1 \cdot \boldsymbol{R}^{i+1} \cdot \boldsymbol{B} + \boldsymbol{\pi}_1 \cdot \boldsymbol{R}^{i+2} \cdot \boldsymbol{C} = \boldsymbol{0},\ i \geqslant 1 \tag{5.15}$$

其中，e 是单位向量。其他稳态状态概率向量可以由 $\boldsymbol{\pi}_{i+1} = \boldsymbol{\pi}_i \cdot \boldsymbol{R},\ i = 1, 2, \cdots$ 来求得。

外部队列中的平均等待顾客数可以用公式(5.16)计算。

$$\boldsymbol{R} = -(\boldsymbol{A} + \boldsymbol{R}^2\boldsymbol{C})\boldsymbol{B}^{-1} \tag{5.16}$$

其中，$|\pi_i|$ 是概率向量 π_i 中所有元素之和。

将整合顾客进行分解，可以通过公式(5.17)计算存取作业在外部队列中的平均数。

$$L_{eq}^A = \sum_{i=1}^{+\infty} i|\pi_i| \tag{5.17}$$

整合顾客在一个存取工作站的队列中的平均等待数可以通过公式(5.18)计算。

$$L_{eq}^s = L_{eq}^A \frac{\lambda_s}{\lambda},\ L_{eq}^r = L_{eq}^A \frac{\lambda_r}{\lambda} \tag{5.18}$$

其中 $EL_{w_s}(n_1)$，$EL_{w_r}(n_1)$ 分别为一个存、取工作站中的平均顾客等待数，它们均可以通过 *AMVA* 算法求得。由于每个工作站只服务一种类型的作业，所以有 $L_{w_s} = L_{w_s}^A$ 和 $L_{w_r} = L_{w_r}^A$。

在电池恢复站中等待的平均小车数量可以通过公式(5.19)计算。

$$L_{br} = \sum_{n_{eq}=0}^{+\infty} \sum_{n_1=0}^{R} \sum_{n_2=R-n_1}^{R} EL_{br}(n_2)\pi(n_{eq},\ n_1,\ n_2) \tag{5.19}$$

根据利特法则(*Little's Law*)，存、取作业对小车的平均等待时间可以通过公式(5.20)计算。

$$W_R^s = \frac{L_{eq}^s}{\lambda_s},\ W_R^r = \frac{L_{eq}^r}{\lambda_r} \tag{5.20}$$

小车对存、取工作站的平均等待时间为：

$$W_{w_s} = \frac{L_{w_s}}{\lambda_s / n_{w_s}},\ W_{w_r} = \frac{L_{w_r}}{\lambda_r / n_{w_r}} \tag{5.21}$$

小车对电池恢复站的平均等待时间为：

$$W_{br} = \frac{L_{br}}{p_d \lambda} \tag{5.22}$$

小车利用率可以通过公式(5.23)计算。

$$\rho_R = \frac{L_1 + L_2}{R} \cdot 100\% \tag{5.23}$$

存取工作站的利用率可以通过公式(5.24)计算。

$$\begin{aligned} \rho_{w_s} &= \sum_{n_{eq}=0}^{+\infty}\sum_{n_1=0}^{R}\sum_{n_2=R-n_1}^{R} Q_{w_s}(n_1)\pi(n_{eq}, n_1, n_2), \\ \rho_{w_r} &= \sum_{n_{eq}=0}^{+\infty}\sum_{n_1=0}^{R}\sum_{n_2=R-n_1}^{R} Q_{w_r}(n_1)\pi(n_{eq}, n_1, n_2) \end{aligned} \tag{5.24}$$

其中 $Q_{w_s}(n_1)$，$Q_{w_r}(n_1)$ 是存取工作站处于繁忙状态的概率，可以通过 *AMVA* 计算。

系统的存取吞吐时间可以通过公式(5.25)计算。

$$\begin{aligned} THT_s &= L_{eq}^s + \overline{T_{d,sh}} + \frac{2\sum_{i=1}^{m}\overline{T_{sh,w_s^i}}}{n_{w_s}} + W_{w_s} + \frac{a+b}{2}, \\ THT_r &= L_{eq}^r + \overline{T_{d,sh}} + \frac{2\sum_{i=1}^{n}\overline{T_{sh,w_r^i}}}{n_{w_r}} + W_{w_r} + \frac{c+d}{2} \end{aligned} \tag{5.25}$$

5.4 仿真验证

本研究使用 *Arena*(版本 14.7)为 *RMFS* 系统构建仿真模型，用其验证理论模型。本章考虑的 *RMFS* 系统存储 $C = 9000$ 个移动货架，使用 2 个存工作站(从系统左上角逆时针排列)和 2 个取工作站(从系统右上角顺时针排列)，即 $n_{sw} = 1$，$n_{bw} = 2$，$n_{w_s} = 2$，$n_{w_r} = 2$，使用 75 个小车运输货架。系统结构如图 5.1 所示，本研究考虑三种系统尺寸方案：$n_{ca} \times n_a = 29 \times 29$，$19 \times 44$，$44 \times 19$。其他系统参数见表 5.2。

表 5.2　　用于仿真验证的系统参数

C	R	n_c	n_b	w_s	w_a	w_{ca}	w_{sca}	w_{ba}	t_{lu}	v	t_r	t_p
9000	75	20	20	0.91m	1.4m	1.4m	2.4m	2.4m	3s	1.8m/s	U[10, 40]	U[10, 40]

存取作业的到达率为 $\lambda_s = \lambda_r = 230$ 每小时，对应于工作站利用率大于 75%。小车使用电压为 $V_R = 240\text{V}$，电容量为 $B_R = 105\text{A} \cdot \text{h}$ 的电池。载货小车和空载小车移动一米分别消耗 $E_u = 200\text{J}$，$E_l = 500\text{J}$ 的电量。小车举起或释放一个货架消耗的电量为 $E_{lift} = 800\text{J}$。本研究假设小车电量还剩 5%时需要充电，附录 5 给出了小车电池电量消耗的概率 p_d。使用有线充电策略的 RMFS 拥有 20 个充电桩，充电时间 T_C 服从均匀分布 $U[3000, 4200]s$。使用电池更换策略的 RMFS 拥有 20 个空闲电池和 20 个充电桩。电池更换时间为 $T_s = 240s$。对于使用无线充电策略的智能机器人订单履行系统而言，机器人的充电时间被包含在工作站台的等待时间和服务时间中。电池恢复站设置在系统的中央部位。

对于每个系统方案，仿真模型首先运行 100 个小时的热身时间，然后运行 100 次，每次运行 1000 个小时。仿真结果的 95% 的置信区间半长小于均值的 2%。本研究收集如下系统绩效指标并与理论模型结果进行对比：存取作业吞吐时间（THT_s，THT_r）、小车与工作站的利用率（ρ_R，ρ_{w_s}，ρ_{w_r}）、存取作业对小车的期望等待时间（W_R^s，W_R^r），以及小车对存取工作站的期望等待时间（W_{w_s}，W_{w_r}）。理论结果与仿真结果的相对误差百分比表示为 δ，通过公式(5.26)进行计算。

$$\delta = \frac{|A - S|}{S} \times 100\% \tag{5.26}$$

其中 A，S 分别为理论与仿真结果。

仿真验证结果和使用了有线充电策略、无线充电策略和电池更换策略的智能机器人订单履行系统见表 5.3。结果表明本研究构建的理论模型可以准确的估算 RMFS 系统的存取作业吞吐时间（THT_s，THT_r），小车与工作站的利用率（ρ_R，ρ_{w_s}，ρ_{w_r}）。然而，由于等待时间的绝对值相对较小，其相对误差却较大，包括 W_R^s，W_R^r，W_{w_s}，W_{w_r}。并且，本研究发现 RMFS 系统的绩效会受到系统尺寸 n_{ca}，n_a 以及电池恢复策略的影响。因此，本研究在接下来的数值试验中研究系统最优结构与充电策略的分析。

表 5.3 仿真验证结果

	THT_s			THT_r			ρ_R			ρ_{w_s}			ρ_{w_r}		
$n_{ca} \times n_a$	A	S	$\delta(\%)$	A	S	$\delta(\%)$	A	S	$\delta(\%)$	A	S	$\delta(\%)$	A	S	$\delta(\%)$
PC															
19 * 44	249.81	266.25	6.17	247.74	266.59	7.07	74.5	73.8	0.95	80.48	79.88	0.75	80.48	79.7	0.98
29 * 29	259.11	279.03	7.14	257.11	279.19	7.91	76.19	74	2.96	80.32	80.03	0.36	80.32	79.87	0.56
44 * 19	303.02	319.44	5.14	303.04	318	4.7	82.84	80.02	3.52	79.61	79.95	0.43	79.61	79.76	0.19
IC															
19 * 44	222.54	216.3	2.88	220.48	216.49	1.84	46.56	44.78	3.97	79.86	79.94	0.1	79.86	80.12	0.32
29 * 29	230.17	238.45	3.47	228.16	239.11	4.58	47.86	45.04	6.26	79.86	79.76	0.13	79.86	80.02	0.2
44 * 19	265.42	291.3	8.88	263.44	290.86	9.43	53.84	51.99	3.56	79.86	80.04	0.22	79.86	79.82	0.05
BS															
19 * 44	229.39	221.73	3.45	227.32	221.17	2.78	72.19	73.33	1.55	78.46	79.91	1.81	78.46	79.71	1.57
29 * 29	237.58	243.84	2.57	235.58	244.54	3.66	73.94	75.9	2.58	78.31	79.89	1.98	78.31	79.78	1.84
44 * 19	276.81	298.1	7.14	274.84	296.4	7.27	80.96	82.54	1.91	77.67	80.08	3.01	77.67	79.64	2.47
Average			5.21			5.47			3.03			0.98			0.91

续表

	W_R^s			W_R^r			W_{w_s}			W_{w_r}					
$n_{ca} \times n_a$	A	S	$\delta(\%)$	A	S	$\delta(\%)$	A	S	$\delta(\%)$	A	S	$\delta(\%)$			
PC															
19 * 44	17. 03	15. 03	13. 31	17. 03	15. 33	11. 09	28. 55	29. 53	3. 32	28. 55	29. 6	3. 55			
29 * 29	19. 07	16. 82	13. 38	19. 07	16. 53	15. 37	28. 21	30. 39	7. 17	28. 21	30. 25	6. 74			
44 * 19	31. 39	28. 18	11. 39	31. 39	27. 98	12. 19	26. 75	32. 14	16. 77	26. 75	31. 17	14. 18			
IC															
19 * 44	0. 06	0. 07	14. 29	0. 06	0. 07	14. 29	27. 26	28. 94	5. 81	27. 26	28. 89	5. 64			
29 * 29	0. 08	0. 09	11. 11	0. 08	0. 09	11. 11	27. 26	29. 53	7. 69	27. 26	30. 28	9. 97			
44 * 19	0. 19	0. 21	9. 52	0. 19	0. 21	9. 52	27. 26	32. 37	15. 79	27. 26	31. 37	13. 1			
BS															
19 * 44	14. 66	13. 09	11. 99	14. 66	13. 12	11. 74	26. 84	28. 66	6. 35	26. 84	28. 09	4. 45			
29 * 29	16. 42	14. 88	10. 35	16. 42	14. 95	9. 83	26. 55	29. 67	10. 52	26. 55	29. 74	10. 73			
44 * 19	26. 94	23. 89	12. 77	26. 94	23. 73	13. 53	25. 38	33. 01	23. 11	25. 38	31. 8	20. 19			
Average			12. 01			12. 07			10. 72			9. 84			

注：PC 表示有线充电策略，IC 表示无线充电策略，BS 表示更换电池策略。

以上仿真验证结果的产生可能是如下原因：

(1)在理论模型中，机器人的移动时间是通过前二阶矩来计算的，然而，在仿真中，每个移动的起点和目的地都是随机生成的，然后产生该移动时间，其取决于机器人的速度和加减速。

(2)本研究采用了一个分解算法来计算研究构建的半开半闭排队网络模型，这也为理论结果带来了一定的误差。

(3)仿真模型可以准确估算每个机器人的电池电量水平，并且决定机器人是否要充电，然而，在理论模型中，本研究用概率来计算机器人是否需要充电。

结果表明，该智能机器人订单履行系统的绩效也会受到系统尺寸和机器人电源恢复策略的影响。具体来说，当以系统存取作业吞吐时间为绩效指标时，无线充电策略和系统尺寸 $(n_{ca}, n_a) = (19, 44)$ 优于其他系统方案。这也促进了本书开展以下研究来探索系统的最优尺寸和最优机器人电池恢复策略。

5.5 数值实验

5.5.1 充电策略绩效对比

本章以系统期望取货时间 THT_r 为标准，对有线充电策略、无线充电策略和电池更换策略进行对比分析。考虑一个存储 $C = 8000$ 个货架的 RMFS 系统，它使用4个工作站 $(n_{sw} - 1, n_{bw} - 2)$，包括两个存工作站和两个取工作站。其他系统参数见表5.1。本研究首先优化系统的长宽比，即 $r = \dfrac{n_{ca} + 1}{n_a + 1}$。通过将 r 从下界以步长 $\varepsilon = 0.1$ 搜索至上界 $\bar{r}$，找到最优的系统长宽比 r^*。结果表明，r^* 不受系统所使用的电池恢复策略影响，而受工作站的布局影响。该结果与 Lamballais et al. (2017)所取得的结果相似。对于本研究所考虑的系统，最优结构为 $r^* = 0.5$，$n_{ca} = 19$，$n_a = 39$。

本研究考虑两种存取作业到达率，即 $\lambda_s = \lambda_r = 205$ 每小时，对应工作站利用率 $\rho_{w_s} > 75\%$，$\rho_{w_r} > 75\%$；$\lambda_s = \lambda_r = 215$ 每小时，对应于工作站利用率 $\rho_{w_s} >$

80%，$\rho_{w_r} > 80\%$。对于使用有线充电策略的RMFS系统，将充电桩数量 n_c 从 6 变化至 40。对于使用无线充电策略的RMFS系统，每个工作站配置一个无线充电区域。对于使用电池更换策略的 RMFS 系统，空闲电池的数量 n_b 从 6 变化至 40，且假设 $n_c = n_b$。图5.11给出了这三种电池恢复策略下，RMFS 系统的期望取货时间对比。

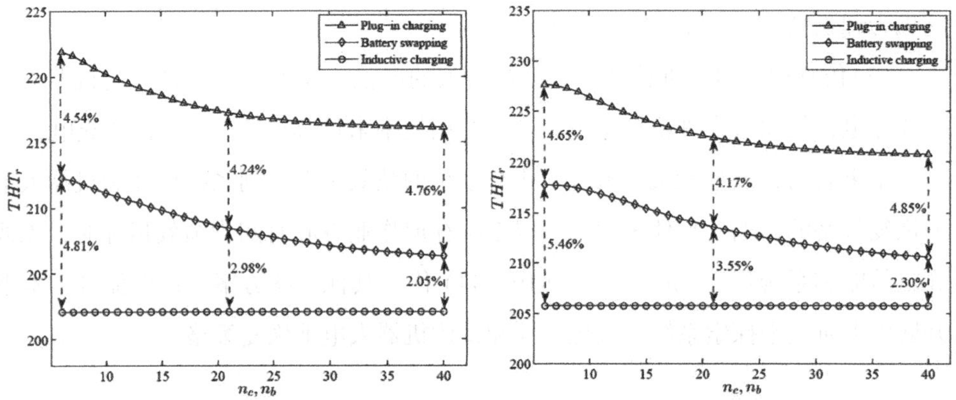

(a) $\lambda_s = \lambda_r = 205$　　(b) $\lambda_s = \lambda_r = 215$

图 5.11　有线、无线充电与电池更换策略下的取货时间对比

结果表明，电池恢复站的能力会显著影响 RMFS 系统的期望取货时间。具体来说，THT_r 会随着系统中充电桩或者空闲电池的数量的增加而降低。无线充电策略一直表现最好，电池更换策略优于有线充电策略。本研究将无线充电策略对电池更换策略的提高表示为 $I_{pc}^{bs} = \dfrac{THT_r^{bs} - THT_r^{ic}}{THT_r^{bs}} \times 100\%$，将电池更换策略对有线充电策略的提高表示为 $I_{pc}^{bs} = \dfrac{THT_r^{pc} - THT_r^{bs}}{THT_r^{pc}} \times 100\%$。图 5.11 表明，当 $\lambda_s = \lambda_r =$ 205，I_{bs}^{ic} 最大可达到 4.81%，I_{pc}^{bs} 最大可达到 4.76%；当 $\lambda_s = \lambda_r = 215$，$I_{bs}^{ic}$ 最大可达到 5.46%，I_{pc}^{bs} 最大可达到 4.85%。

在使用无线充电策略的智能机器人订单履行系统中，机器人的能源不会影响系统的吞吐时间。因此，该系统中的系统吞吐时间等于不考虑电池恢复策略的系统的吞吐时间。图 5.11 表明，忽略系统的电池恢复问题将使系统吞吐时间被低估约 4.62%和 5.92%。

5.5.2 充电策略投资对比

前文以系统吞吐时间为绩效指标分析对比了有线充电策略、无线充电策略和电池更换策略，并为考虑系统投入的问题。5.5.1 中考虑的系统结构最优与电池恢复策略选择忽略了系统成本因素，即可以使用尽可能多的充电桩与空闲电池来最小化系统吞吐时间。然而，智能机器人订单履行系统中的能源恢复问题实际上是系统运作效率和系统运作成本间的一个权衡问题，因为，虽然无线充电策略的绩效比较好，但是无线充电与空闲电池都相对较贵。所以，在本研究所考虑的三种电池恢复方案中进行选择，实际上是一个运作效率与系统成本之间的权衡问题。为研究该问题，本研究考虑一个带取货时间约束的 RMFS 系统的成本优化问题。

该问题的目标为年均系统运行成本最小化，系统成本包含小车成本、充电桩成本以及空闲电池成本。约束为系统期望取货时间需要小于一个给定的关键值 THT_r^{max}。因此，本研究构建了模型(M.1)。

$$\min TC(R,\ n_c,\ n_b) = C_R \cdot R + C_c \cdot n_c + C_b \cdot n_b + C_i \cdot (n_{w_s} + n_{w_r})$$

$$\text{s.t.} \begin{cases} THT_r(R,\ n_c,\ n_b) \leqslant THT_r^{max} \\ n_b = n_r \\ \lambda_s,\ \lambda_r,\ n_{sw},\ n_{bw},\ n_{w_s},\ n_{w_r},\ n_a,\ n_{ca}\ are given \end{cases} \tag{M.1}$$

其中，C_R 为小车的年均成本，取决于系统使用的是有线充电小车或者无线充电小车，C_c 是一个充电桩的年均成本，C_b 是一个空闲电池的年均成本。$C_i \cdot (n_{w_s} + n_{w_r})$ 是使用无线充电策略的 RMFS 系统中的充电设施年均成本。

模型(M.1)的决策变量与目标函数取决于该 RMFS 系统所使用的电池恢复策略。对于无线充电策略来说，该模型的决策变量为使用无线充电方式的小车数量 R，目标函数包括小车成本 $C_R \cdot R$ 与无线充电设施成本 $C_i \cdot (n_{w_s} + n_{w_r})$。对于使用有线充电策略的 RMFS 系统来说，决策变量为 R 和 n_c，系统总成本包含小车成本和充电桩成本。对于使用电池更换策略的 RMFS 系统来说，决策变量为 R，n_c，n_b。系统总成本包含小车成本、充电桩成本和空闲电池成本。在该模型中，本研究也假设 $n_c = n_b$，因此，小车不需要等待充电桩。

为求解模型(M.1)，首先通过枚举的方式搜索 R，n_c 和 n_b 来找到满足条件的可行解，然后，在所有可行解中找到最小化系统总成本 TC 的最优解。该搜索算法可以在 10 秒内找到最优解。

接下来，本研究通过数值试验来比较使用这三种电池恢复策略的 RMFS 系统的成本。本章考虑的系统与上一章相同，即 $C=8000$，$n_{w_s}=2$，$n_{w_r}=2$，$n_{sw}=1$，$n_{bw}=2$，$R=60$，$n_{ca}=19$，$n_a=39$。存取作业到达率为 $\lambda_s=\lambda_r=220$ 每小时。为研究小车成本与空闲电池成本对比较结果的影响，本研究考虑两种小车成本，即 $P_{R_{pc}}=10000$，15000 和 $P_{R_{ic}}=13000$，18000。空闲电池的价格 P_b 为小车价格的 10%、20%或 40%。充电桩的价格为 $P_c=1000$，一个无线充电设施的价格为 $P_i=5500$。本研究假设所有资源的生命周期都为 $LC=10$ 年，并考虑利率 $IR=0.5\%$。然后，一个有线充电小车的年均成本可以通过公式(5.27)计算。

$$C_{R_{pc}}=\frac{P_{R_{pc}}\left(1+\sum_{t=1}^{LC} IR^{t-1}\right)}{LC} \tag{5.27}$$

同样，本研究也可以得到无限充电小车的年均成本 $C_{R_{ic}}$，充电桩的年均成本 C_c，空闲电池的年均成本 C_b 和无线充电设施的成本 C_i。系统需求的取货时间 THT_r^{max} 以 30 秒的步长从 200 秒变化至 800 秒。本研究首先比较有线充电策略与电池更换策略，结果见图 5.12，系统最优充电方案见表 5.4。

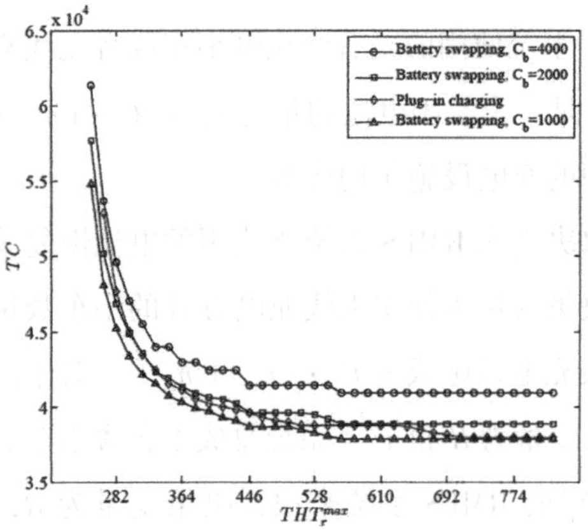

(a) $P_{R_{pc}}=10000$

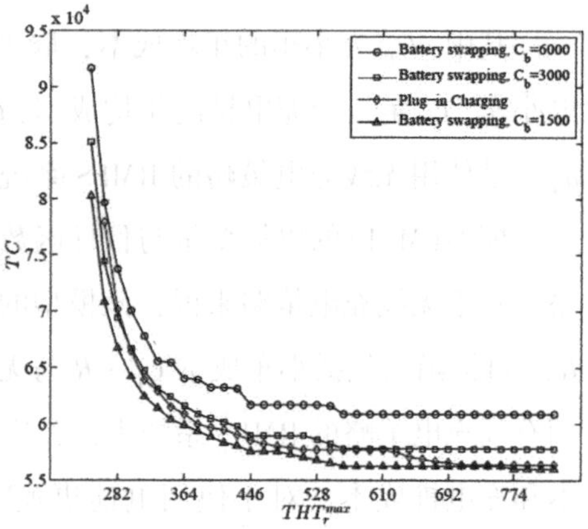

(b) $P_{R_{pc}}=15000$

图 5.12　有线充电策略与电池更换策略的年均成本对比

图 5.12 表明，该 RMFS 系统的总成本随着 THT_r^{max} 的增加而递减，这意味着当系统要求的吞吐时间越短时，系统所需要付出的总成本越多。这两种策略的对比结果会随着空闲电池成本与小车成本的变化而变化，本研究使用空闲电池成本与小车成本来量化这种变化。具体来说，对于 $P_{R_{pc}}=10000$ 和 15000，当 $\frac{P_b}{P_{R_{pc}}}=0.1$，电池更换策略在总成本方面优于有线充电策略；当 $\frac{P_b}{P_{R_{pc}}}=0.2$ 时，这两种电池恢复策略的绩效非常接近；当 $\frac{P_b}{P_{R_{pc}}}=0.4$ 时，有线充电策略优于电池更换策略。这种现象可以通过以下原因解释：一方面，由于电池更换策略在电池恢复时间上的优势，它需要的小车数比有线充电策略少；另一方面，电池更换策略却需要更多的空闲电池。所以，空闲电池的价格决定了系统为空闲电池所付出的代价是否可以由小车上面的成本节约来弥补。

接下来，本研究对使用无线充电策略的 RMFS 系统进行成本分析，通过对无线充电策略与有线充电策略和电池更换策略进行对比。有线与无线充电小车的价格均取两个值，空闲电池的价格为 $\frac{P_b}{P_{R_{pc}}}=0.4$。为研究电池恢复过程对 RMFS 系统绩效的影响，本研究也考虑一种特殊的情况：小车拥有无限电量能力，即小车电量不会随着作业的进行而耗尽。比对结果见图 5.13。

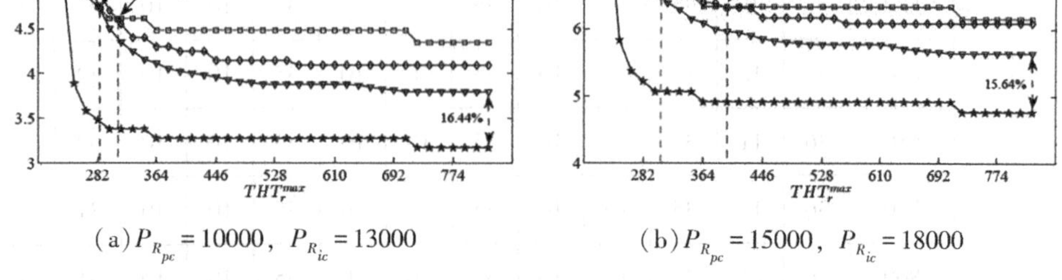

(a) $P_{R_{pc}}=10000$，$P_{R_{ic}}=13000$　　(b) $P_{R_{pc}}=15000$，$P_{R_{ic}}=18000$

图 5.13　有线、无线充电与电池更换策略的成本对比

结果表明，在无线充电与有线充电策略之间存在一个关键取货吞吐时间 THT_r^{ic-pc}。在该点处，两种策略下的系统成本相同。如果 $THT_r^{max} \leqslant THT_r^{ic-pc}$，无线充电策略在成本方面优于有线充电策略，否则，有线充电策略更优。同样，在无线充电策略与电池更换策略之间也存在一个关键取货吞吐时间 THT_r^{ic-bs}。如果 $THT_r^{max} \leqslant THT_r^{ic-bs}$，无线充电策略可以提供更低的系统成本，这是因为无线充电策略可以通过增加更少的小车来获得更小的系统吞吐时间，因此在无线充电设施上的投资可以通过在小车上的成本节约得以弥补。并且，图 5.12 也表明，如果在 RMFS 中不考虑电池恢复因素，系统成本将会被低估 15%，所需要的小车数量也将被低估(见表 5.4)。

表 5.4　　**成本优化结果**

$P_{R_{pc}}$	THT_r^{max}	pc		bs									ic	ib
				$\frac{P_b}{P_{R_{pc}}}=0.1$			$\frac{P_b}{P_{R_{pc}}}=0.2$			$\frac{P_b}{P_{R_{pc}}}=0.4$				
		R	n_c	R	n_c	n_b	R	n_c	n_b	R	n_c	n_b	R	R
10000	200	NaN	NaN	NaN	NaN	NaN	NaN	NaN	NaN	NaN	NaN	NaN	NaN	NaN
	260	45	26	41	19	19	42	15	15	43	13	13	34	34
	320	39	19	38	11	11	38	11	11	39	8	8	33	33
	380	38	12	36	13	13	37	9	9	37	9	9	32	32
	440	37	14	36	9	9	36	9	9	36	9	9	32	32
	500	37	9	35	12	12	35	12	12	36	9	9	32	32
	560	37	9	35	10	10	35	10	10	35	10	10	32	32
	620	36	18	35	10	10	35	10	10	35	10	10	32	32
	680	36	11	35	10	10	35	10	10	35	10	10	32	32
	740	36	11	35	10	10	35	10	10	35	10	10	31	31
	800	36	11	35	10	10	35	10	10	35	10	10	31	31

续表

$P_{R_{pc}}$	THT_r^{max}	pc		bs									ic	ib
		R	n_c	$\frac{P_b}{P_{R_{pc}}}=0.1$			$\frac{P_b}{P_{R_{pc}}}=0.2$			$\frac{P_b}{P_{R_{pc}}}=0.4$			R	R
				R	n_c	n_b	R	n_c	n_b	R	n_c	n_b		
15000	200	NaN	NaN	NaN	NaN	NaN	NaN	NaN	NaN	NaN	NaN	NaN	NaN	NaN
	260	45	26	40	24	24	42	15	15	42	15	15	34	34
	320	39	19	37	16	16	38	11	11	39	8	8	33	33
	380	38	12	36	13	13	37	9	9	37	9	9	32	32
	440	37	14	36	9	9	36	9	9	36	9	9	32	32
	500	37	9	35	12	12	35	12	12	36	9	9	32	32
	560	37	9	35	10	10	35	10	10	35	10	10	32	32
	620	36	18	35	10	10	35	10	10	35	10	10	32	32
	680	36	11	35	10	10	35	10	10	35	10	10	32	32
	740	36	11	34	15	15	35	10	10	35	10	10	31	31
	800	36	11	34	15	15	35	10	10	35	10	10	31	31

注：pc 表示有线充电策略，bs 表示电池更换策略，ic 表示无线充电策略，ib 表示无线电池能力。

5.6　本章小结

本研究在机器人小车订单履行系统中研究了小车的电池管理问题。在该系统中，货物被存储在移动式货架上，自动小车将货架在存储区与工作站之间移动。智能机器人订单履行系统中使用的小车由电池驱动，充满电的小车通常可以运行一个作业班次，即八个小时。因此，在非高峰期，小车可以在白天运行一个班次，然后在晚上进行电量恢复。在高峰期，小车一天可能需要运作两至三个作业班次，于是小车可能会在运行过程中电量耗尽。如何恢复小车的电量将会影响系统中可用小车的数量，从而影响系统吞吐能力。本研究提出了有线充电策略、无线充电策略与电池更换策略。

本研究构建半开半闭排队网络模型来评估考虑电池恢复的智能机器人订单履行系统的系统绩效，有线充电过程模拟为一个单队列服务过程，电池更换过程模拟为一个镶嵌的半开半闭排队网络模型，其中空闲电池模拟为与电量耗尽小车进行匹配的资源。为求解该半开半闭排队网络模型，本研究首先将原始模型转化为一个带两个复合型服务点的半开半闭排队网络模型，然后使用矩阵几何算法对其进行求解。本研究使用仿真模型验证理论模型的有效性与可靠性，结果表明理论模型可以准确地估算智能机器人订单履行系统的绩效。本研究使用验证过的理论模型来优化系统结构，并进行三种电池恢复方案之间的对比。分析结果表明，无线充电策略在系统吞吐时间方面表现最好，电池更换策略优于有线充电策略。为分析这三种电池恢复策略对系统成本的影响，本研究构建了一个带取货时间约束的成本优化模型。模型的求解结果表明，电池更换策略对有线充电策略的优势随着电池成本的变化而变化，当空闲电池成本较低时，电池更换策略可以提供更低的系统成本。并且，对于取货吞吐时间需求较低的智能机器人订单履行系统，无线充电策略在年均成本方面优于有线充电策略和电池更换策略。

第6章 智能机器人订单拣选系统的订单指派策略研究

6.1 智能机器人订单拣选系统的订单指派策略简介

为提高吞吐能力、降低运行成本、提高柔性，越来越多仓库开始采用新的存储与订单拣选技术。机器人订单履行系统（Robotic Mobile Fulfillment System，RMFS）是一种使用自动小车运输移动式货架的物料处理系统（见图6.1）。系统周边设置（左、右和底部）有订单拣选（order picking）与补货（replenishment）工作站（workstation）。智能机器人在系统地面进行移动并将可移动货架在工作站台和存储区域之间进行搬运，来完成订单拣选作业和补货作业。该系统的先驱是Kiva system（Mountz 2012），由于其较高的吞吐能力与柔性，被广泛应用到许多电子商务履行中心，包括亚马逊（Amazon）、京东和天猫超市等。

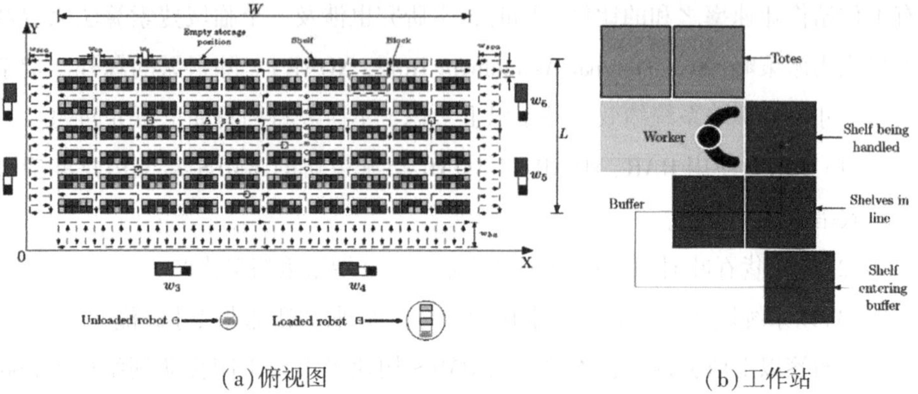

(a)俯视图　　　　(b)工作站

图6.1　机器人订单履行系统

与传统的物到人(parts-to-picker)系统相比(Amazon 2016)，RMFS 系统具有如下几点优势：首先，RMFS 系统比传统的物到人系统(例如堆垛机自动化存取系统 AS/RS)具有更高的系统吞吐能力。一般来说，一个传统的物到人系统每次只能处理一个物品，而 RMFS 系统可以使用多个机器人小车同时处理多个物品，所以，该系统内的拣选人员可以在更短时间内完成一个订单，系统吞吐能力更高。其次，RMFS 系统具有更好的可扩展性(scalability)与更高的柔性(flexibility)，该系统可以通过增加系统中的存储货架来扩展存储能力，为适应不断变化的需求环境，系统结构和工作站分布也可以进行调整：在繁忙时期，系统吞吐能力可以通过加入更多机器人小车与工作站进行扩充；在空闲时期，则可以通过撤回小车与工作站来减低运行成本。此外，与基于人工作业的传统仓储系统相比，RMFS 中机器人的平均运行成本更低。

将一个 RMFS 系统应用到实际之前，需要通过绩效评估进行系统结构设计与运行策略选择。在 RMFS 中，许多因数会影响系统的吞吐能力与运行成本，包括小车与工作站的数量、系统结构(长和宽)、小车待命位策略(dwell point policy)等。本章专门考虑了工作站对小车的指派问题，即决定由哪个工作站服务带取货的小车，以期最小化期望取货时间。该指派问题会影响小车在货架与工作站之间的移动距离和小车在工作站处的期望等待与服务时间，从而影响系统绩效。前人关于 RMFS 系统的研究均假设随机指派策略(RAR)，即小车会以相同概率被分配到任意工作站。本研究提出基于处理速率的指派策略(Handling-Speeds-based Assignment Rule，HSAR)，即小车到工作站的路由概率是该工作站服务速率在所有工作站作业速率之和的比例。同时，本研究也涉及一个临域搜索算法来寻找近似最优指派策略(Near-Optimal Assignment Rule，NOAR)。除指派问题外，货架模块的尺寸也会影响系统绩效。基于以上考虑，本研究将回答如下研究问题：

(1)如何为使用 RAR、HSAR 和 NOAR 指派策略的 RMFS 系统构建准确有效的绩效指标评估模型？

(2)以取货吞吐时间为最小化为目标，哪个指派策略最优？

(3)以系统取货吞吐时间最小化为目标，哪种货架模块尺寸最优？

为回答以上研究问题，本研究为 RMFS 构建了半开半闭排队网络模型(Semi-Open Queueing Network，SOQN)来评估系统绩效。在该排队网络中，这些指派策略的不同通过小车到工作站的路由概率来体现。本研究使用一个两阶段的近似算法来求解该SOQN，首先将原始模型转化为一个带两个复合服务点的SOQN，再使用矩阵几何算法(Matrix-Geometric Method，MGM)来求解该简化SOQN。然后，本研究使用仿真模型验证了理论模型的准确性与有效性，通过数值试验比较了三种指派策略下系统的取货吞吐时间，同时与通过枚举算法求得的最优指派策略进行了比较。

结果表明，当作业人员作业时间差异较大时，HSAR策略显著优于RA策略，并且，本研究设计的临域搜索算法找到的指派策略非常接近最优指派策略。本研究也通过数值算例分析了最优货架模块尺寸，结果发现，货架模块的最优宽度会随着系统长宽比的增加而降低。

本研究的贡献包括：使用理论模型研究了RMFS系统中工作站对小车的指派问题，提出了HSAR和NOAR指派策略，结果发现本研究设计的临域搜索算法可以提供接近最优解的指派策略。

6.2 系统介绍与指派策略

本节首先在6.2.1中介绍机器人小车订单履行系统RMFS，然后在6.2.2中介绍本研究考虑的工作站对小车的指派策略。

6.2.1 机器人订单履行系统RMFS

机器人订单履行系统是一种使用自动小车技术的自动存储与订单拣选系统(见图6.1)。在这样一个系统中，货物被存储在移动式货架上，货架被组织成矩形存储块。为避免货架的翻箱作业，本研究假设货架存储块的尺寸为$x \times 2$，$x \geqslant 2$。图6.1中，$x = 5$，本研究将在第6.5节中寻找最优的x值。首先，对于一个存储容量为$C = 2x \times (n_{ca} + 1) \times (n_a - 1)$，系统宽长比为$r = \dfrac{n_{ca} + 1}{n_a + 1}$的RMFS系统中，系统尺寸可以通过公式(6.1)计算。

$$n_a = \left[\sqrt{\frac{C}{2 \times x \times r}} \right] - 1, \quad n_{ca} = [r \times (n_a + 1)] - 1 \tag{6.1}$$

其中，[ ]表示向上取整。

机器人小车在巷道与工作站之间进行货架运输。巷道和横向巷道分别设置在 X 和 Y 坐标轴方向上。为了避免小车的拥堵与阻塞，巷道和横向巷道中的行走方向都是单向的(图 6.1 中用虚线标记)。空载小车可以在货架下面移动，负载小车则只能在巷道(宽度 w_a)或横向巷道(宽度 w_{ca})中行走。基于以下两点考虑，本研究只考虑取货作业：首先，取货作业直接反应了 RMFS 系统的服务水平；其次，本研究模型可以很容易地扩展至存货作业。工作站设置在系统的左、右和底端。存储工作站从系统的左上角开始，沿逆时针方向放置，取货工作站从右上角开始，沿顺时针方向放置。本研究考虑典型的电子商务环境，即 RMFS 系统中的一个拣选订单只包括一个产品(称作单线订单)。

本研究所用主要符号如表 6.1 所示。

表 6.1　**主要符号**

符号	描述	符号	描述
n_a，n_{ca}	巷道、横向巷道数量	w_s	货架宽度(m)，货架为正方形
w_a，w_{ca}	巷道、底部巷道的宽度(m)	w_{ca}，w_{sca}	横向巷道、侧面横向巷道宽度(m)
n_{bw}，n_{sw}	底部、侧面工作站数量	n_w	工作站数量，$n_w = 2n_{sw} + n_{bw}$
W	系统宽度(m)，$W = 2w_{sca} + (x \times w_s + w_{cas})(n_{ca} + 1) - w_{ca}$	L	系统长度(m)，$L = w_{ba} + (2 \times w_s + w_a)(n_a + 1) - w_a$
C	系统存储能力(单位为货架数)	R	机器人小车数量
v	小车速度(m/s)	p_{w_i}	小车到工作站 i 的路由概率
λ_r	取作业的到达率(每小时)	t_{lu}	小车举起或释放货架的时间，其为固定值(s)
$T_{d,\ sh}$	小车从其待命位点移动至目标货架的时间(s)	$T_{sh,\ w_i}$	小车从目标货架移动至工作站 i 的时间(s)
T_{w_i}	工作站 i 的处理时间(s)	$T_{w_i,\ d}$	小车从工作站 i 移动至其待命位点的时间(s)

一个存取作业的完成包括如下步骤：

(1)作业在外部队列中等待可用小车。期望等待时间为 W_R。本研究假设取货作业的到达服从一个泊松过程。小车被随机地分配给取货作业。

(2)小车从其待命位点移动至目标货架，即包含取货物品的货架。移动时间为 $T_{d,\ sh}$，包括小车举起货架的时间 t_{lu}。本研究不考虑小车的加减速影响，并且，小车沿最短路径行走。

(3)小车将货架运输至目标工作站，移动时间为 $T_{sh,\ w_i}$，本研究后面将会讨论工作站对小车的指派策略。

(4)如果作业人员处于工作状态，小车在其队列中等待，小车对工作站 w_i 的期望等待时间为 W_{w_i}。

(5)作业人员从货架上取下货物，然后放入料箱中。不失一般性，本研究假设工作站 w_i 的作业时间服从均匀分布 $U[a_i,\ b_i]$，$i=1,\ 2,\ \cdots,\ n_w$。

(6)小车将货架运回其原来的存储位，移动时间为 $T_{w_i,\ s}$，包括释放货架的时间 t_{lu}。本研究使用作业完成点待命位策略(Point-of-Service-Completion，POSC)，即小车停在作业完成的点。

6.2.2 工作站对小车的指派问题

工作站对小车的指派问题：以取货吞吐时间 THT_r 最小化为目标，决定将哪个工作站分配给搭载了取货货架的小车。该问题可以构建模型(M.1)

$$\min THT_r(p_{w_1},\ p_{w_2},\ \cdots,\ p_{w_{n_w}})$$

$$\text{s.t.}\quad \begin{cases} \sum_{i=1}^{n_w} p_{w_i} = 1 \\ 0 < p_{w_i} < 1,\ i=1,\ 2,\ \cdots,\ n_w. \end{cases} \tag{M.1}$$

模型(M.1)的决策变量是小车到工作站的路由概率 p_{w_1}，p_{w_2}，$\cdots$，$p_{w_{n_w}}$，目标函数是系统的取货吞吐时间 $THT_r(p_{w_1},\ p_{w_2},\ \cdots,\ p_{w_{n_w}})$。本章将在第6.3节构建SOQN模型来估算 THT_r。通常来说，通过枚举法来求解该模型是很难的，尤其是当工作站的数量 n_w 较大时。为了在合理的时间范围内找到模型(M.1)的一个近似最优解，本章在第6.4节中提出了一个临域搜索算法。

此外，本研究也考虑了随机指派策略与基于作业速率的指派策略。在随机指派策略下，小车将会以同等概率被分配到任意一个工作站。所以，小车到工作站 w_i 的路由概率可通过公式(6.2)计算。

$$p_{w_i} = \frac{1}{n_w},\ i = 1,\ 2,\ \cdots,\ n_w \tag{6.2}$$

在基于作业速率的指派策略下，小车会根据工作站的作业速率被分配到一个指定的工作站。令 $\mu_{w_i} = \dfrac{1}{a_i + b_i}$ 为工作站 w_i 完成一个拣选订单的作业速率。然后可通过公式(6.3)计算如下：

$$p_{w_i} = \frac{\mu_{w_i}}{\sum_{i=1}^{n_w} \mu_{w_i}},\ i = 1,\ 2,\ \cdots,\ n_w \tag{6.3}$$

6.3　RMFS 系统绩效评估模型

6.3.1 为 RMFS 系统构建 SOQN 模型，6.3.2 计算 SOQN 中的服务点的服务时间表达式，6.3.3 通过两阶段近似算法求解 SOQN。

6.3.1　RMFS 的 SOQN 模型

图 6.2 是本研究为 RMFS 构建的半开半闭排队网络模型(SOQNs)。

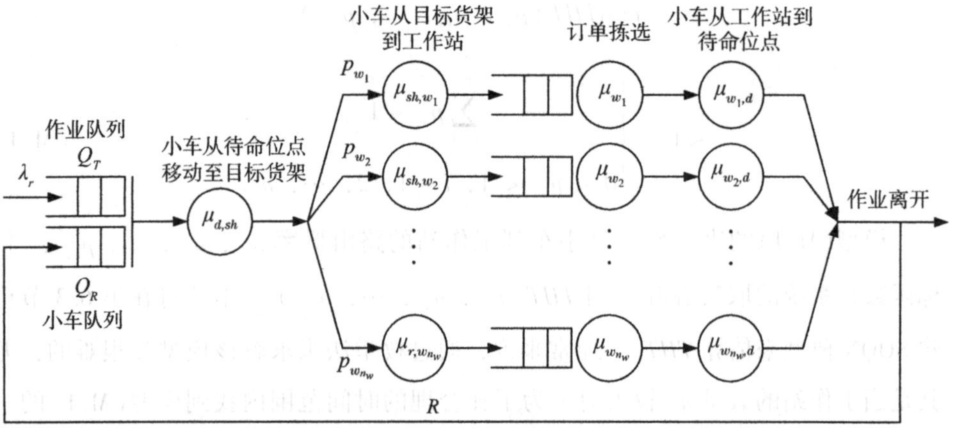

图 6.2　RMFS 系统的 SOQN 模型

当一个取货作业到达系统时，它首先获取一个小车，该过程对应于配对点(synchronization node)，该点包含一个作业队列 Q_T 和一个小车队列 Q_R。如果 Q_R 中有空闲小车，那么该取货作业随机获取一个小车，然后离开配对点；否则，取货作业在队列 Q_T 中等待第一个可用的小车。接下来，小车从其待命位点移动至目标货架处，并将其举起，该过程对应于服务点 $\mu_{d,\ sh}$。由于不需要等待，所以 $\mu_{d,\ sh}$ 被模拟为一个无限能力服务站(Infinite Server，IS)。然后，小车以概率 p_{w_i} 移动至工作站 w_i，该移动过程被模拟为服务点 $\mu_{sh,\ w_i}$，$i=1,\ 2,\ \cdots,\ n_w$。当小车到达指定工作站后，如果作业人员繁忙，小车进行等待，然后工作人员从货架上拣选取货物品，并将它们放入方便的料箱，该过程被模拟为单服务者服务点 μ_{w_i}。最后，小车将货架运输至原存储位，并停留在那里，该过程被模拟为无限能力服务点 $\mu_{w_i,\ d}$。

6.3.2 服务时间表达式

本小节计算 SOQN 中各服务点的服务时间。首先明确系统中各设施的坐标，包括货架、小车与工作站。令存储区域的左下角为原点，货架模块的坐标为 $(x_b,\ y_b)$，$x_b=1,\ 2,\ \cdots,\ n_{ca}+1$，$y_b=1,\ 2,\ \cdots,\ n_a+1$，货架在一个模块中的坐标为 $(x_{bs},\ y_{bs})$，$x_{bs}=1,\ 2,\ \cdots,\ x$，$y_{bs}=1,\ 2$。令所有货架的坐标集合为 S，然后，有 $S=(w_{sca}+(x\times w_s+w_{ca})(x_b-1)+w_s(x_{bs}-1),\ w_{ba}+(2w_s+w_a)(y_b-1)+w_s(y_{bs}-1))\mid x_b=1,\ 2,\ \cdots,\ n_{ca}+1,\ y_b=1,\ 2,\ \cdots,\ n_a+1,\ x_{bs}=1,\ 2,\ \cdots,\ x,\ y_{bs}=1,\ 2$。

令 $(x_{sh},\ y_{sh})$ 为目标货架的坐标，然后有公式(6.4)。

$$(x_{sh},\ y_{sh})\in S,\ p(x_{sh},\ y_{sh})=\frac{1}{2x\times(n_{ca}+1)(n_a+1)} \tag{6.4}$$

其中 $P(x_{sh},\ y_{sh})$ 是坐标 $(x_{sh},\ y_{sh})$ 为集合 S 中的一个指定元素的概率。由于本研究使用随机存储策略，所以有 $P(x_{sh},\ y_{sh})=\dfrac{1}{2x(n_a+1)(n_{ca}+1)}$。

令小车待命位点为 $(x_d,\ y_d)$，由于小车服从 POSC 待命位点策略，所以，其待命位点坐标也可以通过公式(6.4)计算。系统的左右两侧各设置有 n_{sw} 个工作站，底端设置有 n_{bw} 工作站，所以，工作站的坐标可以通过公式(6.5)计算。

$$x_{w_i}=\begin{cases}0,\ 1\leqslant i\leqslant n_{sw}\\ \dfrac{(i-n_{sw})\cdot W}{n_{bw}+1},\ n_{sw}<i\leqslant n_{sw}+n_{bw}\\ W,\ n_{sw}+n_{bw}<i\leqslant n_w\end{cases}$$

$$y_{w_i}=\begin{cases}\dfrac{i\cdot L}{n_{sw}+1},\ 1\leqslant i\leqslant n_{sw}\\ 0,\ n_{sw}<i\leqslant n_{sw}+n_{bw}\\ \dfrac{(i-n_{sw}-n_{bw})\cdot L}{n_{sw}+1},\ n_{sw}+n_{bw}<i\leqslant n_w\end{cases}\tag{6.5}$$

接下来，本研究计算 SOQN 模型中个服务点的服务时间，包括小车从其待命位点移动至目标货架的时间 $T_{d,\ sh}$，小车从目标货架移动至工作站的时间 $T_{sh,\ w}$，小车从工作站移动至待命位点的时间 $T_{w,\ d}$。

6.3.2.1　小车从其待命位点移动至目标货架的时间 $T_{d,\ sh}$

由于空载小车可以在货架下移动，所以，它会以最短矩形路径移动至目标货架，该移动时间可以通过公式(6.6)计算。

$$T_{d,\ sh}=\frac{|x_d-x_{sh}|+|y_d-y_{sh}|}{v}+t_{lu}\tag{6.6}$$

$T_{d,\ sh}$ 的前二阶矩可以通过公式(6.7)计算。

$$\overline{T_{d,\ sh}}=\frac{1}{[2x(n_a+1)(n_{ca}+1)]^2}\sum_{(x_d,\ y_d)\in S}\sum_{(x_{sh},\ y_{sh})\in S}T_{d,\ sh},\ cv_{d,\ sh}^2=\frac{E[T_{d,\ sh}^2]-\overline{T_{d,\ sh}^2}}{\overline{T_{d,\ sh}^2}}\tag{6.7}$$

服务点 $\mu_{d,\ sh}$ 的服务速率为 $\mu_{d,\ sh}=\dfrac{1}{\overline{T_{d,\ sh}}}$。

6.3.2.2　小车在目标货架与工作站之间的行走时间

载货小车只能在巷道或横向巷道中移动。本研究假设小车通过最短路径行走至目的地，由于小车在目标货架与工作站之间的路线会形成一个循环，所以，从目标货架到工作站的时间与反向时间相同。为了简化陈述，本研究只给出从目标货架到工作站的行走时间。该时间的表达式会随着目标货架与工作站的位置的不同而变化，大致可以分为如下几类：

(1)目标工作站在系统的侧面时，智能小车在目标货架和工作站之间的行走距离 $D_{sh,\ w}$ 可以分为如下四类：

① y_b 为奇数，y_{bs} 为偶数：小车首先移动至相邻巷道(移动距离为 $\frac{w_s}{2}+\frac{w_a}{2}$)，然后移动至侧面横向巷道(移动距离为 x_{sh})，最后移动至目标工作站(移动距离为 $\left|y_w-y_{sh}-\frac{w_s}{2}-\frac{w_a}{2}\right|$)。

② y_b 为偶数，y_{bs} 为奇数：小车首先移动至相邻巷道(移动距离为 $\frac{w_s}{2}+\frac{w_a}{2}$)，然后移动至侧面横向巷道(移动距离为 x_{sh})，最后移动至目标工作站(移动距离为 $\left|y_w-y_{sh}+\frac{w_s}{2}+\frac{w_a}{2}\right|$)。

③ y_b 为奇数，y_{bs} 为奇数：小车首先移动至相邻巷道(移动距离为 $\frac{w_s}{2}+\frac{w_a}{2}$)，移动至最近的横向巷道(移动距离为 $(5-x_{bs})\cdot w_s$)，移动至第一个朝向目标工作站的横向巷道(移动距离为 $2w_s+w_a$)，移动至侧面横向巷道(移动距离为 x_{sh})，最后移动至目标工作站(x_b 为奇数时，移动时间为 $\left|y_w-y_{sh}-\frac{3w_s}{2}-\frac{w_a}{2}\right|$，$x_b$ 为偶数时，移动时间为 $|y_w-y_{sh}+2w_s+w_a|$)。

④ y_b 为偶数，y_{bs} 为偶数：小车首先移动至相邻巷道(移动距离为 $\frac{w_s}{2}+\frac{w_a}{2}$)，移动至最近的横向巷道(移动距离为 $(5-x_{bs})\cdot w_s$)，移动至第一个朝向目标工作站的横向巷道(移动距离为 $2w_s+w_a$)，移动至侧面横向巷道(移动距离为 x_{sh})，最后移动至目标工作站(x_b 为奇数时，移动时间为 $|y_w-y_{sh}+2w_s+w_a|$，x_b 为

偶数时，移动时间为 $\left|y_w - y_{sh} - \frac{3w_s}{2} - \frac{w_a}{2}\right|$)。

需要说明的是该系统在 X 轴方向是对称的，因此，机器人从左侧工作站到目标货架和从右侧工作站到目标货架的时间是一样的。

(2)目标工作站在系统的底端时，智能小车在目标货架和工作站之间的行走距离 $D_{sh,\ w}$ 可以分为如下四类：

① y_b 为奇数，y_{bs} 为奇数：小车首先移动至相邻巷道(移动距离为 $\frac{w_s}{2} + \frac{w_a}{2}$)，移动至最近的向下的横向巷道(x_b 为奇数时，移动距离为 $(5 - x_{bs}) \cdot w_s$，x_b 为偶数时，移动距离为 $(10 - x_{bs}) \cdot w_s + w_a$)，移动至底端巷道(移动距离为 $y_{sh} - \frac{w_s}{2} - \frac{w_a}{2}$)，最后移动至目标工作站(x_b 为奇数时，移动时间为 $|x_w - x_{sh} - (10 - x_{bs}) \cdot w_s - w_a|$，$x_b$ 为偶数时，移动时间为 $|x_w - x_{sh} - (5 - x_{bs}) \cdot w_s|$)。

② y_b 为偶数，y_{bs} 为偶数：小车首先移动至相邻巷道(移动距离为 $\frac{w_s}{2} + \frac{w_a}{2}$)，移动至最近的向下的横向巷道(x_b 为奇数时，移动距离为 $(10 - x_{bs}) \cdot w_s + w_a$，$x_b$ 为偶数时，移动距离为 $(5 - x_{bs}) \cdot w_s$)，移动至底端巷道(移动距离为 $y_{sh} + \frac{w_s}{2} + \frac{w_a}{2}$)，最后移动至目标工作站(x_b 为奇数时，移动时间为 $|x_w - x_{sh} - (10 - x_{bs}) \cdot w_s - w_a|$，$x_b$ 为偶数时，移动时间为 $|x_w - x_{sh} - (5 - x_{bs}) \cdot w_s|$)。

③ y_b 为奇数，y_{bs} 为偶数：x_b 为奇数的情况与 $y_b D_{sh,\ w}$ 为奇数，y_{bs} 为偶数和 x_b 为偶数的情况一样；x_b 为偶数的情况与 y_b 为偶数，y_{bs} 为偶数和 x_b 为奇数的情况一样。

④ y_b 为偶数，y_{bs} 为奇数：x_b 为奇数的情况与 y_b 为偶数，y_{bs} 为奇数和 x_b 为偶数的情况一样；x_b 为偶数的情况与 y_b 为奇数，y_{bs} 为奇数和 x_b 为奇数的情况一样。

得到 $D_{sh,\ w_i}$ 后，小车从目标货架移动至工作站的时间为 $T_{sh,\ w_i} = \frac{D_{sh,\ w_i}}{v}$，其前

二阶矩可以通过公式(6.8)计算。

$$\overline{T_{sh,\ w_i}} = \frac{1}{2x(n_a + 1)(n_{ca} + 1)} \sum_{(x_{sh},\ y_{sh}) \in S} T_{sh,\ w_i},\ cv_{sh,\ w_i}^2 = \frac{E[T_{sh,\ w_i}^2] - \overline{T_{sh,\ w_i}^2}}{\overline{T_{sh,\ w_i}^2}} \tag{6.8}$$

由于 $T_{w,\ s}$ 与 $T_{sh,\ w}$ 的前二阶矩相同，所以有 $\bar{T}_{w,\ s} = \bar{T}_{sh,\ w}$，$cv_{sh,\ w}^2 = cv_{w,\ s}^2$。服务点 $\mu_{sh,\ w}$ 的服务速率为 $\mu_{sh,\ w} = \frac{1}{\bar{T}_{sh,\ w}}$，服务点 $\mu_{w,\ s}$ 的服务速率为 $\mu_{w,\ s} = \frac{1}{\bar{T}_{w,\ s}}$。

工作站 w_i 的作业时间 T_{w_i} 服从均匀分布 $U[a_i,\ b_i]$，服务时间的前二阶矩可以通过公式(6.9)计算。

$$\mu_{w_i}^{-1} = \frac{a_i + b_i}{2},\ cv_{w_i}^2 = \frac{(b_i - a_i)^2}{6(a_i + b_i)} \tag{6.9}$$

6.3.3 基于近似矩阵几何算法的 SOQN 模型求解

本研究构建的 SOQN 包含两种类型的顾客(存取作业)和多个服务时间服从一般性分布的服务点，并且，带电池更换站的 SOQN 有两个匹配服务点，该类 SOQN 没有产品式解法(Jia and Heragu 2009；Cai et al. 2014；Ekren et al. 2014；Tappia et al. 2016)。基于此，本研究使用如下近似解法求解 SOQN：

(1)将服务点 $\mu_{d,\ sh}$ 用一个复合服务点(composite service node)代替，该点拥有基于状态的指数分布服务速率 $\mu_{c_1}(n_1) = n_1 \cdot \mu_{d,\ sh}$，$n_1$ 为该服务点中顾客的数量。

(2)构建一个包含服务点 $\mu_{sh,\ w_i}$，μ_{w_i}，$\mu_{w_i,\ s}$ 的闭环排队网络 CQN(见图 6.3)。使用近似均值分析算法(Approximate Mean Value Method，AMVA)计算 CQN 的吞吐率 $TH(n_2)$，n_2 为 CQN 中顾客的数量。将 CQN 包含的服务点用一个服务率为 $\mu_c(n_2) = TH(n_2)$ 的复合服务点代替。然后，得到一个包含两个复合服务点的简化 SOQN(见图 6.4)，并通过矩阵几何算法 MGM 求解该模型。

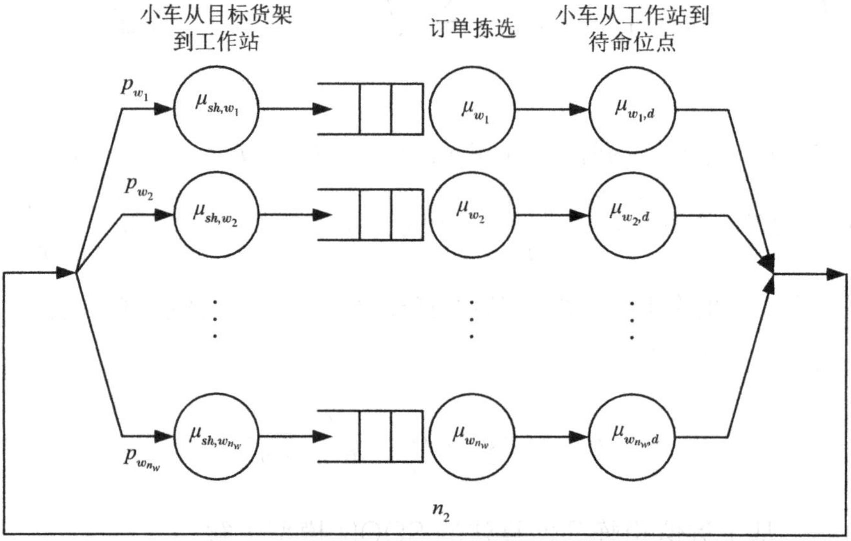

图 6.3　闭环排队网络 CQN

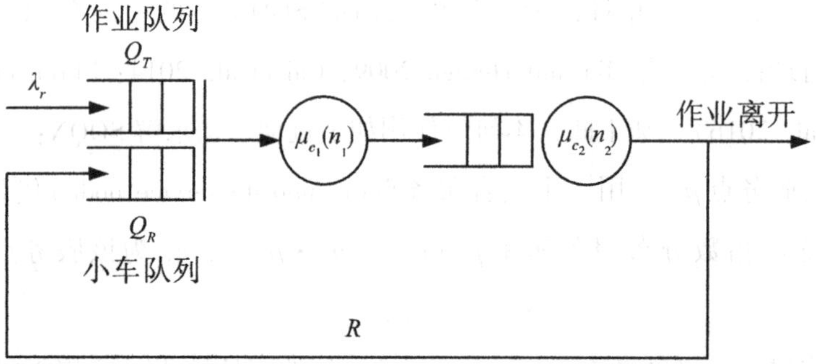

图 6.4　简化 SOQN

图 6.3 是包含服务点 $\mu_{sh,\ w_i}$，μ_{w_i}，$\mu_{w_i,\ s}$ 的闭环排队网络 CQN。在 RAR 和 HSAR 策略下，小车到工作站的路由概率 p_{w_1}，p_{w_2}，…，$p_{w_{n_w}}$ 是确定值，本研究可以使用 AMVA 算法求解 CQN 的吞吐率 $TH(n_2)$。对于路由概率未给定的情况，本研究使用算法 1(见表 6.2)来寻找一个近似最优的指派方案。

表 6.2　**临域搜索算法**

算法 1：临域搜索算法
初始化： 令 $p_m(0\|0)=1$，$Q_m(0)=0$，$EL_m(0)=0$，$m=1, 2, \cdots, M$，给定步长 $ss=1$ 定义当前最优路由概率向量为 $p^{best}(0)=(p_{w_1}, p_{w_2}, \cdots, p_{w_{n_w}})=(\mu_{w_1}\sum_{i=1}^{n_w}\mu_{w_i}, \mu_{w_2}\sum_{i=1}^{n_w}\mu_{w_i}, \cdots, \mu_{w_{n_w}}\sum_{i=1}^{n_w}\mu_{w_i})$ 迭代： **For** $n_2=1:R$，执行 　$p(n_2)\leftarrow p^{best}(n_2-1)$ 　闭环排队网络的到达率向量为 $v_m(n_2)=[p(n_2)\ \ p(n_2)\ \ p(n_2)]$ 　通过 AMVA 算法计算 $TH(n)$ 　记录当前最优吞吐率为 $TH_{best}(n)=TH(n)$，临时吞吐率为 $TH_{temp}(n)=0$ 　**While** $TH_{best}(n)>TH_{temp}(n)$，执行 　　$TH_{best}(n)\leftarrow TH_{temp}(n)$ 　　**For** $i=1:n_w$，执行 　　　**For** $j=1:n_w, j\neq i$，执行 　　　$p_{w_i}(n_2)=p_{w_i}(n_2)+p_{w_j}(n_2)\times ss$ 　　　$p_{w_j}(n_2)=p_{w_j}(n_2)\times(1-ss)$ 　　　$v_m(n_2)=[p(n_2)\ \ p(n_2)\ \ p(n_2)]$ 　　　通过 AMVA 算法计算 $TH(n)$ 　　　**If** $TH(n)>TH_{best}(n)$，执行 　　　$TH_{best}(n)\leftarrow TH(n)$ 　　　$p_{w_i}^{best}(n_2)=p_{w_i}(n_2)$，$p_{w_j}^{best}(n_2)=p_{w_j}(n_2)$ 　　　结束 If 　　　结束 For 　　结束 For 　结束 While 　$TH(n)\leftarrow TH_{best}(n)$ 结束 For 返回 $TH(1), TH(2), \cdots, TH(n) and p^{best}(n)$ 结束

算法 1 首先执行初始化步骤，将 HSAR 策略给出的路由概率设置为一个上界，即 $p^{best}(0)=(p_{w_1},p_{w_2},\cdots,p_{w_{n_w}})=(\mu_{w_1}/\sum_{i=1}^{n_w}\mu_{w_i},\mu_{w_2}/\sum_{i=1}^{n_w}\mu_{w_i},\cdots,\mu_{w_{n_w}}/\sum_{i=1}^{n_w}\mu_{w_i})$。然后，算法进入迭代过程：将闭环排队网络中的顾客数 n 从 1 变至 R，对于每个 n，通过三个步骤来寻找一个近似最优的吞吐率 $TH(n)$ 和相应的路由概率向量 p^{best}。在步骤一中，令路由概率 $p(n)$ 等于上一步的最优路由概率 $p^{best}(n-1)$，然后通过 AMVA 算法计算闭环排队完了的吞吐率 $TH(n)$，并令 $TH_{best}(n)=TH(n)$，$TH_{temp}(n)=0$。步骤二通过一个循环来提高吞吐率 $TH(n)$。当条件 $TH_{best}(n)>TH_{temp}(n)$ 满足时，令 $TH_{temp}(n)\leftarrow TH_{best}(n)$，然后在任意两个工作站之间转移百分比为 ss 的顾客，如果该转移可以提高 $TH(n)$，将当前最优的吞吐率用 $TH(n)$ 代替并将转移记入 $p^{best}(n)$。在步骤三中，循环结束后，令 $TH(n)\leftarrow TH_{best}(n)$。

得到闭环排队网络的基于状态的吞吐率后，本研究将原始模型转化为一个简化的 SOQN(见图 6.4)。然后，通过矩阵几何算法(MGM)来求解该模型。首先定义该 SOQN 的状态变量为 $s_k=(n_{eq},n_1,n_2)$，其中 n_{eq} 为外部队列中等待的订单数，下标 k 通过公式(6.10)计算。

$$k=\begin{cases}\dfrac{(n_1+n_2)(n_1+n_2+1)}{2}+n_2, & n_{eq}=0\\ n_{eq}(R+1)+\dfrac{R(R+1)}{2}+n_2, & n_{eq}>0\end{cases}\tag{6.10}$$

状态转移过程如图 6.5 所示。

令 π_k 为状态 s_k 的稳态概率，定义状态概率向量为 $\pi_0=(\pi_0,\pi_1,\cdots,\pi_{\frac{R(R+3)}{2}})$ 和 $\pi_i=(\pi_{\frac{R(R+3)}{2}+(i-1)(R+1)+1},\cdots,\pi_{\frac{R(R+3)}{2}+i(R+1)})$，$i\geqslant 1$，其中 π_i 的下标 i 表示外部队列中有 i 个等待订单。然后，生成矩阵为：

$$\boldsymbol{Q}=\begin{bmatrix}\boldsymbol{B}_{00} & \boldsymbol{B}_{01} & 0 & 0 & 0 & \cdots\\ \boldsymbol{B}_{10} & \boldsymbol{B} & \boldsymbol{A} & 0 & 0 & \cdots\\ 0 & \boldsymbol{C} & \boldsymbol{B} & \boldsymbol{A} & 0 & \cdots\\ 0 & 0 & \boldsymbol{C} & \boldsymbol{B} & \boldsymbol{A} & \cdots\\ \cdots & \cdots & \cdots & \cdots & \cdots & \ddots\end{bmatrix}$$

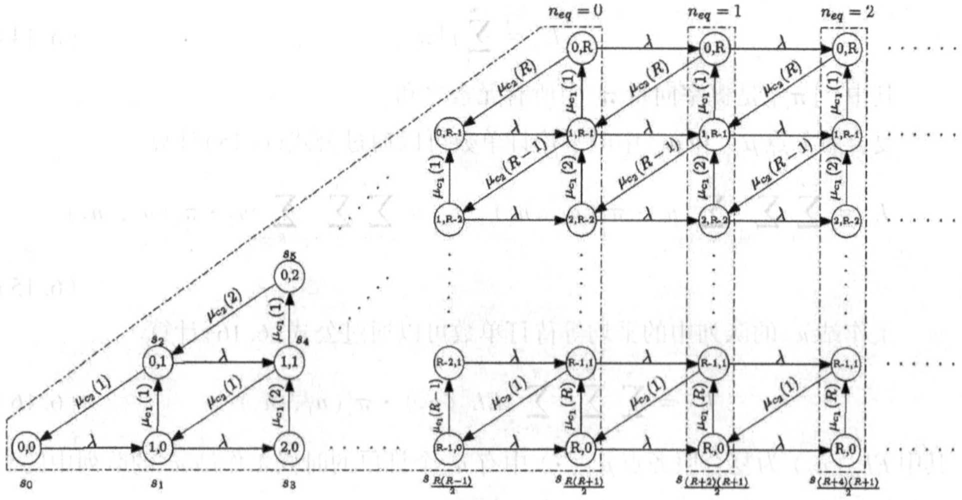

图 6.5　状态转移过程

其中，$\boldsymbol{B}_{00}$ 代表从 $\boldsymbol{\pi}_0$ 到 $\boldsymbol{\pi}_0$ 的转移矩阵，$\boldsymbol{B}_{01}$ 代表从 $\boldsymbol{\pi}_0$ 到 $\boldsymbol{\pi}_1$ 的转移矩阵，$\boldsymbol{B}_{01}$ 代表从 $\boldsymbol{\pi}_0$ 到 $\boldsymbol{\pi}_1$ 的转移矩阵，$\boldsymbol{B}_{10}$ 代表从 $\boldsymbol{\pi}_1$ 到 $\boldsymbol{\pi}_0$ 的转移矩阵，$\boldsymbol{A}$ 代表从 $\boldsymbol{\pi}_i$ 到 $\boldsymbol{\pi}_{i+1}$ 的转移矩阵，$\boldsymbol{B}$ 代表从 $\boldsymbol{\pi}_i$ 到 $\boldsymbol{\pi}_i$ 的转移矩阵，$\boldsymbol{B}$ 代表从 $\boldsymbol{\pi}_{i+1}$ 到 $\boldsymbol{\pi}_i$ 的转移矩阵（各矩阵表达式见附录 3）。

得到生成矩阵 $\boldsymbol{Q}$ 后，本研究可以基于公式(6.11)，通过附录 3 的迭代算法求得所谓的速率矩阵 $\boldsymbol{R}$。

$$\boldsymbol{\pi}_{i+1}=\boldsymbol{\pi}_i\cdot\boldsymbol{R},\ i\geqslant 1 \tag{6.11}$$

得到 $\boldsymbol{R}$ 后，本研究可以通过求解方程式(6.12)来求解状态概率向量 $\boldsymbol{\pi}_0$ 到 $\boldsymbol{\pi}_1$。

$$\boldsymbol{\pi}_1\cdot\boldsymbol{R}^i\cdot\boldsymbol{A}+\boldsymbol{\pi}_1\cdot\boldsymbol{R}^{i+1}\cdot\boldsymbol{B}+\boldsymbol{\pi}_1\cdot\boldsymbol{R}^{i+2}\cdot\boldsymbol{C}=\boldsymbol{0},\ i\geqslant 1 \tag{6.12}$$

其中，e 是单位向量。其他稳态状态概率向量可以由 $\pi_{i+1}=\pi_i\cdot R$，$i=1$，2，… 来求得。

外部队列中的平均等待顾客数可以用公式(6.13)计算。

$$\boldsymbol{R}=-(\boldsymbol{A}+\boldsymbol{R}^2\boldsymbol{C})\boldsymbol{B}^{-1} \tag{6.13}$$

其中，$|\pi_i|$ 是概率向量 π_i 中所有元素之和。

将整合顾客进行分解，可以通过公式(6.14)计算存取作业在外部队列中的平均数。

$$L_{eq}^{A} = \sum_{i=1}^{+\infty} i \mid \pi_i \mid \tag{6.14}$$

其中，$|\boldsymbol{\pi}_i|$ 是概率向量 $\boldsymbol{\pi}_i$ 中所有元素之和。

复合服务点 μ_{c_1} 和 μ_{c_2} 中的平均订单数可以通过公式(6.15)计算。

$$L_{c_1} = \sum_{k=0}^{+\infty} \sum_{n_1=0}^{R} \sum_{n_2=R-n_2}^{R} n_1 \cdot \pi_k(n_1, n_2),\ L_{c_2} = \sum_{k=0}^{+\infty} \sum_{n_1=0}^{R} \sum_{n_2=R-n_2}^{R} n_2 \cdot \pi_k(n_1, n_2) \tag{6.15}$$

工作站 w_i 的队列中的平均等待订单数可以通过公式(6.16)计算。

$$L_{w_i} = \sum_{k=0}^{+\infty} \sum_{n_1=0}^{R} \sum_{n_2=R-n_2}^{R} EL_{w_i}(n_2) \cdot \pi_k(n_1, n_2) \tag{6.16}$$

其中 $EL_{w_i}(n_2)$ 为复合服务点 $\mu_{c_2}(\cdot)$ 中有 n_2 个订单的时候工作站 w_i 的队列中的平均等待订单数，可以通过 AMVA 算法求得。

根据利特法则(Little's Law)，订单对小车和工作站 w_i 的平均等待时间分别可以通过公式(6.17)、公式(6.18)计算。

$$W_R = \frac{L_{eq}}{\lambda_r} \tag{6.17}$$

$$W_{w_i} = \frac{L_{w_i}}{\lambda_r \times p_{w_i}} \tag{6.18}$$

取货作业吞吐时间可以通过公式(6.19)计算。

$$THT_r = \frac{L_{eq} + L_{c_1} + L_{c_2}}{\lambda_r} \tag{6.19}$$

小车与工作站 w_i 利用率可以分别通过公式(6.20)和公式(6.21)计算。

$$\rho_R = \frac{L_{c_1} + L_{c_2}}{R} \cdot 100\% \tag{6.20}$$

$$\rho_{w_i} = \frac{2\lambda_r \times p_{w_i}}{a_i + b_i} \tag{6.21}$$

6.4 仿真验证

本研究使用 Arena(版本 14.7)为 RMFS 系统构建仿真模型，用于验证理论模型。本章考虑的 RMFS 系统存储 $C = 8000$ 个移动货架，使用 $R = 35$ 个小车，$n_w = 4$ 个工作站（$n_{sw} = 1$，$n_{bw} = 2$）。货架被组织成 2×5 的存储块。为使小车利用率 $\rho_R \geqslant 80\%$，取货作业到达率取 $\lambda_r = 260280300$ 每小时。为分析工作站对小车的指派策略对系统绩效的影响，令各工作站的处理时间服从不同的分布（见表 6.3）。其他系统参数来自（Lamballais et al. 2017），包括 w_s，w_a，w_{ca}，w_{sca}，w_{ba}，t_{lu}，v。对于使用 RAR 和 HSAR 策略的仿真模型，小车到工作站的路由概率可以通过公式（6.2）和公式（6.3）计算。对于使用 NOAR 策略的仿真模型，路由概率由表 6.2 中的算法 1 给出。

表 6.3　**用于仿真验证的系统参数**

C	R	w_s	w_a	w_{ca}	w_{sca}	w_{ba}	t_{lu}	v	$T_{w_1}(s)$	$T_{w_2}(s)$	$T_{w_3}(s)$	$T_{w_4}(s)$
8000	35	1.2m	1.4m	1.4m	2.4m	2.4m	1s	1.3m/s	$U[6,26]$	$U[8,28]$	$U[10,30]$	$U[12,32]$

对于每个系统方案，仿真模型首先运行 100 个小时的热身时间，然后运行 100 次，每次运行 1000 个小时。仿真结果 95%的置信区间半长小于均值的 2%。本研究收集如下系统绩效指标并与理论模型结果进行对比：取作业吞吐时间（THT_r），小车与工作站的利用率（ρ_R，ρ_w），取作业对小车的期望等待时间（W_R）。理论结果与仿真结果的相对误差百分比表示为 δ，可通过公式（6.22）计算。

$$\delta = \frac{|A - S|}{S} \times 100\% \tag{6.22}$$

其中 A，S 分别为理论与仿真结果。

仿真验证结果见表 6.4。结果表明本研究构建的理论模型可以准确的估算 RMFS 系统的存取作业吞吐时间（THT_s，THT_r），小车与工作站的利用率（ρ_R，ρ_w）。然而，由于等待时间的绝对值相对较小，其相对误差却较大，包括 W_R^s，W_R^r，W_w。并且，本研究发现 RMFS 系统的绩效会受到系统尺寸（n_{ca}，n_a）以及电池恢复策略的影响。因此，本研究在接下来的数值试验中研究系统最优结构与充电策略的分析。

表 6.4　**仿真验证结果**

AR	λ_r	THT_r			W_R			ρ_R			ρ_w		
		A	S	$\delta(\%)$	A	S	$\delta(\%)$	A	S	$\delta(\%)$	A	S	$\delta(\%)$
RAR	260	395.05	382.8	3.2	7.17	6.03	18.87	80.04	77.92	2.72	34.28	34.3	0.06
	280	410.04	398.85	2.81	21.53	18.04	19.35	86.34	84.5	2.18	36.93	36.85	0.22
	300	461.65	466.36	1.01	72.5	78.85	8.05	92.65	92.36	0.31	39.57	39.59	0.04
HSAR	260	396.1	380.74	4.03	7.36	5.92	24.32	80.22	77.54	3.46	33.8	33.88	0.24
	280	411.4	397.71	3.44	22.11	18.97	16.57	86.51	84.4	2.5	36.41	36.48	0.19
	300	464.83	465	0.04	74.98	79.69	5.91	92.82	92.14	0.74	39.02	39.18	0.4
NOAR	260	394.22	380.31	3.66	6.95	5.51	26.12	79.91	77.56	3.03	33.84	33.96	0.35
	280	408.61	397.41	2.82	20.79	19.02	9.3	86.18	84.39	2.12	36.46	36.58	0.33
	300	457.48	448.7	1.96	69.1	65.05	6.23	92.47	91.32	1.26	39.07	39.03	0.1
Average				2.55			14.97			2.04			0.21

注：仿真结果为所有重复的均值，W_w 和 ρ_w 是所有工作站的均值。

表 6.4 给出了三种指派策略下 RMFS 系统的仿真验证结果，它表明本研究构建的理论模型可以有效准确的评估系统的取货吞吐时间 THT_r 和小车与工作站的利用率（ρ_R，ρ_w）。虽然订单对小车的期望等待时间 W_R 的相对误差较大，但是其绝对误差是可以接受的。并且，本研究发现工作站对小车的指派策略会显著影响该 RMFS 系统的绩效，基于此，本研究接下来对比 RAR、HSAR 和 NOAR 这三种策略的绩效。

6.5　数值实验

本节首先以取货吞吐时间为标准，对比 RAR、HSAR 和 NOAR 三种指派策略的绩效。然后，通过最小化取货吞吐时间来设计货架模块的尺寸。

6.5.1　三种指派策略对比

考虑 6.4 节中的 RMFS 系统，即 $C=8000$，$R=35$，$n_{sw}=1$，$n_{bw}=2$ 且货架模块尺寸为 2×5。其他参数来自于表 6.3。工作站的操作时间采取三种方案：$T_{w_i}\in$

$U[6+2(i-1), 26+2(i-1)]s$，$T_{w_i} \in U[6+4(i-1), 26+4(i-1)]s$，以及 $T_{w_i} \in U[6+6(i-1), 26+6(i-1)]s$。这三种作业时间方案对应于工作站作业时间具有较小、中等和较大差异。系统宽长比 $r = \dfrac{n_{ca}+1}{n_a+1}$ 取 0.5、1 或者 2，对应于系统结构 $n_{ca} \times n_a = 39 \times 19$，$28 \times 28$，$19 \times 39$。对于每种系统方案，变化取货作业到达率 λ_r 使得小车利用率 ρ_R 从 70%变化至 90%。

本研究使用枚举算法获得最优指派策略。具体来说，在 $\sum_{i=1}^{n_w} p_{w_i} = 1$ 条件下，以步长 0.001 从 0 到 1 之间搜索每个路由概率 p_{w_i}，找到最小化取货吞吐时间 THT_r 的最优向量（p_{w_1}，…，$p_{w_{n_w}}$）。三种作业时间方案下的对比结果见图 6.6、图 6.7 和图 6.8。

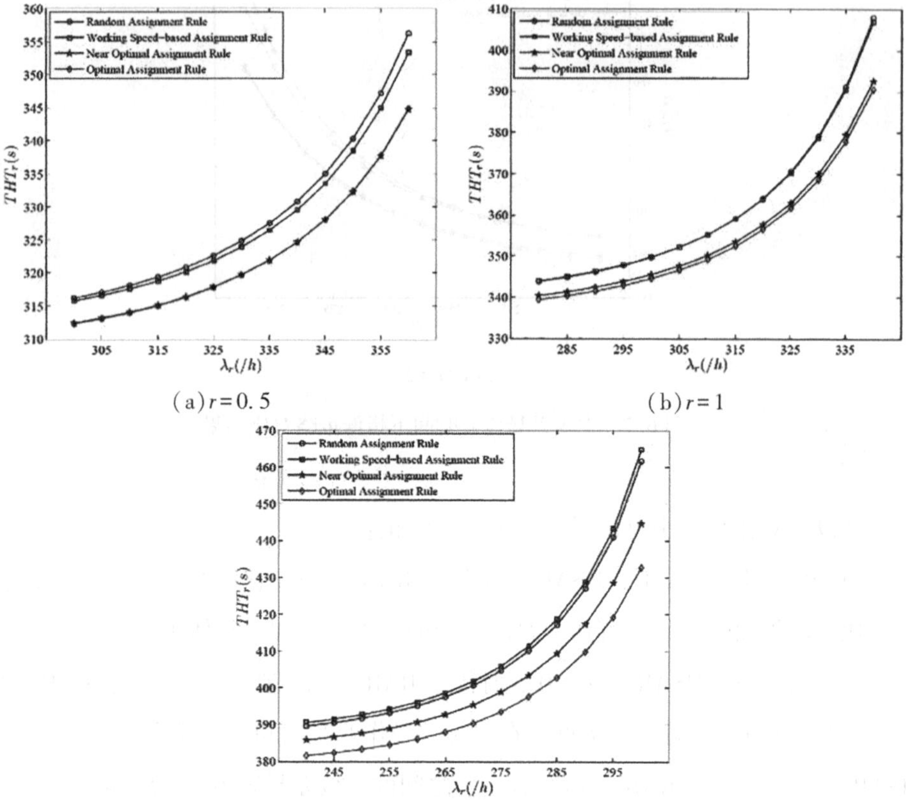

(a)$r=0.5$　　(b)$r=1$

(c)$r=2$

图 6.6　小差异作业时间下指派策略对比结果

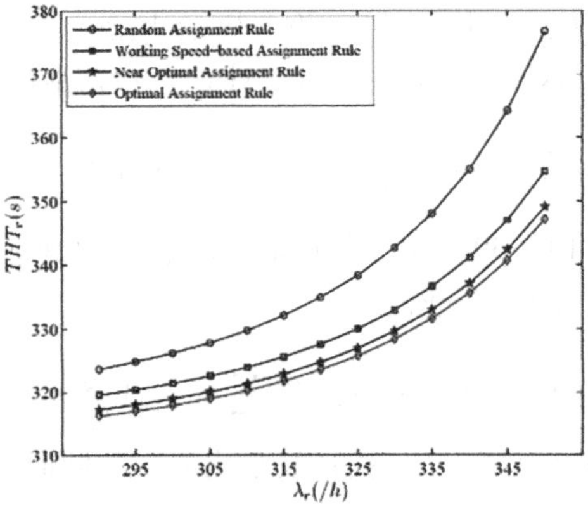

(a) $r=0.5$

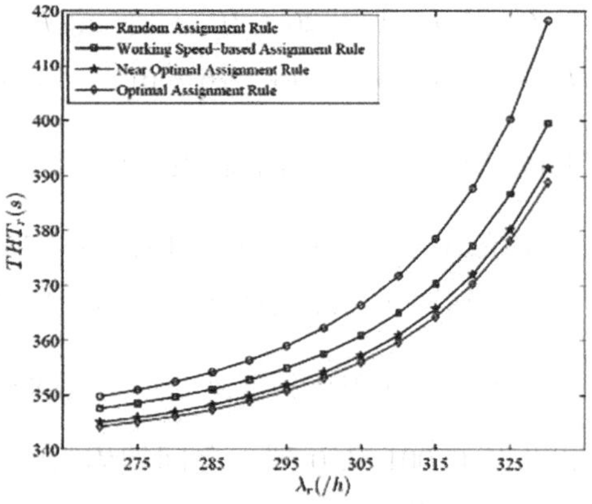

(b) $r=1$

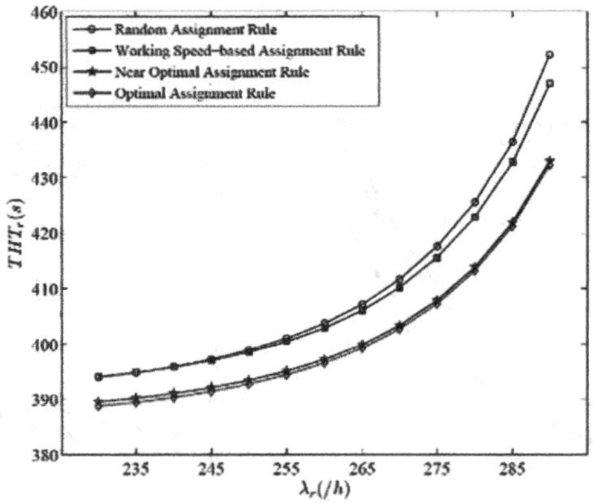

(c) $r=2$

图 6.7　中等差异作业时间下指派策略对比结果

从以上对比结果中可以得出如下三个结论：

(1)在大多数情况下，HSAR 策略优于 RAR 策略，它们的绩效差别随着系统宽长比的增加而降低，随着作业时间差异的增加而增加。具体来说，在较小作业时间差异情况下，HSAR 在 $r=0.5$ 时优于 RAR 策略，在 $r=2$ 时差于 RAR 策略，它们的绩效在 $r=1$ 时非常接近。在中等差异作业时间和大差异作业时间情况下，HSAR 策略一直优于 RAR 策略，且它们之间的绩效差异随着 r 的增加而降低。该现象可以通过如下原因解释：一方面，HSAR 策略可以降低小车在工作站处的等待与服务时间；另一方面，系统宽长比 r 的增加使得某些作业速率较大的工作站远离了存储区，从而增加了小车在存储区与工作站之间的期望移动距离。

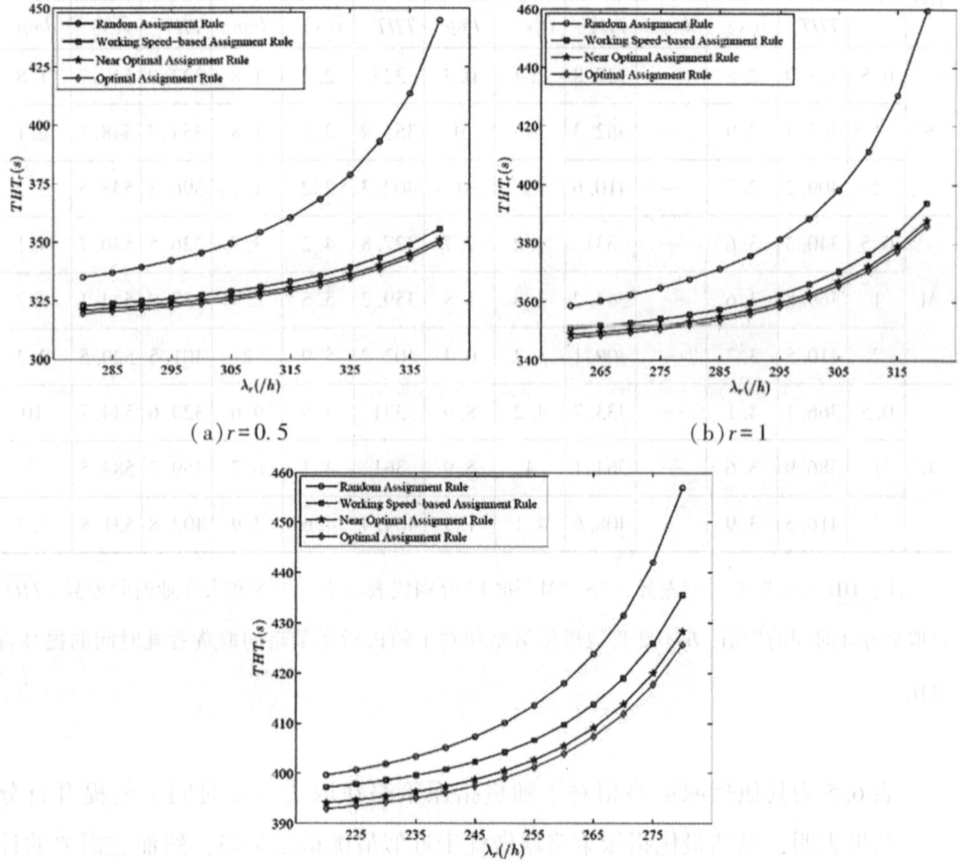

(a) $r=0.5$　　(b) $r=1$

(c) $r=2$

图 6.8　大差异作业时间下指派策略对比结果

(2) NOAR 策略一直优于 RAR 和 HSAR 策略。因为临域搜索算法综合性的考虑了小车在存储区与工作站之间的移动时间和小车在工作站处的服务时间。

(3) NOAR 的绩效与最优解的绩效非常接近，然而，临域搜索算法所用的时间远小于枚举算法(见表 6.5)

表 6.5　　三种指派策略的绩效对比

HD	r	RAR			HSAR			NOAR			OAR		
		$\overline{THT_r}$	$\bar{t}(s)$	Imp	$\overline{THT_r}$	$\bar{t}(s)$	Imp	$\overline{THT_r}$	$\bar{t}(s)$	Imp	$\overline{THT_r}$	$\bar{t}(s)$	Imp
S	0.5	328.9	2.8	—	327.8	2.4	0.3	323	2.2	1.8	322.9	540.7	1.8
	1	362.4	2.9	—	362.3	4	0	355.9	2.1	1.8	354.7	548.1	2.1
	2	409.2	2.7	—	410.6	3	-0.3	402.3	2.2	1.7	396.3	538.5	3.2
M	0.5	340.3	3.6	—	331	4.2	2.7	327.8	4.2	3.7	326.5	530.7	4.1
	1	369.8	3.6	—	363.2	3.8	1.8	359.2	5.5	2.9	357.9	544.1	3.2
	2	410.5	3.7	—	409.1	3.2	0.3	402.2	5.9	2	401.5	529.5	2.2
L	0.5	366.1	4.1	—	333.7	4.2	8.9	331	4.8	9.6	329.6	544.7	10
	1	386.9	3.6	—	364.1	4	5.9	361	4.3	6.7	359.7	583.5	7
	2	416.5	3.9	—	408.6	4.1	1.9	404.4	4.6	2.9	402.8	531.8	3.3

注：HD 表示作业时间差异，“S”“M”和“L”分别代表较小、中等和大作业时间差异。$\overline{THT_r}$ 是取货吞吐时间的均值，Imp 是其他指派策略相对于随机指派策略的取货吞吐时间的提高百分比。

表 6.5 为其他指派策略相对于随机指派策略在取货吞吐时间上的提升百分比。结果表明，虽然最优指派策略略微优于近似最优指派策略，然而它需要的计算时间却远大于临域搜索算法。

6.5.2　货架模块设计

本节以 RMFS 系统的取货吞吐时间 THT_r 最小化为目标，设计货架存储块尺寸，即 $x \times 2$。考虑 6.5.1 节中的 RMFS 系统，即 $C = 8000$，$R = 35$，$n_{sw} = 1$，$n_{bw} = 2$。各工作站的作业时间为 $T_{w_i} \in U[6 + 6(i-1),\ 26 + 6*(i-1)]s$，$i = 1, 2, 3, 4$。系统宽长比 r 取 0.5、1、2 或 3，考虑 RAR、HSAR 和 NOAR 策略。因此，一共有 12 个系统方案，对于每种方案，取货作业到达率 λ_r 的取值可以使小车利用率大于 70%，从 1 到 10 变化 x 的值，然后计算相应的取货吞吐时间

THT_r。

结果见图 6.9。它表明，利用本研究构建的理论模型可以找到一个最优的货架存储块长度，即 x^*。实际上，货架存储块的尺寸设计是一个使用更多横向巷道还是更少之间的权衡问题。更小的 x 值意味着该 RMFS 系统会使用更多的横向巷道，这有利于小车的转向，然而，会增加系统的宽度；相反，更大的 x 意味着系统会使用更少的横向巷道，小车则需要行走更长的距离以寻找转向点。并且，结果表明，最优 x 会随着系统宽长比 r 的增加而降低。具体来说，$r=0.5$ 时 $x^*=5$，$r=1$ 时 $x^*=4$，$r=2$ 时 $x^*=3$，$r=3$ 时 $x^*=2$。

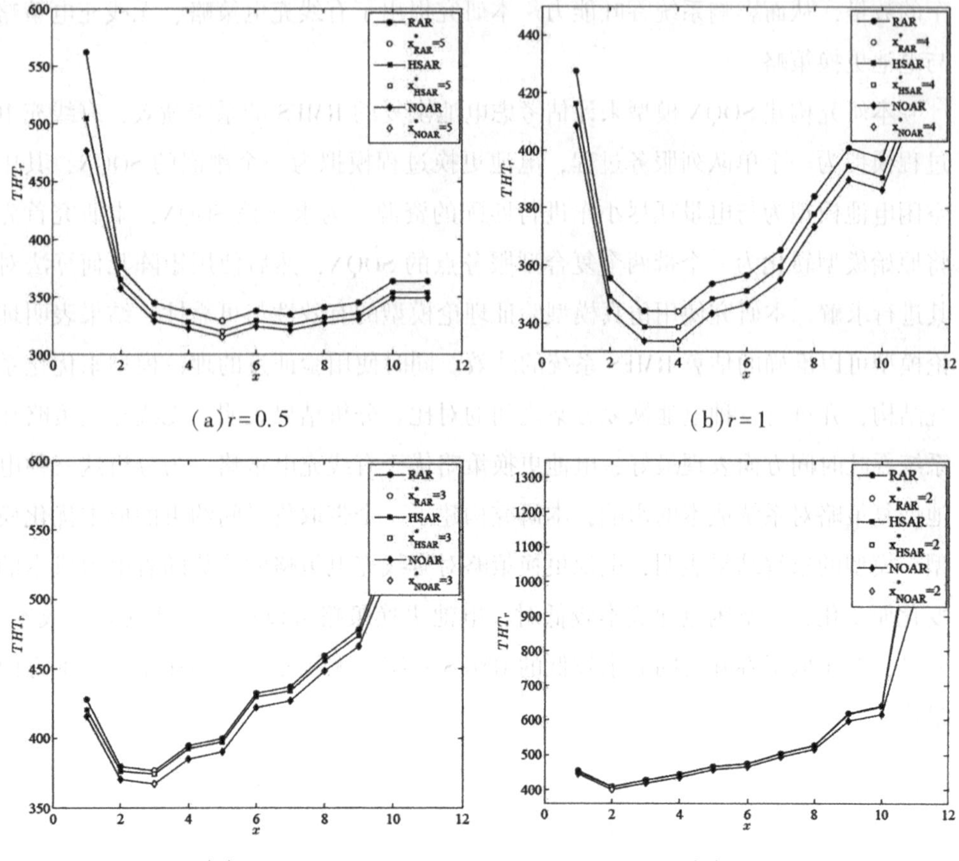

(a) $r=0.5$　　(b) $r=1$

(c) $r=2$　　(d) $r=3$

图 6.9　不同系统布局下的取货吞吐时间

6.6 本章小结

本研究在机器人小车订单履行系统中研究了小车的电池管理问题。在该系统中，货物被存储在移动式货架上，自动小车将货架在存储区与工作站之间进行运输。RMFS 系统中使用的小车由电池驱动，充满电的小车通常可以运行一个作业班次，即 8 个小时。因此，在非高峰期，小车可以在白天运行一个班次，然后在晚上进行电量恢复。在高峰期，小车一天可能需要运作两至三个作业班次，于是小车可能会在运行过程中电量耗尽。如何恢复小车的电量将会影响系统中可用小车的数量，从而影响系统吞吐能力。本研究提出了有线充电策略、无线充电策略与电池更换策略。

本研究构建 SOQN 模型来评估考虑电池恢复的 RMFS 的系统绩效，有线充电过程模拟为一个单队列服务过程，电池更换过程模拟为一个镶嵌的 SOQN，其中空闲电池模拟为与电量耗尽小车进行匹配的资源。为求解该 SOQN，本研究首先将原始模型转化为一个带两个复合型服务点的 SOQN，然后使用矩阵几何算法对其进行求解。本研究使用仿真模型验证理论模型的有效性与可靠性，结果表明理论模型可以准确的估算 RMFS 系统的绩效。同时使用验证过的理论模型来优化系统结构，并进行三种电池恢复方案之间的对比。分析结果表明，无线充电策略在系统吞吐时间方面表现最好，电池更换策略优于有线充电策略。为分析这三种电池恢复策略对系统成本的影响，本研究构建了一个带取货时间约束的成本优化模型。模型的求解结果表明，电池更换策略对有线充电策略的优势随着电池成本的变化而变化，当空闲电池成本较低时，电池更换策略可以提供更低的系统成本。并且，对于取货吞吐时间需求较低的 RMFS 系统，无线充电策略在年均成本方面最优。

第7章 智能机器人分拣系统的运行策略研究

7.1 智能机器人分拣系统的发展现状和应用问题

近年来，仓储系统不断采用机器人技术来增加订单处理能力，这些新技术包括智能机器人存取系统、智能机器人订单拣选系统等。这些系统均使用智能机器人来进行货物的搬运(Azadeh, De Koster and Roy 2019)。随着智能机器人技术的快速成熟和推广，物流分拣作业也开始采用智能机器人来代替传统传送带分拣系统，形成了智能机器人分拣系统(Robotic sorting system, RSS)。例如，申通和德邦快递分别采用了双层智能机器人分拣系统，该类系统的主体结构如图7.1所示，该系统的上层是一个拥有多个均匀分布格口的平台，每个格口通过传送带连接下层的包裹收集容器，包裹通过系统四周的传送带运输至分拣站台，然后通过机器人运输至指定的分拣格口进行投递。各分拣格口均连接下层的一个包裹收集容器，例如笼车或者包裹袋等。包裹通过位于系统周边的分拣站台进入系统，然后由智能机器人将包裹从分拣站台运输至指定的分拣格口。如果机器人和包裹回收容器位于同一层，那么就是单层系统结构，否则就是双层系统结构。

与传统的自动化传送带分拣系统相比，智能机器人分拣系统(RSS)具有以下优势：

(1)柔性结构：智能机器人分拣系统的进出口布局和目的地到格口的指派可根据具体需求进行任意调整。

(2)吞吐能力柔性：智能机器人分拣系统可通过增减机器人数量调整吞吐能力。

(3)智能机器人分拣系统需要更少的地面面积和建筑面积。

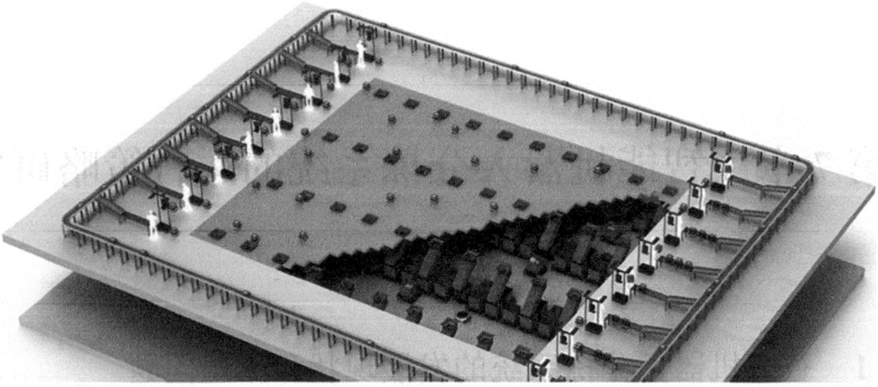

图 7.1　智能机器人分拣系统

然而，智能机器人分拣系统也有诸多缺陷，例如它需要高昂的机器人资源投入和复杂的控制系统来实现有效运行。在系统设计阶段，众多因素需要被综合考虑，包括系统尺寸、资源配置和运行策略的选择和优化，它们都将显著影响系统绩效和运行成本。基于此，本研究旨在为智能机器人分拣系统构建了准确有效的绩效评估模型，用于评估给定系统结构和路径结构的系统绩效指标，并考虑系统布局方案、机器人路径规划和订单指派策略。该模型还可以用于进行系统结构优化和运行策略评估，例如机器人到分拣站台的指派策略。由于机器人在一个较为拥挤的区域行走和作业，评估机器人的拥堵对于系统绩效的影响显得尤为重要。基于此，本研究的具体研究框架如图 7.2 所示。

系统布局：本研究分别考虑单层和双层系统布局方案。在单层系统布局中，货物进出口均位于系统的周边，并由智能机器人进行货物的连接。在双层系统布局中，货物进口位于系统周边而货物出口位于系统中心部位。智能机器人将货物运输至位于上层的分拣格口进行投递，然后到达位于下层的包裹回收容器中。

机器人到分拣站台的指派策略：当机器人完成了一个分拣订单后，为了决定其应该回到哪个分拣站台，本研究考虑了如下指派策略：(1)随机指派策略，机器人随机回到某一分拣站台；(2)最近指派策略，机器人回到离目前位置最近的分拣站台；(3)指定指派策略，机器人回到某一指定的分拣站台；(4)最短排队队列指派策略，机器人回到排队队列最短的分拣站台。

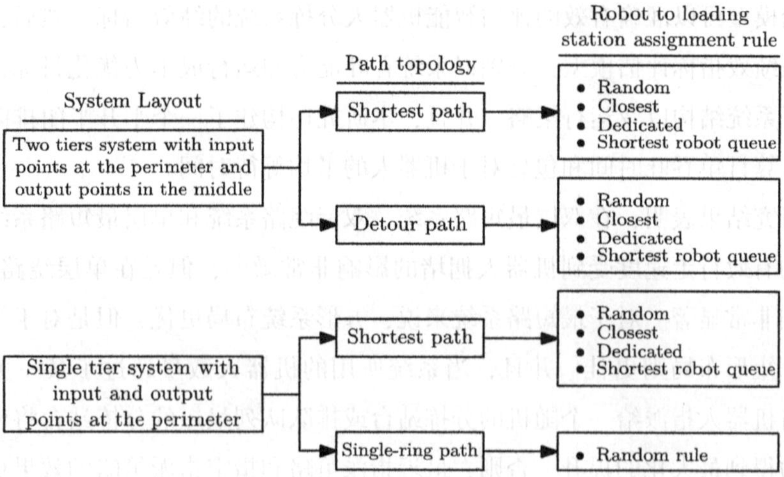

图 7.2 智能机器人分拣系统研究框架

机器人路线拓扑：本研究考虑一个由双向行走路线组成的最短路拓扑结构和由单向行走路线组成的绕路路线拓扑结构。在最短路系统中，每个巷道和横向巷道均设置有一个双向行走路线，且二者的行驶方向相反。在绕路路线系统中，每个巷道和横向巷道则只具备一个单项行走路线，机器人可能需要绕路到达某个目的地。

本研究将回答如下问题：

(1)如何在考虑机器人拥堵的前提下，为智能机器人分拣系统构建准确有效的绩效评估模型？

(2)哪种机器人到分拣站台的指派策略可以提供最高的系统吞吐能力？

(3)哪种系统布局表现最优？哪种机器人路径规划方案表现最优？虽然最短路路线拓扑结构可以提供最短路，但是它需要更多的运行空间。

为回答以上问题，本研究构建了基于闭环排队网络的绩效评估模型。为评估机器人拥堵在双层结构系统中的影响，本研究通过将每个投递口模拟为一个单服务者并使用一个迭代算法来近似计算其利用率的方式来计算机器人的有效行走速度。但单层系统中，本研究构建了一个交通流模型来估算机器人的有效行走速度。本研究使用近似均值算法来分析该闭环排队网络，并利用仿真和一个德邦物流的真实案例来验证该理论模型的准确性和有效性。这些结果表明，本研究构建的理论模型可以准确有效的评估智能机器人分拣系统的绩效指标。然后，本研究使用该绩效指标评估模型，分别以系统吞吐能力和运行成本为优化目标，分析和优化了系统结构以及运行策略。并且，本研究还构建了一个半开半闭排队网络模型来计算订单吞吐时间和包裹对于机器人的平均等待时间。

研究结果表明，在双层最短路系统、双层绕路系统和单层最短路系统中，机器人的有效行走速度受到机器人拥堵的影响非常微弱，但是在单层绕路系统中，该影响非常显著。对于最短路系统来说，方形系统布局更优，但是对于绕路系统来说，矩形布局则更佳。并且，当系统所用的机器人数量超过了某一关键水平时，将机器人指派给一个随机的分拣站台或排队队列最短的分拣站台将使系统吞吐能力得到最大化的提升。否则，最近指派策略和指定指派策略的效果更佳。本研究还将以上研究结果应用到德邦物流的分拣中心中，成本分析结果表明当系统所需的吞吐能力较低时，绕路路线拓扑结构比最短路路线拓扑结构的成本低；反之，最短路路线的成本则更低。此外，研究结果还表明，对于吞吐能力要求较低的情况，因为地面成本和分拣器的成本节约，智能机器人分拣系统比传送带分拣系统的投资成本更低。

本研究的贡献包含如下两部分：其一，本研究为智能机器人分拣系统这一新型物流系统构建了准确有效的绩效指标评估模型，并将机器人拥堵考虑到了系统绩效评估中。然后，本研究还综合评估了系统布局方案、机器人路线拓扑结构、机器人到分拣站台的指派策略。最后，本研究对比分析了智能机器人分拣系统和传统传送带分拣系统的吞吐能力和成本。

7.2　系统描述和运行策略

7.2.1　系统描述、假设和符号

在一个智能机器人分拣系统中，机器人将包裹从位于系统周边的分拣站台配送至位于系统中心部位的分拣格口。本研究考虑如图 7.3 所示的双层系统结构和单层系统结构。在双层系统结构中，上层是一个分布了分拣站台和分拣格口的平

台，机器人将包裹投递到位于该平台中心的分拣格口中。在单层系统中，货物进出口均位于系统的周边，中间是机器人的行走、停顿和充电区域。本研究考虑了一个拥有 $W \times L$ 尺寸的系统布局方案，n_{ls} 个分拣站台位于系统的周边。分级站台均匀的分布在系统的某一边，分拣格口则均匀的分布在系统的中心部位。

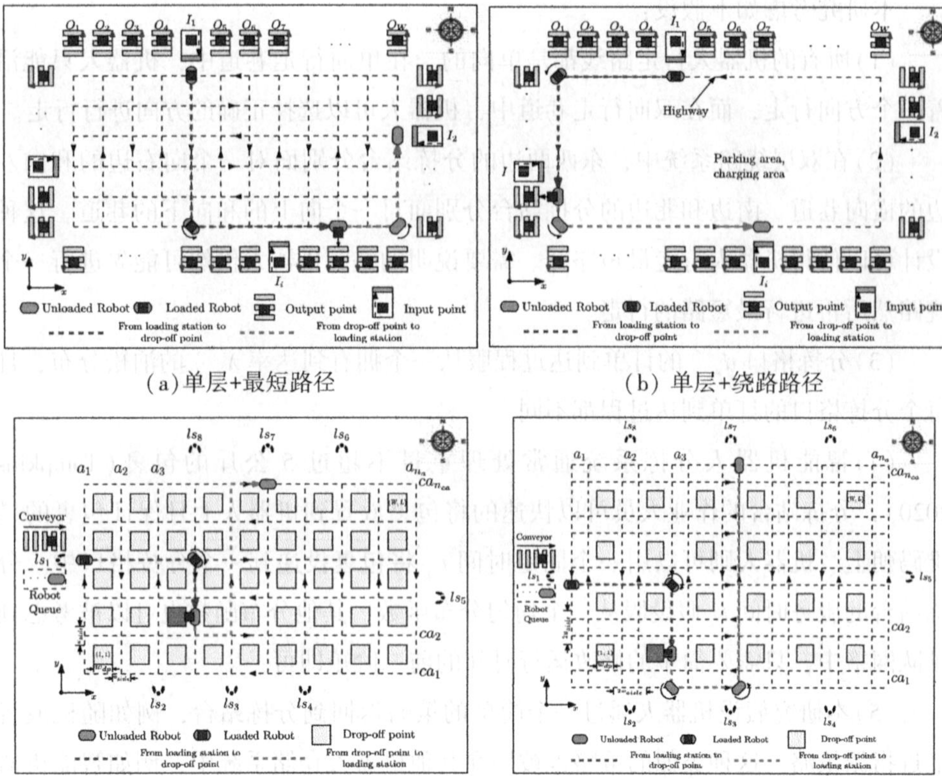

(a) 单层+最短路径　　(b) 单层+绕路路径

(c) 双层+最短路径　　(d) 双层+绕路路径

图 7.3　智能机器人分拣系统的布局与路径规划方案

为完成一个分拣订单，如下作业需要被执行：

(1) 机器人首先在分拣站台 ls_i，$i=1, 2, \cdots, n_{ls}$ 获取一个包裹。然后，机器人沿着巷道和横向巷道移动至目标分拣格口（机器人的行走路径在 7.3.2 节中进行细化，取决于系统所采用的布局和路线拓扑结构）。机器人的行走过程可能会收到其他正在进行包裹投递的机器人的影响，从而形成拥堵。

(2)当机器人到达目标分拣格口后，进行包裹的投递，包裹沿着传送带到达位于位于系统底层的容器内。

(3)机器人回到分拣站台 ls_j，$j=1, 2, \cdots, n_{ls}$ 并且在那等待下一个包裹。目标分拣站台取决于系统所使用的机器人到分拣站台的指派策略。具体来说，本研究考虑随机、最近、指定和基于最短队列的指派策略。

本研究考虑如下假设：

(1)所有的机器人行走路线都是单向的。在单向行走巷道中，机器人只能沿着一个方向行走，而在双向行走巷道中，机器人可以选择正确的方向进行行走。

(2)在双层绕路系统中，东西两边的分拣站台分别面对一个向右边的和向左边的横向巷道。南边和北边的分拣站台分别面对一个向上的和向下的巷道。这种设计可以使得机器人行走最短路径。需要说明的是，机器人仍然可能先进行一个绕路然后再进行最短路的行走。

(3)分拣格口 $d_{x,y}$ 的订单到达过程服从一个拥有到达率 $\lambda_{x,y}$ 的泊松分布，且每个分拣格口的订单到达过程都不同。

(4)智能机器人分拣系统通常处理重量不超过 5 公斤的包裹(Tompkins 2020)，分拣站台的作业人员可以快速的将包裹放置到机器人上且保证包裹的二维码朝上。机器人则可以用一个固定时间 t_{lu} 将包裹投递到一个分拣格口中。分拣站台的服务时间 t_{ls} 假设服从一个均匀分布函数，其他分布函数也可以被考虑到排队网络中，只需要简单的修改运行时间的前二阶矩即可。

(5)本研究假设机器人通过一个简单的策略返回到分拣站台，例如随机或者最近指派策略。这种类似的策略也被用在其他机器人仓储系统中，例如智能机器人订单履行系统中(Lamballais, Roy and De Koster 2017, 2020)和紧致化智能机器人存取系统中(Zou, De Koster and Xu 2018)。本研究后面还将考虑一个基于最短排队队列的指派策略。

(6)由于机械限制，一个机器人只能将包裹投递到它自身的右边，这意味着机器人可能需要先进行一个旋转来将包裹投递到其左边，这将花费 t_r 时间。

(7)为评估系统的最大吞吐能力，本研究假设包裹的到达率足够大以至于所有的资源都处于繁忙状态。闭环排队网络可以用来评估该系统的最大服务能力，因为机器人将在系统中进行循环服务。需要说明的是，本研究假设各分拣站台的包裹排队空间足够大，不会出现拥堵情况。

本研究所使用的主要符号如表 7.1 所示。

表 7.1　智能机器人分拣系统建模符号定义

符号	描述	符号	描述
W,L	系统尺寸，宽和长	w_{aisle},w_{dp}	投递格口的尺寸(m)
n_a,n_{ca}	巷道和横向巷道的数量	n_{ls}^e,n_{ls}^n	东边和北边分拣格口的数量
R	机器人数量	$d_{x,y}$	分拣格口坐标
a	机器人加减速度(m/s²)	v_m	机器人最大速度(m/s)
$\lambda_{x,y}$	订单到达率(每小时)	$p_{d_{x,y}}$	包裹到达分拣格口 $d_{x,y}$ 的概率
t_{lu}	机器人释放包裹的时间	t_t,t_r	机器人转弯 90 度和 180 度的时间
t_{ls}	分拣站释放一个包裹的时间	$p_{d_{x,y}}^{idle}$，$p_{d_{x,y}}^{busy}$	分拣格口 $d_{x,y}$ 空闲和繁忙的概率
a_i	巷道 i	ca_j	横向巷道 ca_j
$T_{ls_i,d_{x,y}}$	机器人从分拣站台 ls_i 到分拣格口 $d_{x,y}$ 的行走时间	$T_{d_{x,y},ls_i}^{ca_j}$	机器人从分拣格口 $d_{x,y}$ 到分拣站台 ls_i 的行走时间
$T_{ls_i,d_{x,y}}^h$	机器人从分拣站台 ls_i 到分拣格口 $d_{x,y}$ 的水平行走时间	$T_{ls_i,d_{x,y}}^v$	机器人从分拣站台 ls_i 到分拣格口 $d_{x,y}$ 的垂直行走时间
$T_{a_i,a_{i+1}}^{ca_j}$	机器人通过横向巷道 ca_j 从巷道 a_i 转移到巷道 a_{i+1} 的时间	$T_{ca_i,ca_{i+1}}^{a_j}$	机器人通过巷道 a_j 从横向巷道 ca_i 转移到横向巷道 ca_{i+1} 的时间
$T_{d_{x,y}}^{rem}$	机器人在分拣格口 $d_{x,y}$ 的剩余服务时间	TC	系统最大吞吐能力

7.2.2　系统布局和机器人路线拓扑

本研究考虑如图 7.3 所示的系统布局和路线拓扑结构。双层系统布局可能提供高于单层系统布局的吞吐能力，但是，单层布局结构更适合于小规模的系统，且其机器人更易控制。在智能机器人分拣系统中，机器人的路线拓扑不仅会影响机器人在分拣站台和分拣格口间的行走距离，同时也会影响机器人的拥堵。本研究将对单层和双层系统均考虑最短路线拓扑和绕路路线拓扑。

在双层智能机器人分拣系统中，本研究考虑了一个最短路路线拓扑结构和一个绕路路线拓扑结构。在最短路路线拓扑结构中，每个巷道和横向巷道均设置有一个双向行走路线，机器人可以选择最短行走路线。从分拣站台到分拣格口的最短路线对应于两点间的曼哈顿距离。从分拣格口到分拣站台的最短路线中，机器人首先会移动到可以通过曼哈顿距离到达分拣站台的路线的起点，然后再通过该曼哈顿路线行走到分拣站台处。在使用绕路拓扑的系统中，每个巷道和横向巷道都只有一个单向行走路线。机器人可以选择最短路线从分拣站台行走到分拣格口处，但是返回过程则需要进行绕路。需要说明的是，机器人可能需要先进行一个 180 度的旋转(时间 t_r)，然后再进行包裹的投递。虽然最短路线可以提供更高行走效率，但是其占用的地面面积也较多。

在单层智能机器人分拣系统中，本研究同时考虑了最短路拓扑结构和绕路拓扑结构。在最短路拓扑结构中，机器人可以采取相似的路线行走与分拣站台和投递格口之间。而在绕路拓扑结构中，机器人只能沿着单向行走路线行走于进出口之间。

7.2.3　机器人到分拣站台的指派策略

机器人到分拣站台的指派策略决定了当机器人完成了一个订单分拣后，应该回到哪个分拣站台。本研究考虑了如下四种机器人到分拣站台的指派策略：

(1)随机指派策略：机器人被所有分拣站台共享，并且它将以概率 $p_{ls_i} = \frac{1}{n_{ls}}$，$i = 1, 2, \cdots, n_{ls}$ 回到一个分拣站台。

(2)最近指派策略：机器人被所有分拣站台共享，且完成一个分拣订单后会回到距离当前位置最近的分拣站台。在该策略下，机器人从分拣格口到分拣站台的行驶距离需要按照该原则进行计算。本研究定义距离分拣站台 ls_i 最近的分拣格口集合为 DP_{ls_i}。然后，可以得到机器人到分拣站台 ls_i 的路径概率为 $p_{ls_i} = \sum_{d_{x,y} \in DP_{ls_i}} \frac{\lambda_{x,y}}{\sum_{x=1}^{W} \sum_{y=1}^{L} \lambda_{x,y}}$。

(3)指定指派策略：机器人被分配到各分拣站台中，因此，完成一个分拣订单后，机器人将返回到它所分配的分拣站台。本研究假设各个方向的分拣站台共享一部分指定的机器人，包括北部、南部、东部和西部。

(4)最短排队队列指派策略：在该策略下，机器人被所有分拣站台共享，机器人将返回排队队列最短的分拣站台。

随机指派策略通过将机器人均匀指派到各分拣站台，有利于均衡所有分拣站台的工作负荷。最近指派策略则可以最小化机器人到分拣站台的行走距离。最短排队队列指派策略可以最小化机器人的等待时间，由于排队队列的不可计算性，本研究将采用仿真的方式来估算该策略下的系统绩效指标。

为分析以上布局方案和运行策略的系统绩效，本研究将构建基于闭环排队网络的绩效评估模型来计算系统的最大吞吐能力。

7.3 智能机器人分拣系统的理论模型

基于前文的假设，系统中的分拣站台不会出现过载情况，本研究考虑系统设计和运行阶段最重要的绩效指标：给定成本水平下的系统最大吞吐能力。闭环排队网络适合这个目标，因为它假设一个订单离开系统时，另一个订单将开始被执行。对于使用随机和最近指派策略的双层系统，本研究构建了如图 7.4 所示的单类型闭环排队网络模型；对于使用指定指派策略的双层系统，本研究构建了如图 7.5 所示的多类型闭环排队网络模型；对于使用最短路的单层系统和使用绕路路线的单层系统，本研究分别构建了如图 7.6 所示和图 7.7 所示的单类型闭环排队网络。本研究的模型可以通过服务点 $\mu_{ls,\ d}$ 和 $\mu_{d,\ ls}$ 来计算机器人在分拣站台和投递格口之间的行走时间，用概率 p_{ls_i} 和概率 $p_{d_{x,\ y}}$ 来计算机器人到分拣格口和投递格口的可能性。此外，本研究的模型也可以拓展到半开半闭排队网络来计算系统的订单吞吐时间和包裹的等待时间。

7.3.1 使用随机指派和最近指派策略的双层系统的闭环排队网络模型

在一个双层智能机器人分拣系统(见图 7.4)中，订单获取了一个分拣站台后就进入系统，订单对于分拣站台的等待过程由服务点 μ_{ls_i} 来进行计算。在随机和最近指派策略下，该闭环排队网络包含一种顾客类型，它可以到任意分拣站台。分拣站台的作业人员将包裹放到机器人上(对应服务点 μ_{ls_i})，然后，机器人从分拣站台移动到指定的投递格口(对应于服务点 $\mu_{ls,\ d}$)。由于该移动过程不包含等待过程，因此被模拟为一个无限能力服务点。机器人以概率 $p_{d_{x,\ y}}$ 到达投递格口 $d_{x,\ y}$ 并在服务点 $\mu_{d_{x,\ y}}$ 释放包裹。因为每个投递格口只能服务一个机器人，因此，本研究将投递作业模拟为一个单服务点。最后，机器人以概率 p_{ls_j} 返回投递格口，该返回过程由服务点 $\mu_{d,\ ls_i}$ 进行计算。在随机指派和最近指派策略下，所有机器人都被所有分拣站台共享，因此，机器人可能返回任意一个分拣站台。

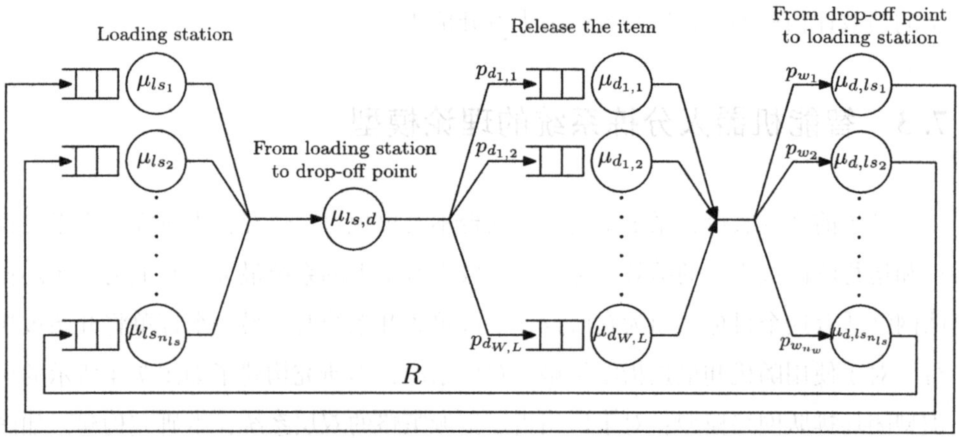

图 7.4　双层 RSS 中随机指派与最近指派策略下的 CQN 模型

机器人在该双层智能机器人分拣系统中的行走路径将会直接影响机器人的行走时间和机器人在分拣格口的投递时间。机器人在任意两个格口的行走时间计算过程包括机器人的急减速计算、机器人在分拣格口的期望等待时间等。为评估路线拓扑结构对机器人行走时间的影响，本研究细化了机器人的行走过程和可能在投递前进行的掉头行为。机器人到分拣站台的指派策略影响概率 p_{ls_i}，$i = 1, 2, \cdots, n_{ls}$。接下来，计算该闭环排队网络中的服务点服务时间。

首先，计算使用最短路拓扑结构的服务时间。

在服务点 μ_{ls_i} 中，服务时间的前二阶矩由公式(7.1)计算。

$$\mu_{ls\,i}^{-1} = t_{ls},\ cv_{ls\,i}^{2} = 0 \tag{7.1}$$

因为所有的分拣站台都拥有相同的服务时间 t_{ls}，因此有 $cv_{ls_i}^2 = 0$。

当机器人获取到了待投递的包裹后，它将在平台上进行行走将包裹投递到指定的格口中。在拥有最短路的双层智能机器人分拣系统中，机器人总能找到正确的最短路到达目的地。当机器人要从一个东边或者西边的分拣站台到达投递格口时，机器人首先沿着横向巷道 $ca_{y_{ls_i}}$ 进行横向行走，然后沿着巷道 a_x 进行竖向行走。从分拣站台 ls_i 到投递格口 $d_{x,\ y}$ 的行走时间可以通过公式(7.2)计算。

$$T_{ls_i,\ d_{x,\ y}} = T^h_{ls_i,\ d_{x,\ y}} + T^v_{ls_i,\ d_{x,\ y}} = \sum_{j=1}^{x-1} \cdot T^{ca_{y_{ls_i}}}_{a_j,\ a_{j+1}} + \sum_{j=min\{y,\ y_{ls_i}\}}^{max\{y,\ y_{ls_i}\}-1} \cdot T^{a_x}_{ca_j,\ ca_{j+1}} + g \cdot t_t \tag{7.2}$$

其中，第一部分是从巷道 a_1 到巷道 a_x 的行走时间，第二部分是从横向巷道 $ca_{y_{ls_i}}$ 到投递格口 $d_{x,\ y}$ 的行走时间。0-1 决策变量 g 决定机器人是否需要调整它的行走方向来进行包裹的投递，该行走时间取决于目标投递格口的状态。具体来说，如果所有的投递格口都是闲置的，那么机器人将采用均速的方式进行行走。如果第一个格口是空闲的，第二个格口是繁忙的，那么机器人将先以速度 v_m 进行行走，然后减速到0。如果第一个格口是繁忙的，第二个格口是空闲的，那么机器人将采取相反的行走方式在两者间进行行走，如果两个格口都是繁忙的，那么机器人将先进行加速行走，然后再进行减速行走到达目的地。

为从分拣站台 ls_i 行驶到投递格口 $d_{x,\ y}$，机器人首先要在巷道 $a_{x_{ls_i}}$ 中进行行走，然后在横向巷道 ca_y 中进行行走来到达投递格口。该行走时间可以通过公式(7.3)计算。

$$T_{ls_i,\ d_{x,\ y}} = T^v_{ls_i,\ d_{x,\ y}} + T^h_{ls_i,\ d_{x,\ y}} = \sum_{j=1}^{y-1} \cdot T^{a_{x_{ls_i}}}_{ca_j,\ ca_{j+1}} + \sum_{j=min\{x,\ x_{ls_i}\}}^{max\{x,\ x_{ls_i}\}-1} \cdot T^{ca_y}_{a_j,\ a_{j+1}} + g \cdot t_t \tag{7.3}$$

机器人从一个顶部分拣站台 ls_i 到投递格口 $d_{x,\ y}$ 的行走时间也可以通过相似的方式进行计算。在两个相邻投递格口间的行走时间取决于格口的繁忙状态。

机器人返回某一分拣站台的概率取决于系统采用的机器人到分拣站台的指派策略。因此，机器人从分拣站台 ls_i 到投递格口的行走时间的前二阶矩可通过公式(7.4)进行计算。

$$\mu_{ls_i,\ d}^{-1} = \sum_{x=1}^{W} \cdot \sum_{y=1}^{L} \cdot \cdot p_{d_{x,\ y}} \cdot T_{ls_i,\ d_{x,\ y}},\ cv_{ls_i,\ d}^{2} = \frac{\sum_{x=1}^{W} \cdot \sum_{y=1}^{L} \cdot p_{d_{x,\ y}} \cdot T_{ls_i,\ d_{x,\ y}}^{2}}{\mu_{ls_i,\ d}^{-2}} - 1 \tag{7.4}$$

从投递格口到分拣站台的行走时间的前二阶矩计算方式与公式(7.4)相似。因此，可以通过公式(7.4)来计算该服务时间的前二阶矩。

然后，计算使用绕路路线系统的服务时间。

在使用绕路路线的智能机器人分拣系统中，机器人可通过最短路线从分拣站台行驶到投递格口，但是反向行走过程则需要经过一段绕路。为从分拣站台 ls_i 行驶到投递格口 $d_{x,\ y}$，机器人首先要在面对分拣站台的巷道或者横向巷道中进行行走，然后转向到与目标投递格口相邻的巷道或者横向巷道中进行行走。因此，该行走过程的时间可以通过公式(7.2)和公式(7.3)进行计算。

机器人在进行包裹释放前，可能需要经过一个 180 度的转向，该过程被包含在服务点 $\mu_{d_{x,\ y}}$ 中。根据投递格口的位置和分拣站台的位置，可以通过公式(7.5)来计算该包裹投递时间。

$$T_{ls_i,\ d_{x,\ y}}^{lu} = \begin{cases} t_{lu},\ xisoddandyisodd \\ t_{lu} + t_r,\ xisevenandyiseven \\ t_{lu} + t_t,\ otherwise \end{cases} \tag{7.5}$$

在该时间中，机器人旋转被包含在第二种过程中。在第三种过程中，机器人需要旋转 90 度，因此有 $\frac{t_r}{2} = t_t$。

服务点 $\mu_{d_{x,\ y}}$ 的服务时间分布的前二阶矩可以通过公式(7.6)进行计算。

$$\mu_{d_{x,\ y}}^{-1} = \sum_{i=1}^{n_{ls}} \cdot p_{ls_i} \cdot T_{ls_i,\ d_{x,\ y}}^{lu},\ cv_{d_{x,\ y}}^{2} = \frac{\sum_{i=1}^{n_{ls}} \cdot p_{ls_i} \cdot (T_{ls_i,\ d_{x,\ y}}^{lu})^{2}}{\mu_{d_{x,\ y}}^{-2}} - 1 \tag{7.6}$$

机器人从投递格口到分拣站台的行走时间可能需要先经历一个绕路的过程，取决于分拣站台和投递格口的具体位置。得到这些具体的服务时间后，本研究通过近似均值法来估算该闭环排队网络的绩效指标(Buitenhek, van Houtum and Zijm 2000)。

7.3.2 使用指定指派策略的双层系统的闭环排队网络模型

对于使用指定指派策略的双层智能机器人分拣系统而言，本研究假设每条边上的分拣站台拥有一部分机器人(见图7.5)。具体来说，位于北部的分拣站台有 R_n 机器人，位于南部的分拣站台拥有 R_s 机器人，位于西部的分拣站台拥有 R_w 机器人，位于东部的分拣站台拥有 R_e 机器人。这导致本研究为该系统构建的闭环排队网络有四种顾客类型。首先，工作人员将进入系统的包裹放置到一个机器人上，该过程分别对应于服务点 μ_{ls^n}，μ_{ls^s}，μ_{ls^w}，μ_{ls^e}。然后，机器人将包裹从分拣站台运输至投递格口，该服务过程对应于服务点 $\mu_{ls^n,d}$，$\mu_{ls^s,d}$，$\mu_{ls^w,d}$，$\mu_{ls^e,d}$。由于该过程不需要等待，因此，本研究将该过程模拟为一个无限能力的服务点。机器人将按照概率 $p_{d_{x,y}}$ 返回到投递格口 $d_{x,y}$，并且在服务点 $\mu_{d_{x,y}}$ 进行包裹的投递。在指定指派策略下，机器人可以随机的到达指定的分拣站台中的任意一个。

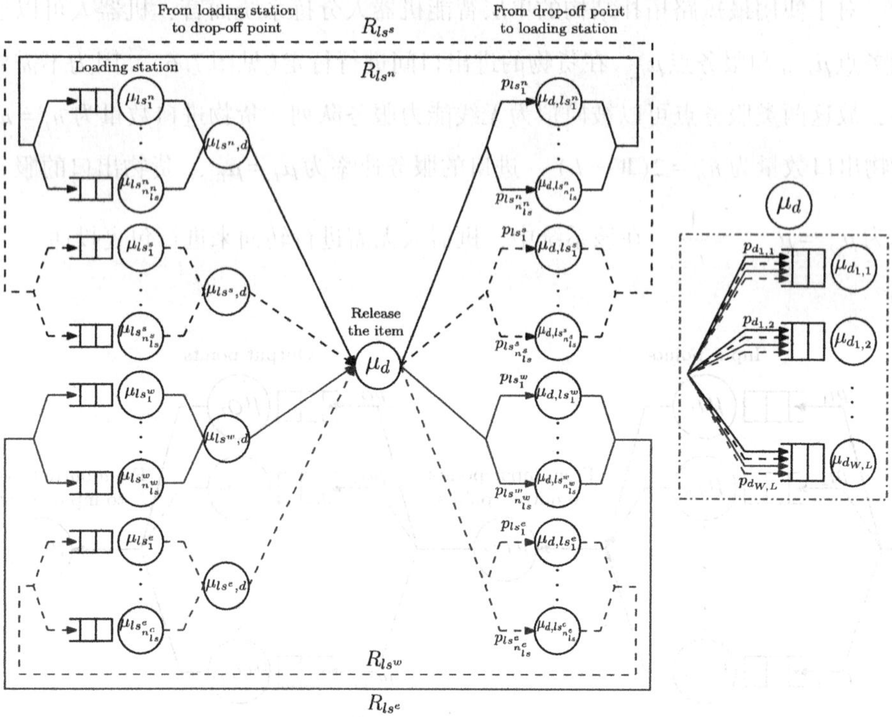

图7.5 双层RSS中专享指派策略下的CQN模型

服务点μ_{ls}，$\mu_{ls,d}$，μ_d和$\mu_{d,ls}$的服务时间可以通过上述方法进行计算。因为本研究假设在同一边上的分拣站台采用机器人到分拣站台的随机指派策略，因此，机器人到分拣站台的指派策略为：对于北部分拣站台来说，有$p_{ls_i^n}=\dfrac{1}{n_{ls}^n},i=1,2,\cdots,n_{ls}^n$。对于南部分拣站台来说，有$p_{ls_i^s}=\dfrac{1}{n_{ls}^s}$，$i=1,2,\cdots,n_{ls}^s$。对于西部的分拣站台来说，有$p_{ls_i^w}=\dfrac{1}{n_{ls}^w}$，$i=1,2,\cdots,n_{ls}^w$。对于东部的分拣站台来说，有$p_{ls_i^e}=\dfrac{1}{n_{ls}^e}$，$i=1,2,\cdots,n_{ls}^e$。服务点$\mu_{d,ls}$拥有和服务点$\mu_{ls,d}$相同的顾客到达率。同时，本研究也通过近似均值计算法来估算指定指派策略下闭环排队网络的绩效指标。

7.3.3　使用最短路路线的单层系统的闭环排队网络模型

对于使用最短路拓扑结构的单层智能机器人分拣系统而言，机器人可以通过服务点$\mu_{I,O}$和服务点$\mu_{O,I}$在货物的进出口间进行行走(见图 7.6)。因为不需要等待，故这两类服务点可以被模拟为无线能力服务队列。货物进口数量为$n_I=n_{ls}$，货物出口数量为$n_O=2(W+L)$。进口的服务速率为$\mu_{I_i}=\mu_{ls_i}$，货物出口的服务速率为$\mu_{O_i}=\mu_{d_{x,y}}=\dfrac{1}{t_{lu}}$。在该系统中，机器人无需进行转向来进行包裹投递。

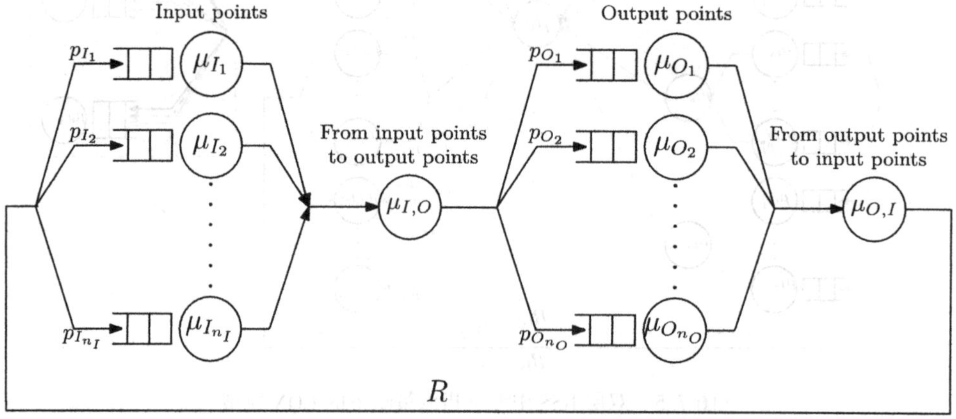

图 7.6　单层 RSS 中最短路径下的 CQN 模型

接下来，计算该闭环排队网络中各服务点的服务时间且给出其求解方法。首先明确进出口的做包，然后计算进出口间的行走时间的前二阶矩。和双层智能机器人分拣系统相同，将所有的货物进出口按照顺时针方向进行编号。因为任意两个进出口间的间距为 $\frac{W}{n_{ls}^{n}}$ 和 $\frac{L}{n_{ls}^{w}}$，且是整数。然后，本研究分别通过公式(7.7)和公式(7.8)计算货物进口的横纵坐标。

$$x_{I_i}=\begin{cases} i\left(\dfrac{W}{n_{ls}^{n}}+1\right), & i=1,2,\cdots,n_{ls}^{n} \\ W+n_{ls}^{n}, & i=n_{ls}^{n}+1,\cdots,n_{ls}^{n}+n_{ls}^{w} \\ (2n_{ls}^{n}+n_{ls}^{w}-i+1)\cdot\left(\dfrac{W}{n_{ls}^{n}}+1\right), & i=n_{ls}^{n}+n_{ls}^{w}+1,\cdots,2n_{ls}^{n}+n_{ls}^{w} \\ 0, & i=2n_{ls}^{n}+n_{ls}^{w}+1,\cdots,n_{ls} \end{cases} \tag{7.7}$$

$$y_{I_i}=\begin{cases} L+n_{ls}^{w}i, & i=1,2,\cdots,n_{ls}^{n} \\ \left(\dfrac{n_{w}}{2}-i+1\right)\cdot\left(\dfrac{L}{n_{ls}^{w}}+1\right), & i=n_{ls}^{n}+1,\cdots,n_{ls}^{n}+n_{ls}^{w} \\ 0, & i=n_{ls}^{n}+n_{ls}^{w}+1,\cdots,2n_{ls}^{n}+n_{ls}^{w} \\ (n_{ls}-i+1)\cdot\left(\dfrac{L}{n_{ls}^{w}}+1\right), & i=2n_{ls}^{n}+n_{ls}^{w}+1,\cdots,n_{ls} \end{cases} \tag{7.8}$$

通过公式(7.9)和公式(7.10)计算货物出口的横纵坐标。

$$x_{O_i}=\begin{cases} i+\left[\dfrac{i\cdot n_{ls}^{n}}{W}\right], & i=1,2,\cdots,W \\ W+n_{ls}^{n}, & i=W+1,\cdots,W+L \\ (2W+L-i+1)+\left[\dfrac{(2W+L-i+1)\cdot n_{ls}^{n}}{W}\right], & i=W+L+1,\cdots,2W+L \\ 0, & i=2W+L+1,\cdots,2(W+L) \end{cases} \tag{7.9}$$

$$y_{O_i}=\begin{cases} L+n_{ls}^{w}i+\left\lceil\dfrac{i\cdot n_{ls}^{n}}{W}\right\rceil, & i=1,2,\cdots,W\\ (W+L-i+1)+\left\lceil\dfrac{(W+L-i+1)\cdot n_{ls}^{w}}{L}\right\rceil, & i=W+1,\cdots,W+L\\ 0, & i=W+L+1,\cdots,2W+L\\ (i-2W-L)+\left\lceil\dfrac{(i-2W-L)\cdot n_{ls}^{w}}{L}\right\rceil, & i=2W+L+1,\cdots,2(W+L)\end{cases} \tag{7.10}$$

在使用最短路拓扑结构的单层智能机器人分拣系统中，机器人在进出口间的行走过程包含两部分：宽度方向的行走距离 $D_{I_i,\,O_j}^{w}=|x_{I_j}-x_{O_j}|\cdot(w_{dp}+w_{aisle})$ 和长度方向上的行走距离 $D_{I_i,\,O_j}^{l}=|y_{I_i}-y_{O_j}|\cdot(w_{dp}+w_{aisle})$。在计算该行走时间时，本研究将机器人的加减速考虑了进去。接下来通过公式(7.11)计算横向行走时间 $T_{I_i,\,O_j}^{w}$ 和纵向行走时间 $T_{I_i,\,O_j}^{l}$

$$T_{I_i,\,O_j}=T_{I_i,\,O_j}^{w}+T_{I_i,\,O_j}^{l}+g\cdot t_t \tag{7.11}$$

其中，0-1 决策变量决定机器人是否需要转向。如果需要则 $g=1$，否则 $g=0$。

令 p_{I_i} 为包裹通过进口 I_i 进入系统的概率，p_{O_j} 为包裹通过出口 O_j 离开系统的概率。然后，可以通过公式(7.12)计算机器人在进出口间行走时间的前二阶矩。

$$\mu_{I,\,O}^{-1}=\sum\sum p_{I_i}\cdot p_{O_j}\cdot T_{I_i,\,O_j},\quad cv_{I,\,O}^{2}=\frac{\sum\sum p_{I_i}\cdot p_{O_j}\cdot T_{I_i,\,O_j}^{2}}{\mu_{I,\,O}^{-2}}-1 \tag{7.12}$$

服务点 $\mu_{O,\,I}$ 和 $\mu_{I,\,O}$ 拥有相同的服务时间前二阶矩。得到这些服务点的服务时间后，本研究通过近似均值计算法来估算该闭环排队网络的绩效指标。

7.3.4 使用绕路路线的单层系统的闭环排队网络模型

在使用绕路路线拓扑结构的单层智能机器人服务系统中，机器人的有效行走速度可能会收到机器人拥堵的显著影响(Roy, Gupta and De Koster 2016)。本研究通过一个交通流公式(7.13)来估算该系统中机器人的有效行走速度。

$$EV(R)=E\,V_f\cdot e^{-\frac{k(R)}{k_0}} \tag{7.13}$$

其中 $E\,V_f$ 是机器人的自由行走速度，$k(R)=\dfrac{R-1}{L_t}$ 是路线上有 R 个机器人时的行走密度，L_t 是被所有机器人共享的行走距离，k_0 是最大流下的行走密度。本研究将通过仿真来估算参数 k_0。该过程通过不断增加系统中的机器人数量，直至机器人的有效行走速度为 0。例如，如果系统中可容纳的最大机器人数量为 250，并且 $L_t = 300m$，那么就有 $k_0 = \frac{\frac{250}{300}robots}{m} = \frac{0.83robots}{m}$。

在该单层机器人分拣系统中，每个货物进出口均被模拟为一个单服务点，对应于服务点 μ_{I_i} 和 μ_{O_j}，并且，任意两点间的行走过程被模拟为一个无线服务点 $\mu_{I_i}^{O_j}$。μ_{I_i} 和 μ_{O_j} 均可采用与前文类似的计算方法进行计算，任意两点间的行走时间 T_{I_i, O_j} 取决于机器人的有效行走速度。具体来说，有 $T_{I_i, O_j} = \frac{w_{dp} + w_{aisle}}{E\,V_R}$。基于此，本研究可以计算服务点 $\mu_{I_i}^{O_j}$ 服务时间的前二阶矩，然后使用近似均值计算法来估算该闭环排队网络的绩效指标。

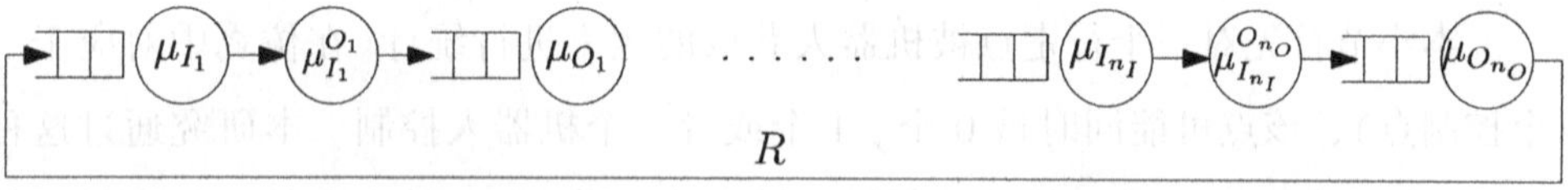

图 7.7 单层 RSS 中绕路路径下的 CQN 模型

7.4 理论模型准确性的仿真验证

本节首先通过仿真探索机器人的拥堵对系统绩效指标的影响。然后，通过仿真和一个真实案例来验证理论模型的准确性和有效性。本研究利用 Flexsim 仿真软件来为智能机器人分拣系统构建仿真模型(教育版 2017 版)。对于双层智能机器人分拣系统，本研究考虑如下系统方案：$W \times L = 40 \times 25$，$n_{ls}^{w} = 3$，$n_{ls}^{n} = 9$ 和 $W \times L = 30 \times 30$，$n_{ls}^{w} = 6$，$n_{ls}^{n} = 6$。对于单层系统，本研究将考虑 $W \times L = 80 \times 48$，$n_{ls}^{w} = 3$，$n_{ls}^{n} = 9$ 和 $W \times L = 56 \times 56$，$n_{ls}^{w} = 6$，$n_{ls}^{n} = 6$ 的系统结构。对于每一种那系统方案，机器人的数量取值 $R = 80$，100，120，并且系统采用随机和最近机器人到分拣站台的指派策略。在指定指派策略下，本研究将每个指定区域内采用最近机器人到分拣站台指派策略。因此，本研究在仿真中将只考虑随机和最近指派策略。在单层智能机器人分拣系统中，本研究将只考虑使用绕路路线拓扑结构的智能机器人分拣系统，同时，也是考虑随机和最近指派策略。因此，本研究将只考虑最近指派策略。这导致一共有 42 个系统方案将会被考虑。包裹到分拣站台的到达率服从一个均匀分布，包裹到达率的均值足够大，以至于系统中的机器人一直处于繁忙状态。其他系统参数如表 7.2 所示。

表 7.2　**智能机器人分拣系统的仿真模型参数**

w_{dp}(m)	w_{aisle}(m)	w_{ca}(m)	v_m(m/s)	a(m/s^2)	t_{lu}(s)	t_t(s)	t_{ls}(s)
0.6	0.6	0.6	2	1	2	1	[3, 8]

7.4.1　拥堵评估

本小节首先对一个行走点被机器人获取的频率进行统计(在仿真中对应于一个控制点)，该点可能同时被 0 个、1 个或者 2 个机器人控制。本研究通过这种方式来探索使用最短路、绕路路径拓扑结构的双层智能机器人分拣系统和使用最短路的单层智能机器人分拣系统中的机器人拥堵情况。然后，本研究利用仿真估算机器人的有效行走速度，并且估算在单层绕路系统的交通流公式中的 k_0 参数。在双层智能机器人分拣系统中，每个投递格口附近有 4 个行走点，即仿真中的控制点，机器人必须先占据一个控制点来进行货物的投递或者行走，为评估由于拥堵或者循环等待带来的机器人路线拥堵，本研究将一个行走点或者控制点的最大被获取能力设置为 2。尽管这样的设置会导致机器人拥堵的加剧，但是它可以帮助估算机器人系统的拥堵的影响。具体来说，当一个点被两个机器人同时占据时，那么该点即发生了拥堵。

对于单程智能机器人分拣系统而言，本研究利用交通流方程来估算机器人的有效行走速度，从而评估系统拥堵。随机机器人到分拣站台指派策略和随机的需求在分拣格口中的分布策略被使用。本研究考虑两种路线拓扑下的智能机器人分拣系统，机器人数量为 $R = 120$。对每种系统方案，本研究先收集 8 个行走点的被获取概率，然后获取 8 个位于拥堵区域的行走点的被获取概率。仿真模型运行带有 12 个小时热身过程的 100 个小时，然后收集这些点被 0 个、1 个和 2 个机器人同时获取的频率，并将结果展示在图 7.8 和图 7.9 中。

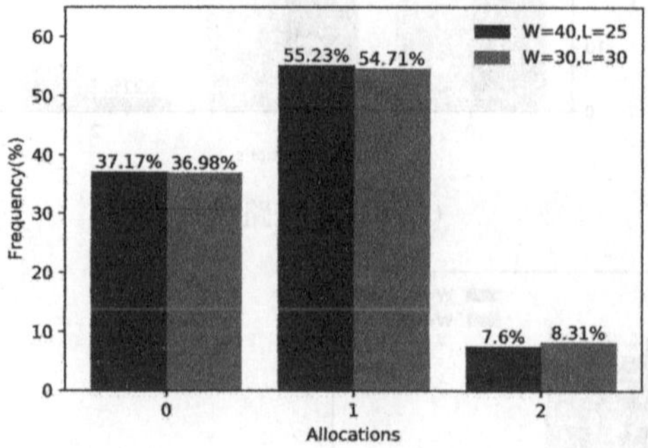

(a)双层+最短路径

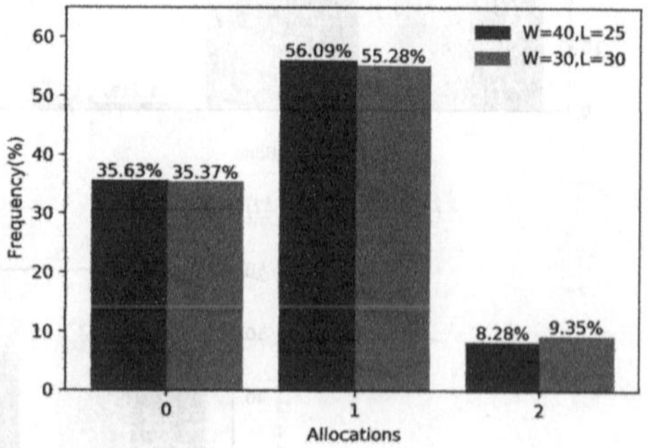

(b)双层+绕路路径

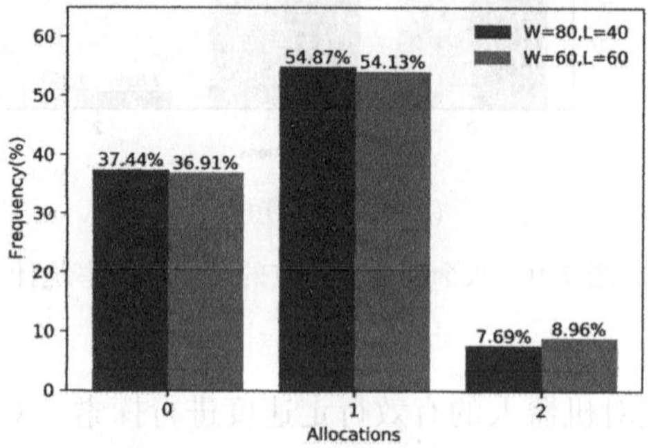

(c)单层+最短路径

图 7.8　8 个随机控制点的被捕获频率统计

结果表明，随机选取的控制点同时被两个机器人捕获的频率低于 6%，该频率的均值为 2.83%。拥堵控制点被两个机器人同时捕获的频率低于 10%，该频率的均值为 8.37%。因此，尽管机器人拥堵在系统中的拥堵区域是比较显著的，但是其对系统整理绩效的影响比较有限。此外，拥堵时间相对较短，具体来说就是包裹的投递时间 t_{lu}。因此，忽略系统中机器人拥堵的影响是可接受的。

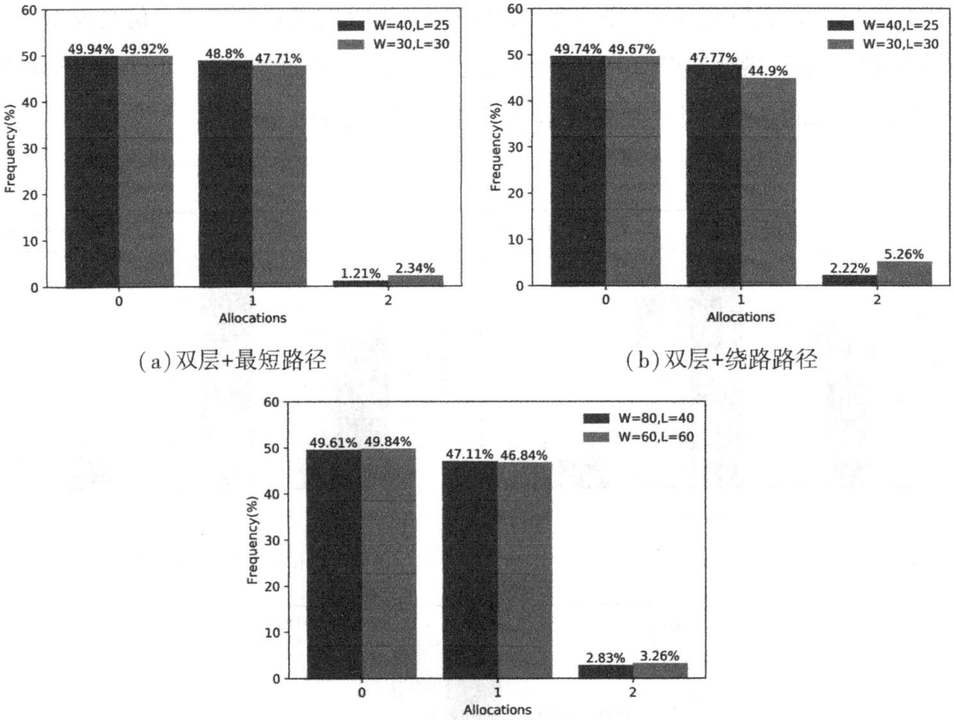

(a)双层+最短路径　　(b)双层+绕路路径

(c)单层+最短路径

图 7.9　八个拥堵控制点的被捕获频率统计

接下来，本研究对机器人的有效行走速度进行探索。对于双层和单层系统而言，本研究将机器人数量以 20 为步长，从 80 递增到 200。然后收集机器人空载行走和满载行走的距离比例。机器人有效行走速度通过总体行走距离除以总体行走时间的方式获取。结果展示在图 7.10 中。结果表明，只有在使用绕路拓扑结构的单层系统中，机器人的有效行走速度才会收到机器人数量递增的显著影响，在其他系统中，该影响都非常微弱。这个结果表明，本研究可以忽略机器人拥堵对于系统绩效的影响，除了在使用绕路拓扑结构的单层智能机器人分拣系统中。

接下来，本研究用捕获机器人占用控制点的相同方式来评估机器人拥堵对系统绩效指标的影响，并且使用一个交通流公式来计算使用绕路拓扑结构的单层系统中机器人的有效行走速度。需要说明的是，本研究忽略 k 级水平的拥堵。

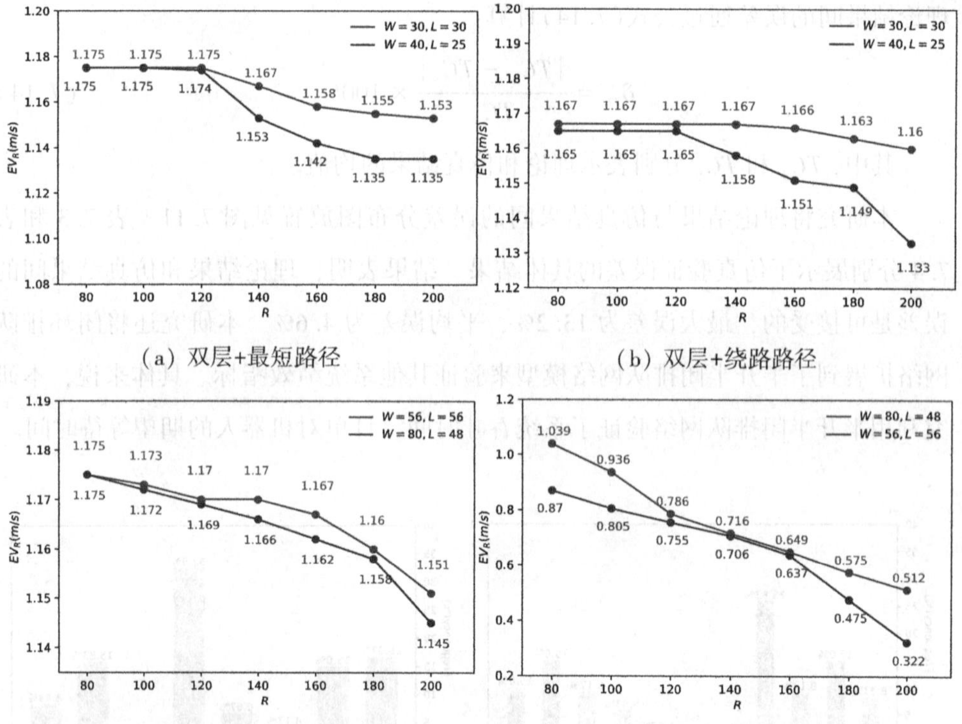

(a) 双层+最短路径　(b) 双层+绕路路径

(c) 单层+最短路径　(d) 单层+绕路路径

图 7.10　智能机器人分拣系统中机器人的有效行走速度

7.4.2　理论分析模型的仿真验证

本研究使用上述章节中阐述的 42 个系统方案来验证理论绩效评估模型的准确性和有效性。仿真模型根据 AGV 网络导航器来生成机器人的行走路线，它根据机器人的行走起始点和目的地来动态生成路线。为避免机器人拥堵和死锁，机器人可能会转多次方向来进行拥堵避让，这不仅会增加机器人的转向时间，同时也会降低机器人的有效行走速度。

对于每一种系统方案，仿真模型运行 30 次重复过程，每个过程有 12 小时预热时间和 100 小时的运行时间。这将产生 95%的置信水平下，置信区间半长小于均值的 2%的统计结果。本研究收集四类系统绩效指标，包括：吞吐能力 TC，机器人行走距离，机器人空载行走距离和机器人负载行走距离的比例。仿真结果与理论结果间的误差通过公式(7.14)计算。

$$\delta_{TC} = \frac{|TC_A - TC_S|}{TC_S} \times 100\% \qquad (7.14)$$

其中，TC_A 和 TC_S 分别表示理论和仿真结果的均值。

本研究将理论结果与仿真结果间的误差分布图放置见图 7.11。表 7.3 和表 7.4 分别展示了仿真验证误差的具体结果。结果表明，理论结果和仿真结果间的误差是可接受的，最大误差为 13.2%，平均误差为 4.6%。本研究还将闭环排队网络扩展到了半开半闭排队网络模型来验证其他系统绩效指标。具体来说，本研究利用半开半闭排队网络验证了系统吞吐时间，订单对机器人的期望等待时间。

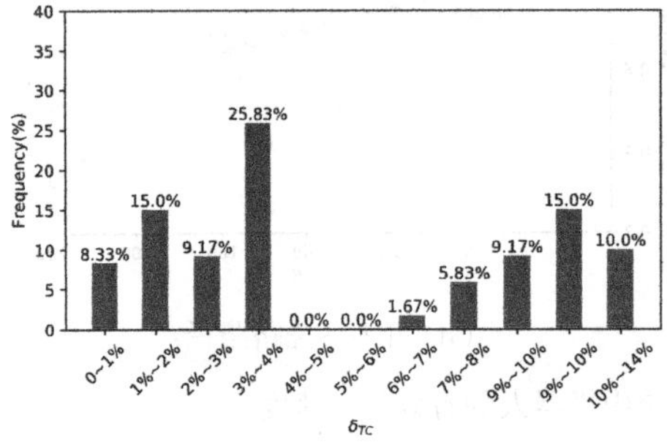

(a) 双层+最短路径

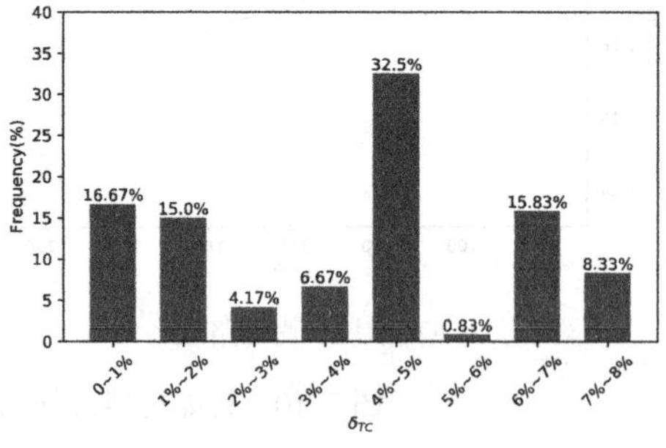

(b) 双层+绕路路径

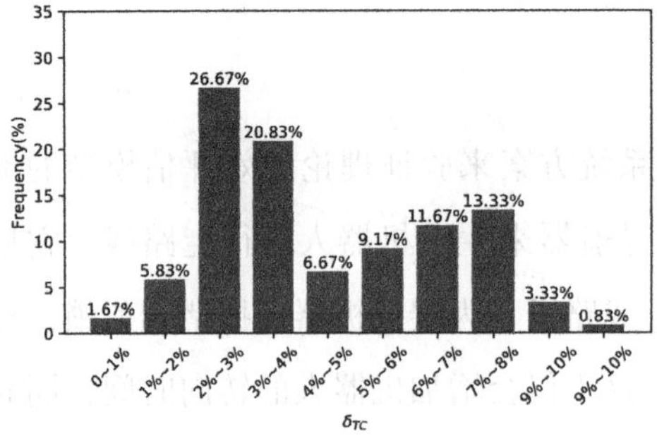

(c) 单层+最短路径

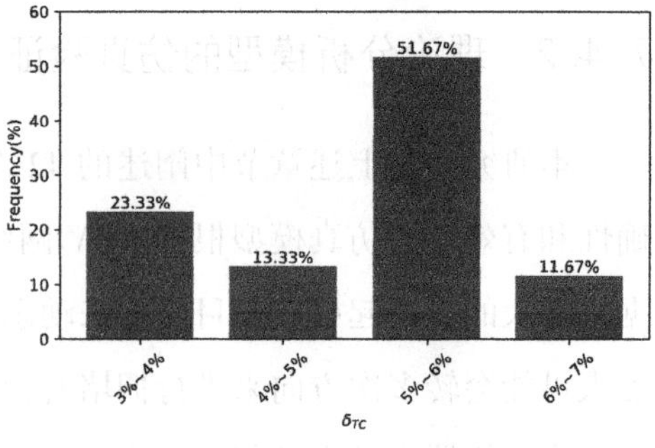

(d) 单层+绕路路径

图 7.11　智能机器人分拣系统的仿真验证结果

表 7.3 双层系统的仿真验证结果

Topology path	Shortest path topology						Detour path topology					
$W \times L$	40×25			30×30			40×25			30×30		
Assignment rule	TC_A(h)	TC_S(h)	δ_{TC}(%)	TC_A(h)	TC_S(h)	δ_{TC}(%)	TC_A(h)	TC_S(h)	δ_{TC}(%)	TC_A(h)	TC_S(h)	δ_{TC}(%)
Random												
$R=80$	1903.9	2041.7	6.8	2023.6	1900.4	6.5	2510.5	2712.8	7.5	2672.7	2672.6	0.0
$R=100$	2385.9	2445.0	2.4	2535.8	2632.3	3.7	3145.0	3296.9	4.6	3347.9	3390.6	1.3
$R=120$	2867.8	2779.8	3.2	3048.1	3098.8	1.6	3778.8	3746.6	0.9	4022.5	3899.6	3.2
Closest												
$R=80$	2665.5	2728.0	2.3	2826.0	2696.2	4.8	3641.1	3807.0	4.4	3866.4	3626.6	6.6
$R=100$	3340.3	3636.7	8.2	3541.3	3838.4	4.7	4556.7	4780.4	4.7	4838.8	4557.0	6.2
$R=120$	4015	4076.7	1.5	4256.6	4061.6	4.8	5468.1	5722.1	4.4	5807.3	5914.4	1.8

表 7.4　单层系统的仿真验证结果

Topology path	Shortest path topology						Single-ring path topology					
$W\times L$	80×48			56×56			80×48			56×56		
Assignment rule	TC_A(h)	TC_S(h)	δ_{TC}(%)	TC_A(h)	TC_S(h)	δ_{TC}(%)	TC_A(h)	TC_S(h)	δ_{TC}(%)	TC_A(h)	TC_S(h)	δ_{TC}(%)
Random												
$R=80$	1411.9	1522.9	7.3	1391.1	1487.5	6.5	—	—	—	—	—	—
$R=100$	1817.6	1871.1	2.9	1543.3	1589.0	2.9	—	—	—	—	—	—
$R=120$	2219.4	2158.6	2.8	1806.7	1949.1	7.9	—	—	—	—	—	—
Closest												
$R=80$	2397.9	2345.6	2.2	2370.5	2220.9	6.7	1176.8	1133.5	3.8	1066.0	1009.1	5.6
$R=100$	2976.6	2911.5	2.2	2643.5	2731.4	3.2	1365.7	1420.7	3.9	1171.5	1111.3	5.4
$R=120$	3394.5	3593.9	5.5	3023.4	3126.8	3.3	1593.7	1695.2	6.0	1304.4	1379.8	5.5

7.4.3　真实案例验证理论模型

本章节利用中国上海德邦物流配送中心的真实案例来验证本研究构建的理论模型和仿真模型的准确性与有效性。该系统的布局在图 7.12 中。该系统使用6个

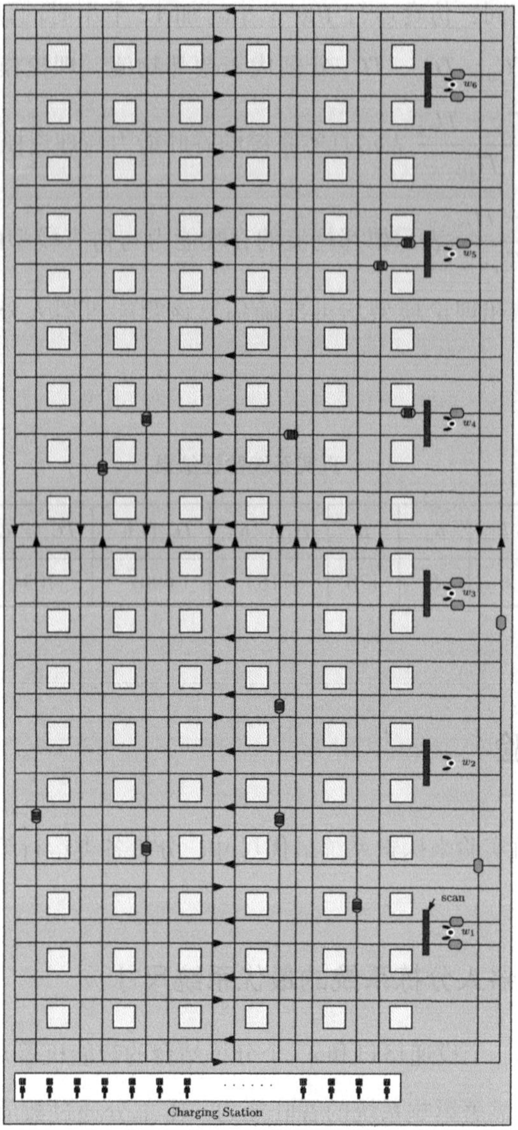

图 7.12　德邦物流智能机器人分拣系统布局图

分拣站台和 108 分拣格口，分拣格口按照 $W \times L = 18 \times 6$ 的结构进行布局。每个巷道和横向巷道都拥有至少两个行走路线来使机器人可以按照最短路线进行行走。系统将最大需求分配在离分拣格口最远的格口中来避免拥堵。此外，该系统还将机器人指派到最快的分拣站台。本研究通过机器人到分拣站台的路径概率来近似机器人到分拣站台的到达过程。本研究使用该真实系统的峰值需求数据，仿真和前文的仿真模型相同，仿真运行 100 个小时加 12 个小时的预热。表 7.5 展示了验证结果，其中 TC_D，TC_A，TC_S 分别代表德邦物流、理论模型和仿真模型的结果，$\delta_D^A = 100\% \cdot \dfrac{TC_D - TC_A}{TC_D}$ 表示真实系统的吞吐能力与理论模型吞吐能力的误差，$\delta_D^S = 100\% \cdot \dfrac{TC_D - TC_S}{TC_D}$ 表示德邦物流的吞吐能力与仿真模型的吞吐能力的误差。结果表明仿真模型和理论模型均可准确估算该智能机器人分拣系统的系统绩效指标。

表 7.5　**真实系统验证结果**

Layout	W	L	n_{ls}	R	TC_D(/h)	TC_A(/h)	TC_S(/h)	δ_D^A	δ_D^S
Two-tier	18	6	6	170	7163	6907	7054	3.4%	1.5%

7.5 数值实验

本章使用数值实验来探索系统最优尺寸、分析各类运行策略，并最小化系统运行成本。

7.5.1 智能机器人分拣系统的最优系统尺寸

在一个拥有 N_{dp} 个投递格口和 n_{ls} 个分拣站台的智能机器人分拣系统中，系统尺寸 W，L 可能会显著影响系统的吞吐能力。本部分通过数值实验的方式来探究系统尺寸对于单层和双层智能机器人系统的影响，并寻找可以最大化系统吞吐能力的系统最优尺寸。本部分通过变化系统投递格口数量 N_{dp}、分拣站台数量 n_{ls}、机器人数量 R 和机器人的速度参数 v_m，a 来考虑多种系统方案。具体细节见表7.6。系统分拣站台被均匀分布在系统周边。总的来说，本部分有240个系统方案要考虑。对每种系统方案，本部分将充分考虑双层、单层智能机器人分拣系统，随机、指定、最近机器人到分拣站台的指派策略。为探究系统最优尺寸，本部分将系统宽度 W 从 $0.15N_{dp}$ 按照步长1变化到 $0.45N_{dp}$。系统最优尺寸的统计结果展示在表7.7中。

表7.6 **系统最优尺寸探究的系统方案**

N_{dp}	n_{ls}	R	v_m(m/s), a(m/s^2)	W
200	8,12,16,20	50,70,90,110	(3,1.5),(2,1),(1,0.5)	5~50
400	12,16,20,24	80,100,120,140	(3,1.5),(2,1),(1,0.5)	10~100
600	16,20,24,28	110,130,150,170	(3,1.5),(2,1),(1,0.5)	15~150
800	20,24,28,32	140,160,180,200	(3,1.5),(2,1),(1,0.5)	20~200
1,000	24,28,32,36	170,190,210,230	(3,1.5),(2,1),(1,0.5)	25~250

表7.7 **智能机器人分拣系统的最优尺寸**

System layout	Topology path	Assignment rule	$r^*=\frac{W}{L}$	$(\underline{r}^*,\bar{r}^*)$ $(\alpha=0.05)$
Two-tier	Shortest path	Random	1.05	(0.91,1.18)
		Closest	1.09	(0.91,1.26)
		Dedicated	1.07	(0.95,1.20)
	Detour path	Random	0.85	(0.77,0.94)
		Closest	0.84	(0.79,0.88)
		Dedicated	0.82	(0.79,0.88)
Single-tier	Shortest path	Random	1.07	(0.95,1.20)
		Closest	1.09	(0.95,1.04)
		Dedicated	0.94	(0.73,1.27)
	Single-ring	Random	1.13	(0.85,1.30)

基于该结果，有如下发现：

(1)对于使用最短路径拓扑结构的单层和双层智能机器人分拣系统来说，正方形布局结构可能是最优尺寸选择。对于使用绕路拓扑结构的双层系统而言，最优系统长宽比是 $\frac{L^*}{W^*}=1.25$。以上结果的置信水平是 $\alpha=0.05$。

(2)尽管本部分可以找到最优长宽比 r^*，但是结果表明系统吞吐能力 *TC* 只会小幅波动当系统长宽比靠近该最优值时。这意味着当智能机器人分拣系统采用了一个接近该最优长宽比的系统结构时，其绩效指标不会差的太远。

(3)系统最优尺寸对于机器人数量 *R* 和分拣站台数量 n_{ls} 并不敏感，但是会受到分拣站台分布和机器人到分拣站台指派策略的显著影响。

7.5.2　智能机器人分拣系统的运行策略分析

在德邦物流的智能机器人分拣系统中，最重要的运行策略和决策之一就是机器人到分拣站台的指派策略。在峰值需求阶段，大约会有 150 个机器人被同时使用，然而，在非峰值阶段，却只有 80 个机器人会被使用。因此，本部分将通过数值实验的方式对影响系统绩效的几种重要运行策略进行探讨，包括机器人到分拣站台的指派策略和机器人的路线拓扑结构。

本部分首先比较了随机、指定、最近和基于排队队列的指派策略的绩效指标。在指定指派策略下，本部分将机器人指派到各分区的指定分拣站台中去。基于排队队长的机器人到分拣站台的指派策略无法通过闭环排队网络进行计算绩效，取而代之，只能通过仿真来代替。对于双层智能机器人分拣系统而言，本部分考虑了拥有 $W=20$，$L=20$，$n_{ls}^n=3$，$n_{ls}^w=3$ 的系统方案。绕路拓扑结构和最短路拓扑结构都将被考虑到。本部分将对系统机器人数量从 0 按照 10 的步长变化到 250。对于单层系统而言，本部分只考虑最短路拓扑结构，系统方式是 $W=50$，$L=50$，$n_{ls}^n=3$，$n_{ls}^w=3$。机器人数量从 0 以步长 10 变化到 150。图 7.13 中展示了系统吞吐能力与机器人数量的关系。

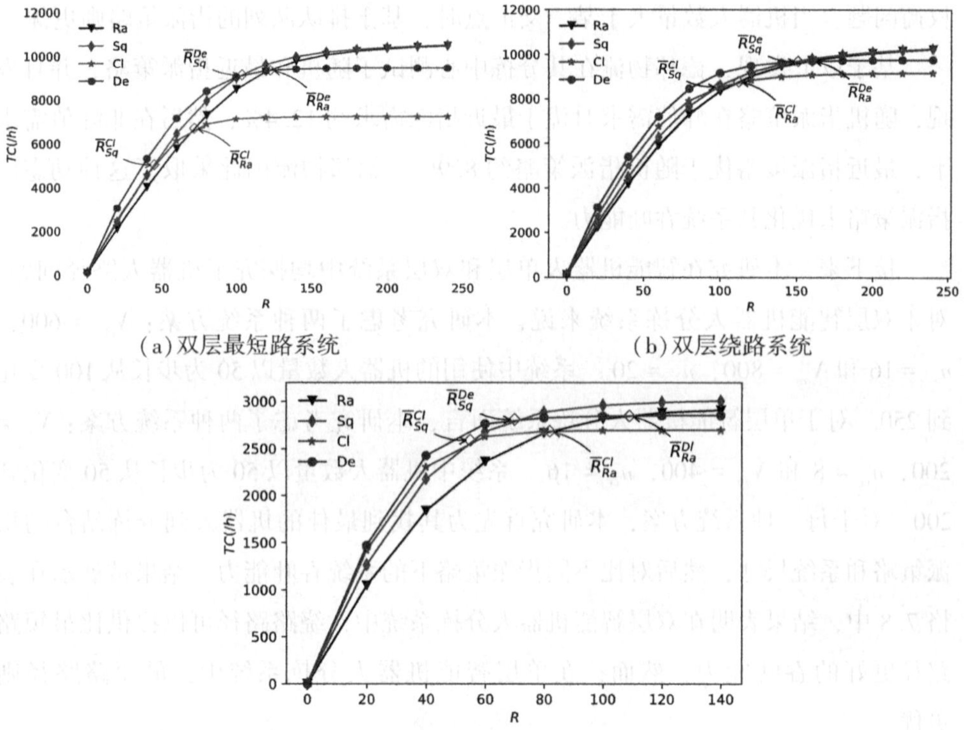

(a) 双层最短路系统　　(b) 双层绕路系统

(c) 单层最短路系统

图 7.13　智能机器人分拣系统中指派策略的绩效对比

基于该对比结果，本研究有如下发现：

(1) 当系统使用的机器人数量较小时，指定指派策略在所有系统方案中都由于其他指派策略。然后，当系统机器人数量较多时，随机指派策略和基于排队队列的指派策略则更优，但差距很小。最近指派策略对于机器人数量较多的情况并不占优。

(2) 在随机指派策略和最近指派策略之间存在着交汇点 R_{Ra}^{Cl}，当系统中使用的机器人数量 $R \leqslant R_{Ra}^{Cl}$ 时，最近指派策略则优于随机指派策略；反之，随机指派策略更优。这可以解释为最近指派策略虽然可以减少机器人的行走距离，但是容易导致机器人到比较拥堵的分拣站台进行排队，从而进一步增加机器人在分拣站台的等待时间。

(3) 在基于排队队列的指派策略和最近指派策略之间，同样可以找到相似的权衡问题。当机器人数量大于某一交汇点时，基于排队队列的指派策略则更优。

基于以上发现，德邦物流在其分拣中心测试了随机和最近指派策略，并且发现，随机指派策略在峰值需求时优于最近指派需求约 12.4%，然后在非峰值需求下，最近指派策略优于随机指派策略约 8.9%。德邦物流因此采取了这种动态的指派策略来优化其系统吞吐能力。

接下来，本研究在智能机器人单层和双层系统中均探究了机器人路径问题。对于双层智能机器人分拣系统来说，本研究考虑了两种系统方案：$N_{dp}=600$，$n_{ls}=16$ 和 $N_{dp}=800$，$n_{ls}=20$。系统中使用的机器人数量以 50 为步长从 100 变化到 250。对于单层智能机器人分拣系统而言，本研究考虑了两种系统方案：$N_{dp}=200$，$n_{ls}=8$ 和 $N_{dp}=400$，$n_{ls}=16$。系统中机器人数量以 50 为步长从 50 变化到 200。对于每一种系统方案，本研究首先为其找到最佳的机器人到分拣站台的指派策略和系统尺寸，然后对比不同指派策略下的系统吞吐能力。结果被展示在表格 7.8 中，结果表明在双层智能机器人分拣系统中，绕路路径可以提供比最短路路径更好的吞吐能力，然而，在单层智能机器人分拣系统中，最短路路径则更优。

表 7.8　**最短路拓扑结构和绕路拓扑结构的吞吐能力对比**

Layout	N_{dp}	n_{ls}	R	Shortest path topology				Detour path topology			
				W^*	L^*	AR	TC(/h)	W^*	L^*	AR	TC(/h)
Two-tier	600	16	100	25	24	Dedicated	8623	23	26	Dedicated	8945
			150	25	24	Dedicated	10113	23	26	Dedicated	10869
			200	25	24	Dedicated	11764	23	26	Dedicated	11835
			250	25	24	Random	12635	23	26	Dedicated	12675
	800	20	100	30	27	Dedicated	8609	26	31	Dedicated	8880
			150	30	27	Dedicated	10870	26	31	Dedicated	11534
			200	30	27	Dedicated	12443	26	31	Dedicated	12690
			250	30	27	Dedicated	14185	26	31	Dedicated	14338

续表

Layout	N_{dp}	n_{ls}	R	Shortest path topology				Detour path topology			
				W^*	L^*	AR	$TC(/h)$	W^*	L^*	AR	$TC(/h)$
Single-tier	200	8	50	50	50	Random	2338	53	47	Random	1278
			100	50	50	Random	2776	53	47	Random	1763
			150	50	50	Random	2907	53	47	Random	1841
			200	50	50	Random	2950	53	47	Random	1690
	400	16	50	100	100	Dedicated	2520	105	95	Random	851
			100	100	100	Dedicated	3892	105	95	Random	1397
			150	100	100	Random	4552	105	95	Random	1728
			200	100	100	Random	4827	105	95	Random	1906

7.5.3 订单到达率的敏感度分析

本部分考虑峰值期间和非峰值期间，订单到达率对系统吞吐能力影响的敏感度分析。本部分旨在分析订单到达率对系统所需最少机器人数量和最优机器人到分拣站台指派策略的影响。系统方案和 7.5.2 节相同，即双层系统中 $W=L=20$，$n_{ls}^{n}=n_{ls}^{w}=3$ 和 $R=150$ 个机器人，在单层系统中 $W=L=50$，$n_{ls}^{n}=n_{ls}^{w}=3$ 和 $R=100$ 个机器人。对于每一种布局，本部分首先用三个均匀分布产生各分拣格口的需求量 $\lambda_{x,y}$（每小时），分别对应于低需求，中等需求和高需求。具体参数如表 7.9 所示，本部分按照如下方法获得系统所需的最少机器人数量和最优机器人到分拣站台的指派策略：对于一个给定的最低吞吐能力 TC_{min}，首先通过不断增加机器人数量来获取随机、最近和指定指派策略下的最少所需机器人数量，知道 $TC \geqslant TC_{min}$。然后，本部分选择可以提供最大吞吐能力的指派策略。本研究构建的闭环排队网络适合该作业，因为它可以快速的获取系统的最大吞吐能力。此外，闭环排队网络还可以以一个相反的方式进行作业：为获取需求的吞吐能力，可以搜索所需的资源数量、运行策略和系统布局方案。

结果表明系统分拣订单的到达率会显著影响系统所需的机器人数量。并且，机器人到分拣站台的指派策略非常显著的依赖与系统所需的最小吞吐能力和订单到达率。

表 7.9　　智能机器人分拣系统中订单到达率的敏感度分析

$\lambda_{x,y}$	Two-tier with shortest path			Two-tier with shortest path			Sing-tiers with shortest path		
	$U[5,25]$	$U[10,30]$	$U[15,35]$	$U[8,30]$	$U[15,35]$	$U[20,40]$	$U[5,15]$	$U[7,17]$	$U[9,19]$
$\underline{R}$	48	72	145	51	92	142	34	48	96
AR	Dedicated	Dedicated	Random	Dedicated	Dedicated	Dedicated	Dedicated	Dedicated	Dedicated

7.5.4　智能机器人分拣系统的成本优化分析

本小节以成本优化为目标，在系统满足吞吐能力约束 $TC \geqslant TC_{min}$ 的基础上探究最短路路径和绕路路径的最优成本。

首先，系统所需的目的地数量 N_{dp} 和订单到达率 $\lambda_{x,y}$ 是给定的。系统吞吐能力必须满足给定要求 $TC \geqslant TC_{min} = \sum\sum\lambda_{x,y}$，并且系统分拣站台的最少数量为 $\left\lceil\frac{TC_{min}}{\mu_{ls}}\right\rceil$。目标函数是使系统的年均投入成本最低，包含系统的机器人成本，分拣站台成本和地面成本。具体来说，本部分考虑如下成本优化模型。

$$\min C(W,\ L,\ R,\ AR,\ n_{ls}) = C_R \cdot R + C_{ls} \cdot n_{ls} + C_{FS} \cdot W \cdot L \cdot (w_{dp} + w_{aisle})^2$$

$$\text{s.t.}\begin{cases} N_{dp}^{TT} \leqslant W \cdot L \\ N_{dp}^{ST} \leqslant 2 \cdot (W + L) \\ TC \geqslant TC_{min} \\ n_{ls} \geqslant \left\lceil \dfrac{TC_{min}}{\mu_{ls}} \right\rceil \\ W \leqslant \overline{W},\ L \leqslant \overline{L} \\ N_{dp},\ w_{aisle},\ w_{dp} aregiven \end{cases}$$

其中 C_R 是机器人的年均投入成本，C_w 是分拣站台的年均投入成本，C_{FS} 是地面面积的年均成本，第一个和第二个约束保证系统所需的分拣格口的数量满足要求，第三个约束保证系统吞吐能力满足要求 $TC \geqslant TC_{min}$，第四个约束保证系统的分拣站台数量满足要求，第五个约束保证系统的尺寸满足有要求，决策变量包括系统尺寸 W, L，机器人数量 R，分拣站台数量 n_{ls} 和机器人到分拣站台的指派策略。

举例来说，本部分考虑了分拣格口数量为 $N_{dp}=400$ 的双层智能机器人分拣系统和分拣格口数量为 $N_{dp}=200$ 的单层智能机器人分拣系统。并且，本部分还将和一个传统的传送带分拣系统进行成本对比。考虑到地面面积成本的变化，本部分将单位面积的地面面积的成本以 150 为步长从 350 欧元变化到 800 欧元，分摊到 30 年的使用周期。机器人和分拣站台的成本分别为 20000 欧元和 10000 欧元，分摊到 10 年的使用周期。本部分考虑通货膨胀率 $IR=0.5\%$。然后，机器人、分拣站台和地面面积的年均成本用公式(7.15)进行计算。

$$C_R = \sum \frac{20000\,(1+IR)^{t-1}}{10},$$

$$C_{ls} = \sum \frac{10000\,(1+IR)^{t-1}}{10},$$

$$C_{FS} = \sum \frac{P_{FS}\,(1+IR)^{t-1}}{30} \tag{7.15}$$

图 7.14 展示了双层智能机器人分拣系统的结果。基于该结果，有如下发现：

(1)最短路路径和绕路路径之间存在一个成本的关键点 TC_{SP}^{DP}，当系统要求的吞吐能力 $TC_{min} \leqslant TC_{SP}^{DP}$ 时，绕路路径在系统运行成本方面优于最短路路径；反之，则最短路路径优化绕路路径方案。这可以解释为绕路路径的地面面积节约占据了主要因素当 $TC_{min} \leqslant TC_{SP}^{DP}$ 时，反之，则机器人投入成本上的节约则占据了主要地位，当 $TC_{min} \geqslant TC_{SP}^{DP}$ 时。

(2)随着地面面积成本 P_{FS} 的递增，TC_{SP}^{DP} 也变得越来越大，这表明随着地面面积成本的递增，绕路路径的优势也将变得明显。

(3)对于智能机器人分拣系统和交叉带分拣系统，也可以找到一个权衡点 TC_{SP}^{CBS} 对于最短路路径拓扑结构，TC_{DP}^{CBS} 对于绕路路径拓扑结构。当 $TC_{min} \leqslant TC_{SP}^{CBS}$ 时，交叉带分拣系统的运行成本高于最短路路径拓扑结构；相同的，当 $TC_{min} \leqslant$

TC_{DP}^{CBS} 时，交叉带分拣系统的运行成本高于绕路路径拓扑结构；反之，则交叉带分拣系统更便宜。这可以通过如下方式解释：当系统要求吞吐能力较低时，智能机器人在机器人方面的投入较低，因此具有显著的成本优势；反之，则交叉带分拣系统的成本优势更明显。

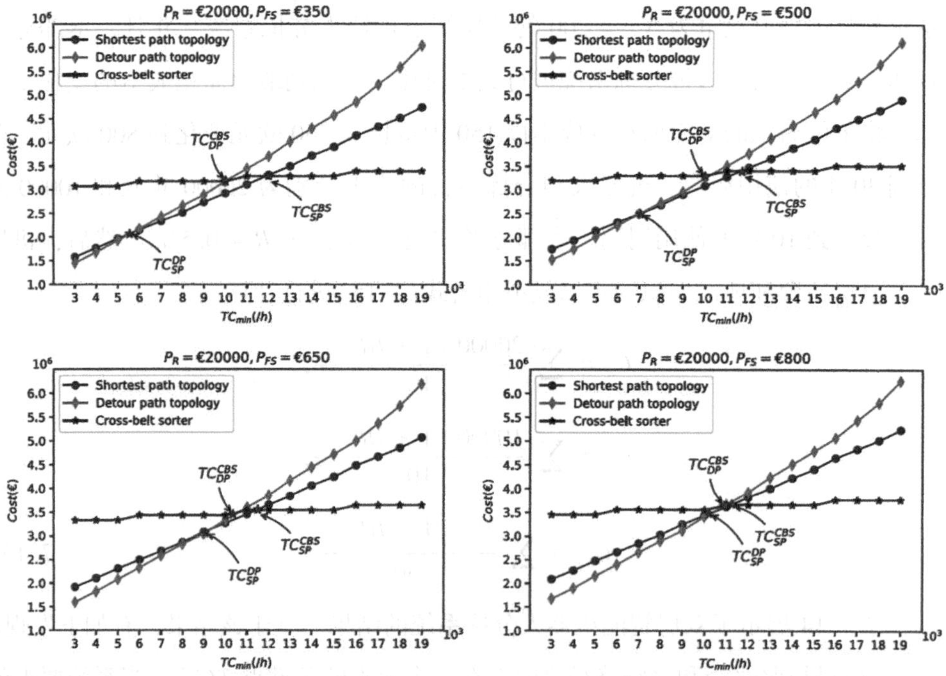

图 7.14　双层智能机器人分拣系统和交叉带分拣系统的成本优化结果

单程智能机器人分拣系统和交叉带分拣系统的对比结果展示在图 7.15 中，基于该结果，有如下分析：

(1)在运行成本方面，最短路路径拓扑结构一致由于绕路路径拓扑结构。绕路路径拓扑结构拥有比最短路路径拓扑结构低很多的最大吞吐能力。

(2)在智能机器人分拣系统和交叉带分拣系统之间也存在一个权衡点。当系统要求的吞吐能力低于该权衡点时，智能机器人分拣系统的运行成本更低；反之，则交叉带分拣系统的运行成本更低。

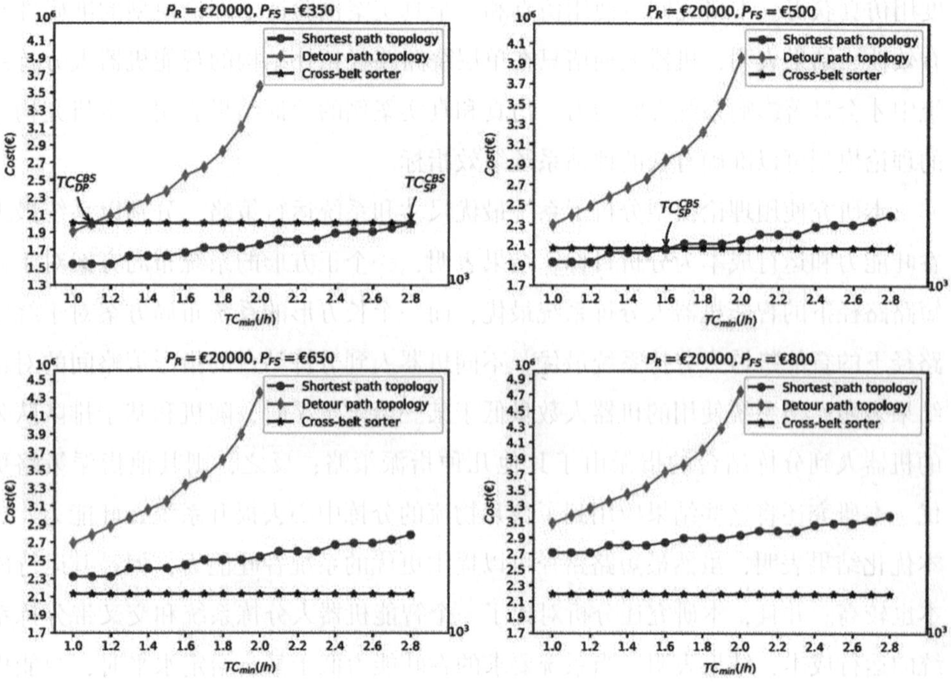

图 7.15　单层智能机器人分拣系统和交叉带分拣系统的成本优化结果

7.6　本章小结

本研究考虑了一种新型的智能机器人分拣系统。在该系统中，机器人在一个平台上将包裹从位于平台周边的包裹运输至系统中间部位进行投递，包裹通过位于中心的投递格口到达位于底层的包裹收集容器中。本研究聚焦于系统绩效评估和运行策略分析，并在该研究过程中考虑了机器人拥堵的影响。本研究考虑了单层和双层智能机器人分拣系统。对于每一种布局方案，均考虑了最短路路径拓扑结构和绕路路径拓扑结构，并且考虑了随机、最近、指定和基于排队队列的机器人到分拣站台的指派策略。本研究构建了一个闭环排队网络模型进行系统最大吞吐能力的估算，并考虑了不同组合的布局和机器人路径拓扑结构。此外，本研究还设计了一个基于迭代过程的算法来近似估算机器人拥堵的影响，在单层智能机器人分拣系统中用一个交通流公式估算了机器人拥堵的影响，其中，最大交通密度用仿真获得。本研究同时使用仿真和一个真实案例验证了理论模型的准确性和有效性。结果表明，机器人拥堵只在单层绕路路径拓扑结构的智能机器人分拣系统中才会显著影响系统吞吐能力。仿真和真实案例的验证结果表明，本研究构建的理论模型可以准确有效的评估系统绩效指标。

本研究使用理论模型分析了系统最优尺寸和系统运行策略，分别以系统最大吞吐能力和运行成本为分析目标。结果表明，一个正方形的系统布局方案对于最短路路径下的智能机器人分拣系统最优，而一个长方形的系统布局方案对于绕路路径下的智能机器人分拣系统最优。不同机器人到分拣站台的指派策略间的对比结果表明，当系统使用的机器人数量低于某一给定水平时，随机和基于排队队列的机器人到分拣站台的指派由于其他几种指派策略；反之，则其他指派策略更优。本研究还将这些结果应用到了德邦物流的分拣中心去提升系统吞吐能力。成本优化结果表明，虽然最短路路径可以提供更优的系统吞吐能力，但是其运行成本也较高。并且，本研究还分析对比了一个智能机器人分拣系统和交叉带分拣系统的运行成本，结果表明，当系统要求的吞吐能力低于某一给定水平时，智能机器人分拣系统的运行成本较低，反之，则交叉带分拣系统的运行成本较低。

第8章 智能无人机配送系统的指派策略与能源恢复策略研究

8.1 智能无人机配送系统简介

使用无人机配送包裹是电商公司和物流公司近年来提出的新的终端交付模式。亚马逊在2013年推出了Prime Air无人机配送服务，随后谷歌、联邦快递、阿里巴巴等各大电商巨头也都在其配送服务中心构建了无人机配送系统。无人机比传统的送货卡车速度更快、行驶路线更灵活，同时可以减缓城市道路交通的阻塞压力。在无人机配送系统中，无人机在仓库装载目标包裹或货物，飞行到指定目的地交付包裹，完成交付后返回仓库。该系统所要求的人力资源少，并且可以通过智能控制系统实现完全地自动化运行。此外，该系统可以通过增加或减少无人机的数量，轻松地根据需求调整系统吞吐量，从而节省运营成本。另一方面，无人机配送系统的构建需要较高的投资成本，该系统的应用也需要一个复杂的控制系统来保障无人机安全、稳定的运行。因此在使用无人机配送系统之前，必须充分了解其系统性能。无人机配送系统的吞吐能力和运营成本可能受到多种因素的影响，包括无人机的数量、无人机到仓库的分配策略、指派策略、电量管理策略等。由此，无人机配送系统需要一个高效、准确的性能评估工具来进行系统设计和运行策略分析。

本章研究一个多仓库无人机配送系统，该系统使用若干架无人机为某个区域提供终端配送服务，多个仓库均匀地分布在该区域中，无人机将货物从这多个仓库运送到客户提供的目的地。本章考虑无人机共享的（shared）分配策略和无人机指定的（dedicated）分配策略。在共享分配策略下，所有无人机由所有仓库共享；而在指定分配策略下，每个仓库拥有各自的无人机且数量不变。此外，在共享分配策略下，本章还考虑了无人机完成货物交付后回到仓库的指派策略，即最近的（closest）指派策略：无人机完成货物交付后回到距离最近的仓库；随机的（random）指派策略：无人机完成货物交付后随机的选址一个仓库飞回。本章还定义了一个启发式的（heuristic）指派策略，通过一个以提高系统性能为目标的启发式算法来优化无人机回仓库的策略。无人机回到仓库后的电量管理策略也可能会显著影响多仓库无人机交付系统的吞吐能力和运营成本，这是本章研究的另一个问题，本章从系统吞吐量容量和运营成本两方面来研究直接充电（plug-in charge）策略和电池交换（battery swap）策略。图 8.1 总结了本章考虑的研究场景。本章的研究内容旨在回答以下问题：

(1)如何为多仓库无人机配送系统构建性能评估模型?

(2)哪种无人机到仓库的分配策略和指派策略可以提供更好的系统吞吐能力?

(3)哪种电量管理策略在系统吞吐量容量和运营成本方面性能更好?

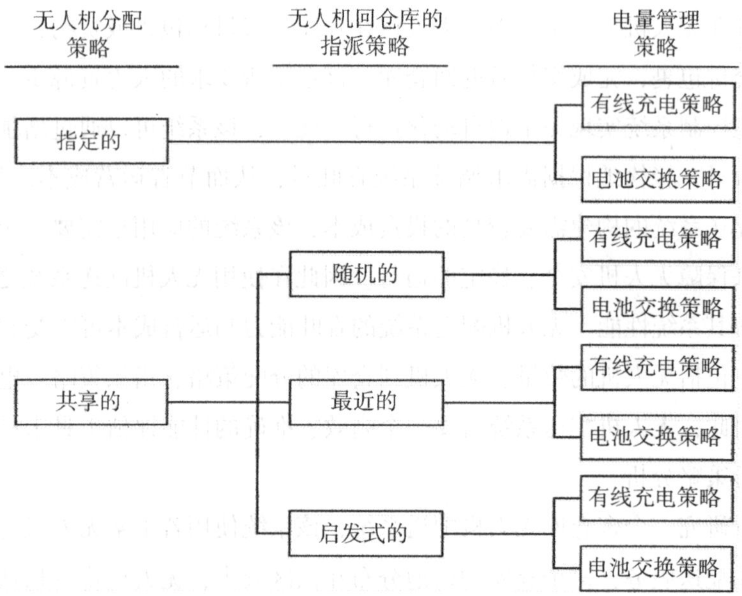

图 8.1　本章研究结构

为研究上述问题，本章通过构建多个闭形排队网络模型（CQN）来刻画采用指定的无人机分配策略下的每个仓库，并将采用共享的无人机分配策略下的所有仓库构建成一个 CQN。在本章所构建的 CQN 中，无人机电池充电过程被设计为一个具有多服务器的服务点，而电池交换的过程通过一个嵌套的半开半闭的排队网络（SOQN）来表示。在共享的无人机分配策略下，本章通过无人机到仓库的访问概率来体现无人机完成配送后回仓库的指派策略，同时还设计了一个基于电量恢复时间的启发是算法来优化指派策略从而提高系统效率。本章以系统的吞吐量作为系统绩效的衡量指标，并分析上述运行策略，此外还构建了成本最小化模型，在保证系统达到一定吞吐量的同时，根据系统成本来优化系统运行策略和系统配置。

本章通过仿真的方法验证了所提出的分析模型，证实了本研究中提出的分析模型能够准确、有效地估计无人机配送系统的绩效。最后通过数值实验，从最大吞吐能力和运营成本的角度分析了系统运行策略。研究结果表明，在共享的无人机分配策略下，当系统中使用的无人机数量小于某个临界点时，最近的指派策略在系统最大吞吐量方面优于随机的分配策略；否则，随机的指派策略更好。本章设计的启发式算法可以将系统的最大吞吐量提高约 13.31%。电池交换策略比有线充电策略更有利于系统的吞吐能力，但需要加大对换用电池的投资。共享的无人机分配策略下的系统吞吐量比指定的分配策略下的大，并且可以降低约 30.70%的运营成本。

目前，许多关于无人机配送的研究文献都集中在路径优化方面，很难找到研究无人机配送系统的性能评估和运行策略分析的文章，基于此，本研究从系统的层面出发，通过为多仓库无人机配送系统构建准确有效的绩效评估模型，同时考虑系统的吞吐能力和运营成本两方面问题，探究了无人机的分配策略、无人机回仓库的指派策略以及电量管理策略。本章是对无人机的一种新应用的探究，即使用无人机提供送货上门服务。本章研究的系统可应用于电商物流体系中，并且本研究的成果可以为电子商务公司构建最低投资和运行成本的高效无人机配送系统提供设计相关的决策支持。

8.2　系统运行策略、假设与符号说明

8.2.1　系统运行策略

本章研究了一个多仓库无人机配送系统，该系统在所服务的区域内包含 m 个仓库、n 个订单到达率为 λ_j，$j = 1, 2, \cdots, n$ 的配送点，使用 N_D 架无人机进行包裹配送。无人机在仓库中完成包裹的装载，然后飞往指定的目标位置并释放包裹，再根据系统所采用的无人机分配策略和指派策略返回指定的仓库。在指定的无人机分配策略下，每个仓库拥有各自指定的无人机，因此无人机完成配送后返回各自所属的仓库(装载包裹的仓库)。在共享的无人机分配策略下，无人机可以返回任何仓库，具体取决于采用的无人机回仓库的指派策略。在随机的指派策略下，无人机回到仓库 w_i 的概率为 $p^r_{w_i} = 1m$，$i = 1, 2, \cdots, m$。在最近的指派策略下，无人机回到仓库 w_i 的概率为 $p^c_{w_i} = \sum_{k \in C_{w_i}} \lambda_k \sum_{j=1}^{n} \lambda_j$，其中 C_{w_i} 是最近的仓库为 w_i 的配送点的集合。此外，本研究还定义了一个启发式的指派策略，通过本研究中设计的一个基于无人机电量恢复时间的启发式算法来优化的无人机回仓库的概率。

本研究考虑一架充满电的无人机可以执行距离约 10 公里的多次配送任务，最大速度为 80 千米/小时。电量管理策略决定了电量耗尽的电池恢复时间和系统中可使用的无人机的数量，这些都会很大程度地影响系统性能和运营成本。本章探究了两种电量管理策略，即直接使用插入式充电器直接充电的策略和将耗尽的电池与充满电的电池交换(如果有空闲的充满点的电池)的电池交换策略。从系统绩效和运营成本的角度入手，研究多仓库无人机配送系统中的运行策略问题。

8.2.2　假设与符号说明

本研究将通过构建 CQN 模型来评估系统绩效，利用该模型可以分析上述无人机到仓库的分配策略、指派策略和电量管理策略。在构建模型之前本研究提出如下假设：

(1)客户订单到达率 λ_j，$j = 1, 2\cdots, n$ 服从泊松分布。

(2)客户订单到达率足够大，足以使所有无人机处于执行任务状态。

(3)仓库的服务规则都是先到先服务（FCFS）。

(4)为耗尽的电池充电的时间服从均匀分布 $[\underline{t_c}, \overline{t_c}](s)$。

(5)将耗尽的电池与充满电的电池交换的时间 t_s 是恒定的。

本研究使用的主要符号如表 8.1 所示。

表 8.1　主要符号

符号	含　义
m	仓库数量
n	配送点数量
N_D	系统中所有无人机数量
$N_D^{w_i}$	指定的属于仓库 w_i，$i = 1, 2, \cdots, m$ 的无人机数量
$n_c^{w_i}$，$n_b^{w_i}$	仓库 w_i，$i = 1, 2, \cdots, m$ 中的充电器和换用电池的数量
λ_j	第 j 个配送点的客户到达率(每小时)，$j = 1, 2, \cdots, n.$
p_{d_j}	一架无人机飞往配送点 j 的概率，即 $p_{d_j} = \dfrac{\lambda_j}{\sum_{k=1}^{n} \lambda_k}$，$j = 1, 2, \cdots, n.$
$p_{w_i}^r$，$p_{w_i}^c$，$p_{w_i}^h$	随机的、最近的、启发式的指派策略下无人机回仓库 w_i 的概率
$d_{i,j}$	仓库 w_i 与配送点 j 之间的距离(单位：m)
v	无人机的飞行速度(单位：m/s)
t_{lu}	无人机装载/卸载包裹所需时间(单位：s)
t_c	为耗尽的电池充满电所需的时间(单位：s)
t_s	交电池交换所需的时间(单位：s)
TC	系统最大吞吐量

8.3　系统绩效评估模型

本节首先构建闭形排队网络模型，用以评估系统的最大吞吐量。然后，本研究提出了该模型的求解方法，并设计了一种启发式算法，用以优化无人机回仓库的指派策略，从而提高系统绩效。

8.3.1　闭形排队网络模型

本节将采取分享的无人机分配策略下的多仓库无人机配送系统构建为一个 CQN 模型(见图 8.2)，将采取指定的无人机分配策略下的多仓库无人机配送系统构建为包含多个 CQN 的模型(见图 8.3)，并利用这些模型评估系统的最大吞吐能力。CQN 中电池管理服务点 μ_b 的服务过程又分为直冲策略和电池交换策略两种情况(见图 8.4)。

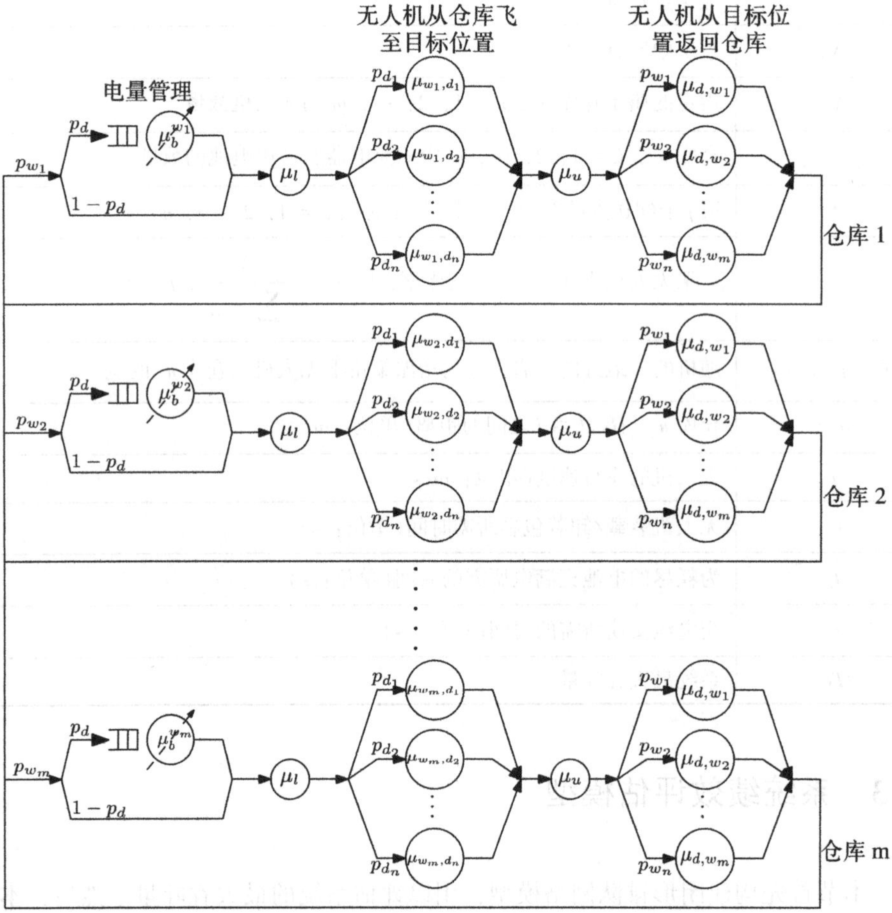

图 8.2　分享的无人机分配策略下的多仓库无人机配送系统的 CQN

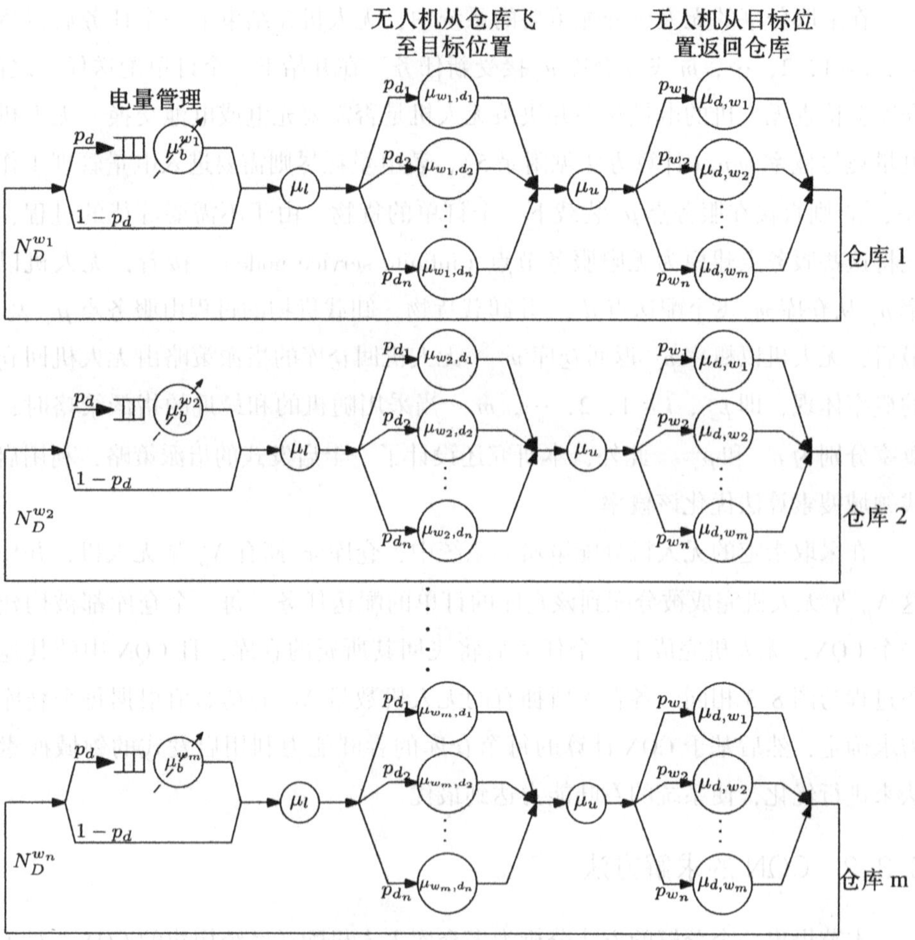

图 8.3 指定的无人机分配策略下的多仓库无人机配送系统的 CQN

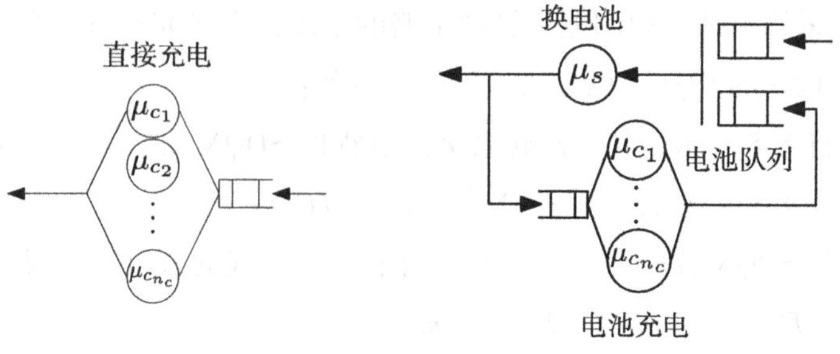

(a)有线充电策略下的电量管理服务点　　(b)电池交换策略的 SOQN

图 8.4 电量管理过程的排队网络模型

在采取分享的无人机分配策略的系统中，无人机在结束上一个任务后以概率 p_{w_i}，$i=1$，2，…，m 飞往仓库 w_i 接受新任务。在开始下一个订单配送任务之前，仓库会检查无人机的电量状态并决策无人机是否需要充电或电池交换。无人机的电量耗尽概率为 p_d（计算方法见附录 5），若电量耗尽则需要进入电量管理工作站 $\mu_b^{w_i}$，否则直接在服务点 μ_l 装载下一个订单的货物。由于不需要等待的过程，因此将这些服务点建模为无限服务节点（infinite service node）。接着，无人机以概率 p_{d_j} 从仓库 w_i 飞至配送点 d_j，并卸载货物，卸载货物的过程由服务点 μ_u 表示。最后，无人机以概率 p_{w_i} 返回仓库 w_i。无人机回仓库的指派策略由无人机回仓库的概率体现，即 p_{w_i}，$i=1$，2，…，m。当采用随机的和最近的指派策略时，该概率分别为 $p_{w_i}^r$ 和 $p_{w_i}^c$。此外，本研究还设计了一个启发式的指派策略，利用启发式领域搜索算法优化该概率。

在采取指定的无人机分配策略的系统中，仓库 w_i 拥有 $N_D^{w_i}$ 架无人机，并使用这 $N_D^{w_i}$ 架无人机完成被分配到该仓库的订单的配送任务。每一个仓库都被构建为一个 CQN，无人机完成上一个任务后将飞回其所属的仓库，且 CQN 中的其他服务过程与图 8.3 相同。各仓库所拥有的无人机数量 $N_D^{w_i}$ 的初始值根据每个仓库的需求确定，然后基于 CQN 计算的每个仓库的吞吐能力利用启发式的领域搜索算法来进行优化，使系统的吞吐能力达到最优。

8.3.2　CQN 的求解方法

本节提出一个分解的方法分析为多仓库无人机配送系统构建的 CQN。对于采用直冲的电量管理策略的系统，本研究通过近似均值（AMVA）方法（Buitenhek et al. 2000）分析系统的最大吞吐量 $TC(N_D)$。

对于采用电池交换的电量管理策略的系统，本研究通过一个分解的方法分析上一节中构建的 CQN，该方法包含如下步骤：

(1)将图 8.4(b) 中代表电池交换过程的 SOQN 缩减为一个包含 k 个客户的 CQN(见图 8.5)，并计算该 CQN 的吞吐量 $TC_{bs}(k)$。

(2)将 SOQN 替换为一个服务时间依赖于负载的服务点，且该服务的的服务速率 $\mu_b^{w_i}=TC_{bs}(k)$，$i=1$，2，…，m。

(3)利用 AMVA 方法(具体步骤见附录 6)求解更新后的 CQN，得到系统的最大吞吐量 $TC(N_D)$。

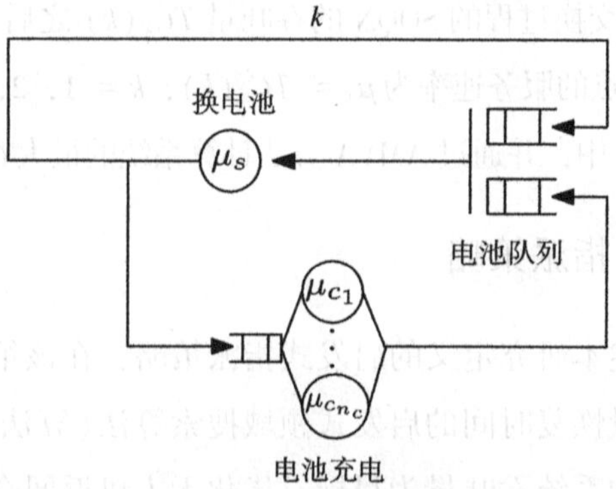

图 8.5　SOQN 缩减后的 CQN

假设电池交换过程的 SOQN 中包括了 k 架无人机，定义该 SOQN 的状态变量为 $(N_s. N_c)$，其中 N_S 为电池交换服务的 μ_s 的无人机数量，N_c 为在电池充电服务点的电池数量。

若排队网络中无人机的数量 k 小于换用电池的数量 n_b，则该 SOQN 的马尔可夫链（Markov chain process）如图 8.6(a)所示，否则，其马尔可夫链如图 8.6(b)所示。

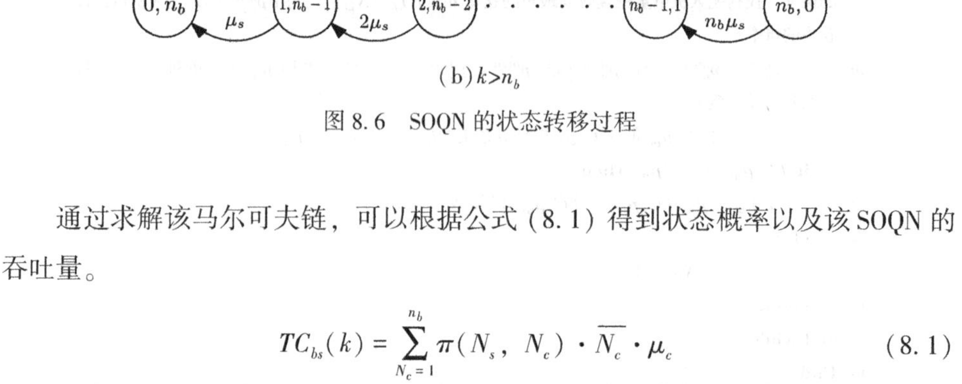

图 8.6　SOQN 的状态转移过程

通过求解该马尔可夫链，可以根据公式（8.1）得到状态概率以及该 SOQN 的吞吐量。

$$TC_{bs}(k) = \sum_{N_c=1}^{n_b} \pi(N_s, N_c) \cdot \overline{N_c} \cdot \mu_c \qquad (8.1)$$

其中，$\overline{N_c} = \overline{n_b - i} = \min(n_b - i, n_c)$ 是正在充电中的电池数量。

在得到代表电池交换过程的 SOQN 的吞吐量 $TC_{bs}(k)$ 之后，将该 SOQN 替换为一个服务点，且该服务点的服务速率为 $\mu_b = TC_{bs}(k)$，$k = 1, 2, \cdots, N_D$。然后将该服务点嵌入系统的 CQN 中，并通过 AMVA 方法计算系统的最大吞吐量 $TC(N_D)$。

8.3.3　启发式的指派策略

本节将详细描述本研究定义的启发式指派策略，在该策略下，通过一个基于各仓库中无人机电量恢复时间的启发式领域搜索算法(算法 8.1)，以提高共享的无人机分配策略下的系统吞吐量为目标，优化无人机返回仓库的概率。该算法的基本思路为，不断增加无人机返回电量恢复时间最小的仓库的概率，并且相应地降低无人机返回电量恢复时间最大的仓库的概率，迭代若干次，直到无法再提高系统的最大吞吐量时停止。为防止计算时间过长，本研究设定一个最大迭代次数。图 8.7 描述了该算法的基本框架。

算法 8.1　基于电量恢复时间的无人机返回仓库概率优化算法

初始化:
令无人机返回每个仓库的概率为 $\boldsymbol{p_w} = \{p^c_{w_1}, p^c_{w_2}, \cdots, p^c_{w_m}\}$.
将 $\boldsymbol{p_w}$ 带入为系统构建的 CQN 中，并通过 AMVA 方法计算最大吞吐量 $TC(\boldsymbol{p_w})$.
基于AMVA计算的结果，得到每个仓库中电量恢复的期望时间，即 $ET_b^{w_i}(N_D)$.
令迭代标记变量 $N_{ite} = 1$，并给定一个最大迭代次数 MAX_{ite}.
确定每次迭代中，无人机返回仓库的概率调整比例 ε.
迭代:
while $N_{ite} \leqslant MAX_{ite}$ **do**
　找到无人机电量恢复时间最大的仓库 $\max\limits_i ET_b^{w_i}(N_D)$，并用 $p^{max}_{w_i}$ 标记无人机返回该仓库的概率；找到无人机电量恢复时间最短的仓库 $\min\limits_i ET_b^{w_i}(N_D)$，并用 $p^{min}_{w_i}$ 标记无人机返回该仓库的概率.
　令 $p^{max}_{w_i} = p^{max}_{w_i} - \varepsilon\% \cdot p^{min}_{w_i}$ 以及 $p^{min}_{w_i} = p^{min}_{w_i} + \varepsilon\% \cdot p^{min}_{w_i}$. 并用 $\overline{\boldsymbol{p}}_{\boldsymbol{w}}$ 表示更新后的无人机返回各仓库的概率.
　将更新后的概率 $\overline{\boldsymbol{p}}_{\boldsymbol{w}}$ 带入 CQN 中计算系统的最大吞吐量 $TC(\overline{\boldsymbol{p}}_{\boldsymbol{w}})$.
　if $TC(\overline{\boldsymbol{p}}_{\boldsymbol{w}}) > TC(\boldsymbol{p_w})$ **then**
　　令 $\boldsymbol{p_w} = \overline{\boldsymbol{p}}_{\boldsymbol{w}}, TC(\boldsymbol{p_w}) = TC(\overline{\boldsymbol{p}}_{\boldsymbol{w}})$ 以及 $N_{ite} = 1$.
　else
　　令 $N_{ite} = N_{ite} + 1$.
　end if
end while
End

图 8.7　无人机返回仓库指派策略优化框架

8.4 成本优化模型

本节从运营成本的角度分析多仓库无人机配送系统的运行策略和系统配置（包括系统中无人机的数量、无人机的飞行速度、充电器的数量、电池数量等）。首先构建如下的年度总成本最小化模型（M.1）。

$$\min Cost(N_D^{w_i}, n_c^{w_i}, n_b^{w_i}, v) = \sum_{i=1}^{m} (C_d N_D^{w_i} + C_c n_c^{w_i} + C_b n_b^{w_i}) + p_e \cdot (WD \cdot H \cdot TC \cdot E_o)$$

$$\text{s.t.} \begin{cases} TC \geqslant TC_{min} \\ m, n, \lambda_j, j = 1, 2, \cdots, n \text{ 已知} \end{cases} \tag{M.1}$$

其中 C_d 为每架无人机的年度成本，C_c 为每个充电器的年度成本，C_b 为每个电池的年度成本，p_e 为单位用电价格，WD 为公司每年的工作天数，H 为公司每天的工作时长（小时），以及 E_o 为每个订单配送任务的期望能量消耗。

在该模型中，决策变量和目标函数会根据系统采用的电量管理策略的不同而发生变化。在采用有线充电策略的系统中，决策变量包括无人机的数量、充电器的数量和无人机的飞行速度。而在采用电池交换策略的系统中，决策变量会增加一个换用电池的数量。系统中设定的无人机飞行速度越大，系统的吞吐能力会更好，但同时也意味着更多的能量消耗。因此本研究考虑无人机飞行单位距离的能量消耗与飞行速度之间的关系，如公式（8.2）所示（Stolaroff et al. 2018）：

$$E(v) = \frac{mg + F_{drag}}{\eta}(v\sin\alpha + \hat{v}) \tag{8.2}$$

其中 $m = 2.57(\text{kg})$ 为无人机装载包裹和未装载包裹的平均质量，g 为引力常数，假设无人机整体的能源效率为 $\eta = 0.7$，以及 F_{drag} 是对无人机总的牵引力。无人机的牵引力需要根据飞行时的空气速度、空气密度、阻力系数等进行估算。本研究参考 Stolaroff et al.（2018）的研究成果，设定 $F_{drag} = 0.889(\text{N})$。无人机飞行时的俯仰角为 $\alpha = \tan^{-1}(F_{drag} mg)$。上式中 $\hat{v}$ 表示无人机在给定的牵引力下飞行产生的诱导速度，通过求解公式（8.3）计算。

$$\hat{v} = \frac{2(mg + F_{drag})}{0.305\pi\sqrt{(v\cos\alpha)^2 + (v\sin\alpha + \hat{v})^2}} \tag{8.3}$$

在得到 $E(v)$ 后，可以计算得到无人机完成每个订单配送任务的期望能耗为 $E_o = E(v) \cdot (ED_w^d + ED_d^w)$，其中 ED_w^d 和 ED_d^w 为仓库于配送点之间的期望距离，该距离可以通过 AMVA 方法计算。

系统的年度总成本最小化模型中，目标函数包括无人机的年度总成本 $C_d N_D^{w_i}$、充电器的年度总成本 $C_c n_c^{w_i}$ 和能源（本研究指电量）消耗的年度总成本 $p_e \cdot (WD \cdot H \cdot TC \cdot E_o)$。在采用电池交换策略的系统中，决策变量还增加了换用电池的数量，则系统成本增加了换用电池的年度总成本 $C_b n_b^{w_i}$。模型中的约束条件为系统的吞吐量能够达到某个最低需求水平 TC_{min}。在采用指定的无人机分配策略的系统中，需要决策各仓库所属的无人机数量；在采用共享的无人机分配策略的系统中，需要决策总的无人机数量。本研究设计一个网格搜索算法（算法 8.2）来分析本节建立的系统年度总成本最小化模型（M.1），图 8.8 给出了该算法的基本步骤。

算法8.2　最小化成本模型 (M.1) 求解步骤

初始化：给定无人机的单价 p_d、仓库中无人机充电器的单价 p_c、换用电池的单价 p_b 以及单位用电价格 p_e.

初始解：通过取所有变量的较大值来枚举，找到一个可行解 $(N_D^{w_i}, n_c^{w_i}, n_b^{w_i}, v)$. 对于共享的无人机分配策略下的系统，评估系统吞吐量时采用本文设计的启发式指派策略（算法1）。计算该初始解下的系统吞吐量 TC_{CB}，并看作目前最优的吞吐量.

while $TC_{CB} > TC_{min}$ **do**

　将无人机的数量减少一个，即 $N_D = N_D - 1$. 若系统采用共享的无人机分配策略，则需要通过算法1优化无人机返回各仓库的概率，再计算系统最大吞吐量 TC.

　while $TC \geqslant TC_{min}$ **do**

　　减小 n_b 和 n_c 减小一个并求得该系统结构下的无人机最优飞行速度 v.

　　优化无人机返回各仓库的概率，计算系统最大吞吐量 TC.

　　令 $TC_{CB} = TC$.

　end while

end while

输出：最优系统吞吐量 TC_{CB} 以及最优解 $(N_D^{w_i}, n_c^{w_i}, n_b^{w_i}, v)$.

图 8.8　最小化成本模型求解步骤

8.5 仿真验证

本节通过仿真的方法来验证本研究为多仓库无人机配送系统构建的理论模型的准确性和有效性。通过 Arena(版本 15.0)建立该系统的仿真模型，模型基本参数见表 8.2。利用该仿真模型计算系统的最大吞吐量时，为了保证系统中所有无人机均处于工作状态，将订单到达率 $\sum_{j=1}^{n} \lambda_{d_j}$ 设定为一个较大的值，使得系统中无人机的利用率 $\rho_D \geqslant 99\%$。

表 8.2　　　　**仿真验证参数**

$d_{i,j}$ (m)	λ_{d_j} (/h)	t_{lu} (s)	N_D	n_c	n_b	t_c (h)	t_s (s)
U[5000, 10000]	U[1, 10]	120	80	10	10	[1, 2]	300

本研究考虑两种情境下的系统情况：$m=5$, $n=100$ 和 $m=7$, $n=140$。在这两种情境下，对于采用共享的无人机分配策略的系统，本研究同时分析了最近的和随机的无人机返回仓库的指派策略，并同时探究了直充和电池交换两种电量管理策略。因此，采用共享的无人机分配策略的系统包含 8 种情况，而采用指定的无人机分配策略的系统包含 4 种情况。图 8.9 提供了详细的仿真模拟过程。

对每一种情况下的系统，本研究首先将仿真模型运行 24 小时作为预热，通过该步骤可以消除可能产生的初始偏差。然后运行 30 次，每次的模拟时长为 240 小时，这可以使得到的系统最大吞吐量的 95% 的置信区间的半宽小于平均值的 2%。最后通过公式 (8.4) 分析理论模型获得的系统吞吐量 TC_A 与仿真模型获得的吞吐量 TC_S 之间的相对误差。

$$\delta_{TC} = \frac{|\overline{TC_S} - TC_A|}{\overline{TC_S}} \times 100\% \tag{8.4}$$

其中 $\overline{TC_S}$ 是多次重复运行仿真模型后得到的系统吞吐量的平均值。

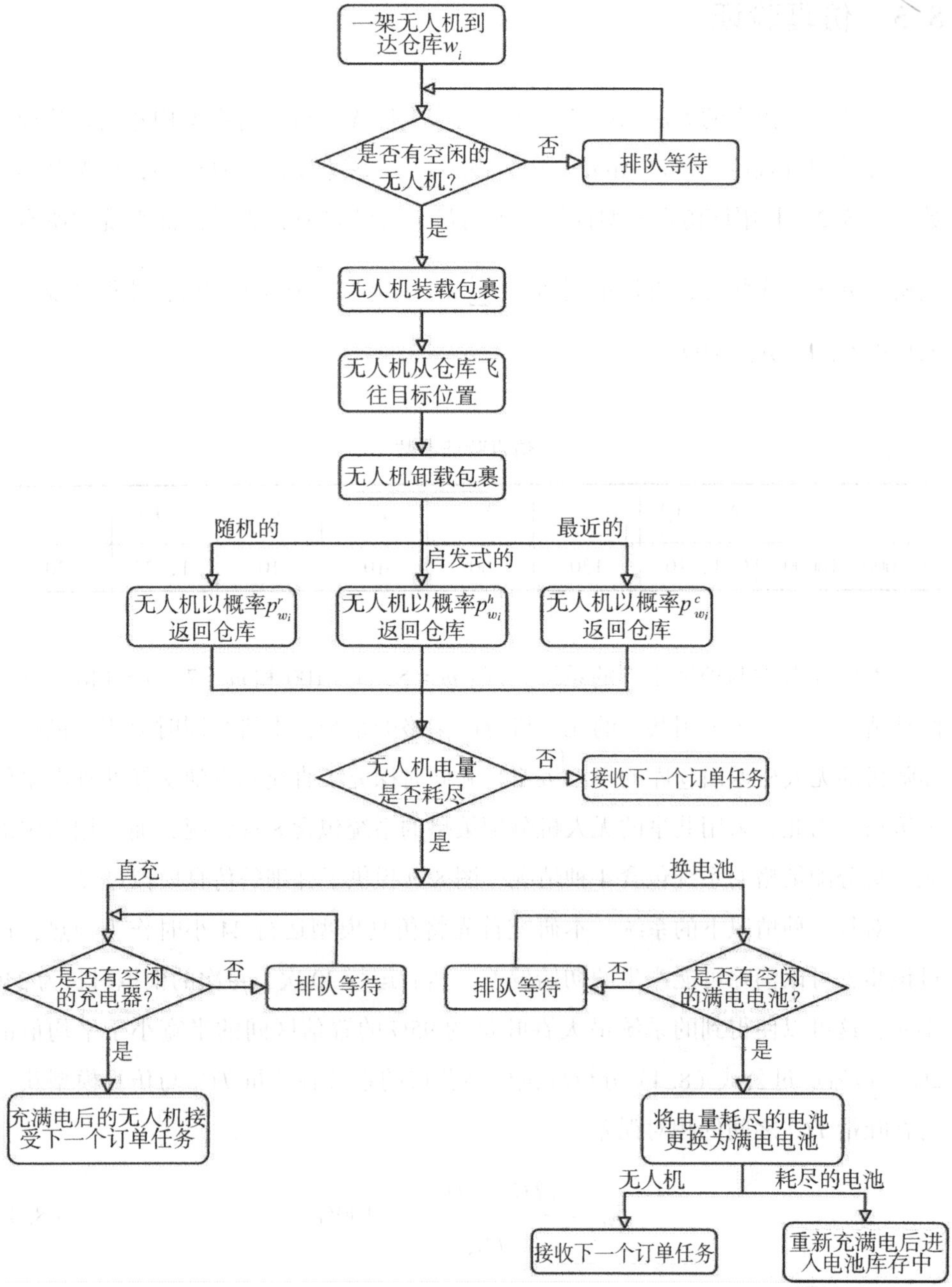
一架无人机到达仓库w_i
是否有空闲的无人机?
否
排队等待
是
无人机装载包裹
无人机从仓库飞往目标位置
无人机卸载包裹
随机的
启发式的
最近的
无人机以概率$p_{w_i}^r$返回仓库
无人机以概率$p_{w_i}^h$返回仓库
无人机以概率$p_{w_i}^c$返回仓库
无人机电量是否耗尽
否
接收下一个订单任务
是
直充
换电池
是否有空闲的充电器?
否
排队等待
是
充满电后的无人机接受下一个订单任务
排队等待
否
是否有空闲的满电电池?
是
将电量耗尽的电池更换为满电电池
无人机
耗尽的电池
接收下一个订单任务
重新充满电后进入电池库存中

图 8.9　仿真模拟流程图

表8.3给出了各种情况下系统的相对误差平均值，图8.10展现了相对误差不同的值出现的频率情况。结果表明，平均相对误差为2.35%，最大相对误差的值也小于7%，这些误差主要来自于对无人机在仓库中等待时间的估计。该结果可以验证本研究为多仓库无人机配送系统所构建的分析模型可以准确、有效地估计系统的最大吞吐能力。此外，从表8.3中的结果可以观察得知，采用共享的无人机分配策略的系统在吞吐能力方面比采用指定的无人机分配策略的系统更好，电池交换策略比有线充电策略效率更高。并且，在无人机返回仓库的指派策略方面，最近的策略比随机的策略给系统带来更高的吞吐量。

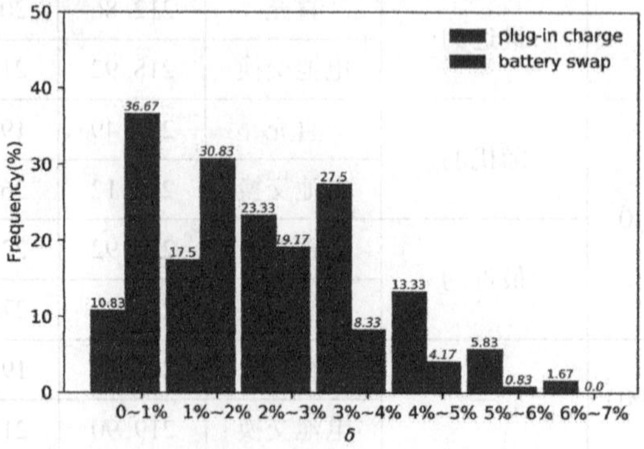

共享的无人机分配策略

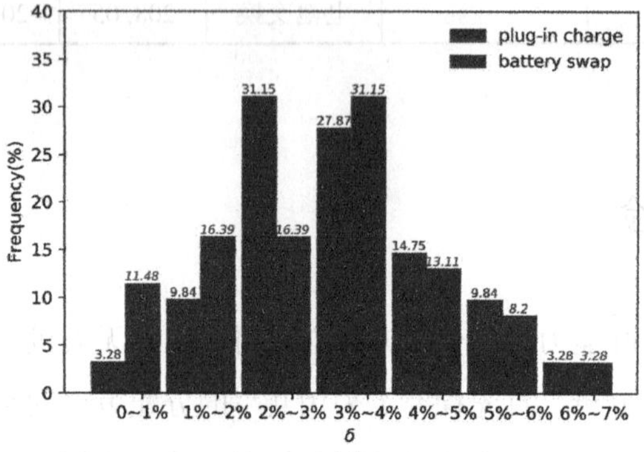

指定的无人机分配策略

图8.10 理论结果与仿真结果的相对误差

（注：有线充电策略(plug-in charge)，电池交换策略(battery swap)）

接下来，本研究将通过数值试验，分析无人机分配策略(指定的和共享的)、无人机返回仓库的指派策略(最近的、随机的和启发式的)以及电量管理策略(直充的和电池交换的)对多仓库无人机配送系统的吞吐能力和运行成本的影响。

表 8.3　　**仿真验证结果**

无人机分配策略	(m, n)	无人机回仓库的指派策略	电池管理策略	TC_S (h)	TC_A (h)	δ_{TC} (%)
共享的	(5, 100)	随机的	直充	199.62	194.21	2.71
			电池交换	227.52	223.83	1.62
		最近的	直充	212.86	208.07	2.25
			电池交换	218.92	215.42	1.60
	(7, 140)	随机的	直充	205.49	197.99	3.65
			电池交换	266.12	264.39	0.65
		最近的	直充	229.92	224.88	2.19
			电池交换	281.23	278.33	1.03
指定的	(5, 100)	—	直充	202.95	197.25	2.81
			电池交换	219.90	212.62	3.31
	(7, 140)	—	直充	217.28	209.89	3.40
			电池交换	208.05	201.91	2.95

8.6　数值实验

本节从系统吞吐能力与运营成本两方面对多仓库无人机配送系统的运行策略进行了数值实验的分析。首先探究了采用共享的分配策略的系统，对比了无人机返回仓库的指派策略对系统吞吐量的影响情况。然后分析了不同电量管理策略和无人机分配策略下系统吞吐能力的变化情况，最后从系统成本的角度对比了两种无人机分配策略，并给出了不同需求下的最优的系统设备资源配置。

8.6.1 无人机返回仓库的指派策略比较

本节进行了一些数值实验，根据系统的最大吞吐量比较了本研究提出的三种无人机返回仓库的指派策略。考虑仿真验证中提出的两种系统情境，即 $m=5$，$n=100$ 和 $m=7$，$n=14$。并且同时分析了系统分别采用两种电量管理策略时，指派策略对系统吞吐量的影响情况。采用有线充电策略时，设定充电器的数量为 $n_c=20$；采用电池交换策略时，设定换用电池的数量 $n_b=10$，以及给电池充电的充电器数量 $n_c=10$(见图 8.11)。系统中其他的参数与表 8.2 相同。

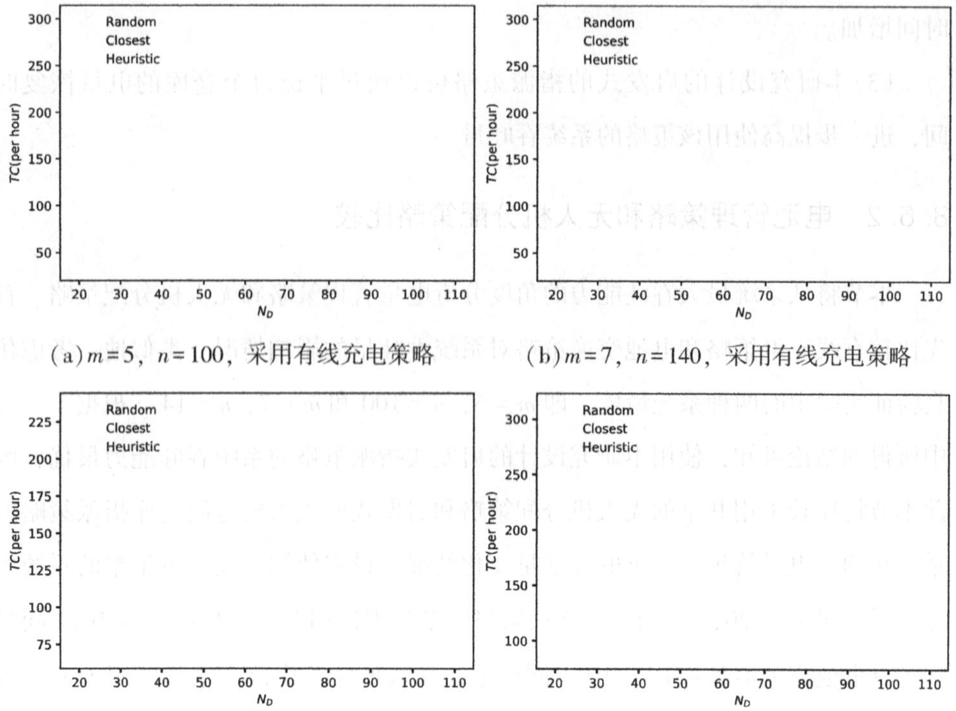

(a) $m=5$，$n=100$，采用有线充电策略　(b) $m=7$，$n=140$，采用有线充电策略

(c) $m=5$，$n=100$，采用电池交换策略　(d) $m=7$，$n=140$，采用电池交换策略

图 8.11　不同无人机返回仓库指派策略下的系统吞吐量比较

通过分析得到的实验结果，可以总结得出如下结论：

(1) 在使用直接充电策略的系统中，最近的指派策略优于随机的指派策略，而采取启发式的指派策略的系统在吞吐能力方面表现最佳。这可以解释为，与采用随机的指派策略相比，采用最近的指派策略时，无人机从目标客户位置返回仓库所用时间较短。

(2)在使用电池交换策略的系统中，随机的指派策略下的系统吞吐量曲线与最近的指派策略下的系统吞吐量曲线存在交叉点。这表明，当系统中使用的无人机数量小于交叉点的无人机数量时，采用随机指派策略的系统吞吐量会更高；否则，采用最近指派策略的系统吞吐能力会更好。该现象可以解释为，使用最近的无人机返回仓库策略可以在一定程度上减少无人机从客户位置返回仓库的时间，但这也可能导致无人机在可换用电池数量不多的仓库中等待充电的时间增加。

(3)本研究设计的启发式的指派策略可以通过平衡每个仓库的电量恢复时间，进一步提高使用该策略的系统吞吐量。

8.6.2　电池管理策略和无人机分配策略比较

本节将从系统最大吞吐能力的角度分析电量管理策略和无人机分配策略。首先比较有线充电策略和电池交换策略对系统吞吐量的影响情况。类似地，考虑仿真验证实验中的两种系统情境，即 $m = 5$，$n = 100$ 和 $m = 7$，$n = 14$。根据上一节中所得的结论可知，使用本研究设计的启发式指派策略的系统吞吐能力最优，因此本节将比较采用共享的无人机分配策略和启发式的无人机返回仓库指派策略的系统在两个电量管理策略下的吞吐量变化情况。设定使用有线充电策略的系统中充电器数量 $n_c = 20$，使用电池交换策略的系统中换用电池的数量 $n_b = 10$，同时配备有电池充电器数量 $n_c = 10$。同样地，在数值实验中改变系统使用无人机的数量从 $N_D = 20$ 到 $N_D = 110$，步长设置为 10。其他参数见表 8.2。通过理论模型计算不同场景下系统的最大吞吐量，并将结果显示在图 8.12 中，其中有线充电策略（plug-in charge），电池交换策略（battery swap）。

观察所得结果可以发现，在大多数的情况下，使用电池交换策略的系统吞吐量比使用有线充电策略的系统吞吐量更高。但当系统中使用的无人机数量较大时，使用有线充电策略的系统吞吐量可能会超过使用电池交换策略的系统(见图8.12(a))。该现象可以被解释为，尽管采用电池交换策略会比采用有线充电策略的电量恢复时间更短，但由于换用电池成本高、数量有限，所以此处被缩短的时间会存在一个上限值；当系统中换用电池的数量给定时，采用电池交换策略的系统吞吐量也会随着系统中使用的无人机数量增加而达到一个上限值。在超过这个上限之后，采用电池交换策略的电量恢复工作站将处于满载状态，无人机数量的增多会使等待时间延长，此时采用有线充电策略的系统吞吐量会更佳。

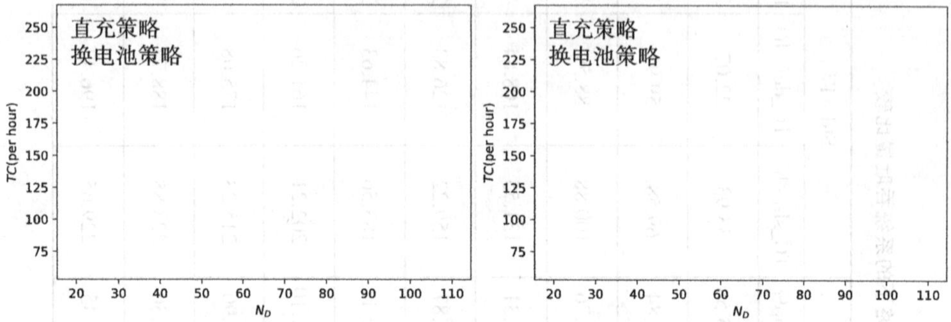

(a) $m=5$，$n=100$　　　(b) $m=7$，$n=140$

图 8.12　不同电量管理策略下的系统吞吐量比较

本节将比较使用共享的（shared）无人机分配策略下系统的吞吐量与使用指定的（dedicated）无人机分配策略下系统的吞吐量。数值试验中，本研究考虑仓库数量为 $m=5$、配送点为 $n=100$ 的系统，并通过改变各仓库的待配送订单数量之间的标准差(用 *Std* 表示)来提出四种配送情境，分别为 $Std=12$，15，17，18. 每种情境下，改变系统使用无人机的数量从 $N_D=10$ 到 $N_D=100$，步长设置为10。对于共享的无人机分配策略下的系统，采用最优的启发式的无人机回仓库指派策略计算系统吞吐量。表 8.4 给出了该数值实验的结果，其中 TC_{sh} 为使用共享的（shared）无人机分配策略下系统的最大吞吐量，TC_{de} 为使用指定的（dedicated）无人机分配策略下系统的最大吞吐量，增长百分比 *Imp* 的计算式为 $Imp=\frac{TC_{sh}-TC_{de}}{TC_{sh}}$。

表 8.4　不同无人机分配策略下的系统吞吐量比较

N_D	Std = 12			Std = 15			Std = 17			Std = 18		
	TC_sh(/h)	TC_de(/h)	Imp%	TC_sh(/h)	TC_de(/h)	Imp%	TC_sh(/h)	TC_de(/h)	Imp%	TC_sh(/h)	TC_de(/h)	Imp%
10	31.48	21.37	32.10	31.52	20.30	35.58	33.93	22.07	34.96	34.11	23.55	30.96
20	65.66	61.29	6.66	65.73	60.56	7.84	69.58	59.91	13.90	69.68	64.99	6.73
30	97.52	96.95	0.58	97.73	95.04	2.76	100.88	88.59	12.18	101.91	94.44	7.12
40	128.43	124.10	3.37	128.25	118.87	7.31	131.55	108.84	17.26	133.02	116.69	12.27
50	156.81	153.87	8.26	156.50	141.06	9.87	159.22	126.83	20.34	160.85	136.22	15.31
60	181.18	164.94	8.96	180.71	158.83	12.11	183.56	144.63	21.21	185.07	152.56	17.57
70	200.27	184.75	7.75	199.88	177.69	11.10	202.21	161.26	20.25	203.42	169.75	16.55
80	213.83	198.50	7.17	213.54	192.41	9.90	215.23	175.08	18.65	216.24	182.98	15.32
90	222.91	212.25	4.79	222.72	206.45	7.30	223.88	188.74	15.69	224.47	189.39	15.63
100	228.98	219.98	3.93	228.84	216.38	5.45	229.65	196.47	14.45	230.06	199.90	13.11

结果表明，在系统的最大吞吐量方面，使用共享的无人机分配策略的系统在所有情况下都优于使用指定分配策略的系统，吞吐量可提高约 13.31%。该现象可以解释为，虽然共享分配策略下的无人机从仓库到配送点的飞行时间大于指定分配策略下的飞行时间，但共享分配策略下无人机从配送点返回仓库的飞行时间和通过本研究设计的启发式方法来改进过的电量恢复时间均比指定分配策略下的运行时间更短。此外，通过观察结果可以发现，在共享的无人机分配策略下，系统的最大吞吐能力比较稳定，而在指定无人机分配策略下，系统的最大吞吐能力基本在下降。随着各仓库的待配送订单数量之间的标准偏差的增加，一些仓库需要满足更大的需求量，而其他仓库所要求的服务数量较少。根据共享的无人机分配策略，无人机根据工作负荷(即订单需求)在仓库之间分配，因此系统整体的吞吐量保持稳定。但是，在指定的无人机分配策略下，每个仓库使用的无人机数量是固定的，随着标准差的增加，一些仓库会有供过于求的现象，从而导致系统整体的吞吐量量降低。从结果分析中可以得知，多仓库的无人机配送系统需要保证各仓库都能够高效率的运行，个别仓库的供过于求会导致系统整体的绩效降低。

8.6.3 成本分析

本节考虑仓库数量为 5、配送点为 100 的系统，并分析该无人机配送系统的年度运行成本。设定系统每年工作 250 天，每天工作 8 小时。每架无人机的价格为 $p_d = \$10,000$(可用年限为 10 年)，充电器的单价为 $p_c = \$1000$(可用年限为 10 年)，换用电池的单价为 $p_b = \$4000$(可用年限为 10 年)，同时考虑利润率 $IR = 0.5\%$。通过公式 (8.5) 计算无人机、充电器和换用电池的年度成本。

$$C_d = \frac{\sum_{i=1}^{10} p_d (1 + IR)^{i-1}}{10},\quad C_c = \frac{\sum_{i=1}^{10} p_c (1 + IR)^{i-1}}{10},\quad C_b = \frac{\sum_{i=1}^{10} p_b (1 + IR)^{i-1}}{10} \tag{8.5}$$

表 8.5 提供了两种无人机分配策略下系统的年度运行成本计算结果以及不同需求下的最优设备资源配置。通过观察所得到的结果，可用得到如下结论：

(1)在系统的运行策略方面，共享的分配策略优于指定的分配策略，可节省成本约 30.70%。该优势主要来自于无人机、换用电池和插电式充电器等设备资源的节省。在共享分配策略下，无人机的最佳速度相对小于指定分配策略下的最优速度。

(2)换用电池的最佳数量基本与插入式充电器的数量相等。该现象可以解释为，插入式充电器比换用电池价格低，因此，系统应该根据换用电池的充电需求使用尽可能多的充电器来为所有换用电池充电。

表 8.5　　**不同无人机分配策略下的系统成本比较**

分配策略	N_D	n_c	n_b	v (km/h)	TC (per hour)	TC_{min} (per hour)	$Cost$ (\$)
共享的 (shared)	63	46	46	60	200.04	200	92313
	80	51	52	60	250.60	250	113804
	94	61	62	60	300.23	300	134364
	108	71	72	60	350.04	350	154930
	122	82	83	60	401.31	400	176042
	136	92	92	60	450.00	450	196173
	152	98	99	60	501.27	500	217184
	165	109	110	60	550.55	550	237233
	178	121	122	60	600.56	600	257805
指定的 (dedicated)	114	67	67	60	200.25	200	150814
	137	67	67	60	250.32	250	174608
	145	100	100	65	303.31	300	200629
	170	100	100	60	350.38	350	225704
	195	100	102	60	407.88	400	252414
	215	101	103	65	454.97	450	274678
	239	100	100	65	500.78	500	298211
	245	134	134	65	570.76	550	322234
	250	167	167	75	602.25	600	348015

8.7　本章小结

本章研究了一个多仓库无人机配送系统的运行策略。在该配送系统中，多个仓库使用若干架无人机将货物运送到所有客户的目标位置。本研究考虑了由仓库共享所有无人机的共享分配策略，以及每个仓库拥有各自的无人机的指定分配策略。本研究还探究了无人机完成配送后返回仓库的指派策略，考虑随机和最近的指派策略，并设计了一个启发式领域搜索算法，以提高无人机返回仓库分配策略的性能。此外，本研究还讨论了两种电量管理策略：直接充电策略和电池交换策略。本研究分别为两种无人机分配策略下的系统构建了闭形排队网络模型来评估系统绩效，其中无人机返回仓库的指派策略由返回各仓库的概率体现。对于采用电池交换策略的系统，本研究将电池交换过程建模为一个嵌套的 SOQN，并且还设计了一种分解方法求解该模型。

本研究通过仿真的方法验证了所构建的分析模型的准确性和有效性，并通过多个数值实验，将不同无人机分配策略、无人机返回仓库指派策略、电量管理策略的性能进行比较。结果表明，随机的无人机回仓库指派策略与最近的无人机回仓库指派策略之间存在一个交叉点。当系统中使用的无人机数量小于该交叉点的无人机数量，在系统最大吞吐能力方面，最近的指派策略优于随机的指派策略；否则，随机的指派策略更好。与随机的和最近的无人机回仓库指派策略相比，利用本研究设计的领域搜索算法优化后的指派策略可以将系统的最大吞吐能力提高约 13.31%。在电量管理策略方面，本研究发现电池交换策略优于直接充电策略，但换用电池需要更多的投资成本。此外，共享的分配策略在系统最大吞吐量方面优于指定的分配策略，与指定分配策略相比，共享分配策略可降低约 30.70% 的运营成本。多仓库无人机配送系统适用于我国西部地区占地面积较大的省市，在服务区域中建立仓库的成本相对较低，通过无人机在多个仓库和客户地址中的运行来完成包裹配送可以有效提高配送效率、减少人工成本。本研究可以为电商公司构建一个投资和运营成本最小的高效无人机配送系统提供设计相关的决策支持，并可用于处理系统的复杂操控。

第9章 结　　语

9.1 全书总结

电子商务的快速发展与生产制造模式的不断变化为物流行业的发展带来了巨大的推动力，物流系统作为企业供应链系统的信息与物质中转中心，很大程度上决定了供应链的运行效率与成本。随着企业对于物流作业环节的吞吐能力、柔性和运行成本要求的不断提高，以及人工智能技术的快速发展，智能机器人技术被广泛应用到各物流作业环节中，形成了一系列智能机器人物流系统，包括智能机器人存取系统、智能机器人订单履行系统、紧致化智能机器人存取系统、智能机器人分拣系统和智能机器人配送系统等。目前，这些系统已经在全球各地的超过200家的企业得到了应用，包括亚马逊、天猫超市、京东、Catch of the Day、Ocado，Active Ants等。同时，这些系统也受到了学者们的广泛关注，并产生了一系列的研究成果。目前，关于智能机器人物流系统的研究主要着眼于系统绩效评估与仿真验证，系统运行策略方面的研究还较少。系统绩效评估可以帮助企业以最小的投资，根据顾客需求进行系统结构设计；系统运行策略研究则可以帮助企业对系统的日常运行进行管理，有助于优化运行成本，提高系统吞吐能力。基于此研究现状，本书首先对智能机器人物流系统的应用现状进行了阐述，然后，对智能机器人存取系统、智能机器人订单拣选系统、智能机器人订单分拣系统和智能机器人配送系统的国内外研究现状进行了评述，在此基础上，本书着眼于各类智能机器人物流系统的运行策略，主要研究了如下问题：

第3章 智能机器人存取系统中小车与电梯的并行运行策略

智能机器人存取系统使用电梯进行货物的垂直运输，使用小车进行货物的水平运输。根据小车是否可以在层与层之间移动，可以将其分为层到层的自动小车存取系统和基于层的自动小车存取系统。在基于层的自动小车存取系统中，小车隶属于某一层，负责该层上货物的水平运输。关于基于层的自动小车存取系统的研究均假设小车与电梯服从串行运行策略，即一方先运动，另一方再运动。为提高该系统的吞吐能力，本章提出了并行运行策略，在此策略下，小车与电梯同时朝着货物交接点移动。构建了分叉-汇合排队网络来评估并行运行策略的绩效。本章通过数值实验对比串行与并行运行策略下系统的吞吐能力，并找出了各自的适用条件。结果表明，当系统顾客需求率较低时，并行运行策略可以提供更高的系统吞吐能力，否则，串行运行策略更适合基于层的自动小车存取系统。

第4章 紧致化智能机器人存取系统的存储策略优化研究

紧致化智能机器人存取系统将货物存储在标准化的料箱中，然后以堆码的形式将料箱存储在一个立方形的存储空间中。系统的顶端是一个供小车移动的网格，网格的每个口对应于一个存储堆叠的入口。该系统拥有很高的地面空间利用率和系统吞吐能力，目前正在受到很多大型电子商务企业的关注。然后，目前还没有可靠的理论研究工具可以帮助企业进行该系统的结构设计与运行策略优化。基于此，本章为该系统构建了基于半开半闭排队网络的绩效指标评估模型，并通过仿真与真实案例验证了理论模型的有效性与可靠性。结果表明，该理论模型可以准确计算系统的绩效指标。在系统的堆叠中，本章提出了制定与共享式存储策略；在网格水平上，本章提出了随机与分类存储策略。然后，本章通过验证过的理论模型评估这些存储策略的绩效以及各自的适用条件。结果表明，指定存储策略与分类存储策略有助于提高系统吞吐能力。此外，本章还构建了成本优化模型来进行系统结构设计，结果表明，虽然指定存储策略更有利于提高系统吞吐能力，但是，共享式存储策略却可以为系统带来约40%的成本节约。

第 5 章 智能机器人订单履行系统小车电池管理问题研究

智能机器人订单履行系统将货物存储在移动式货架上，地面上放置若干小车进行货架的运输。该类系统拥有很高的吞吐能力与柔性，被众多电子商务企业应用，包括亚马逊、天猫超市、京东等。由于该系统中的小车均使用电池驱动，小车运行过程中可能出现电量耗尽的情况，如何快速有效的恢复电池电量将会影响系统可用的小车数量，乃至系统绩效。本章考虑了有线、无线和更换电池三种电池恢复方案，构建了半开半闭排队网络来评估系统绩效，并搭建仿真平台验证理论模型有效性与可靠性。结果表明理论模型可以准确计算系统绩效。然后，本章从系统吞吐能力与投资成本两个角度对比了三种电池恢复方案。结果表明无线充电策略可以提供最大的系统吞吐能力，空闲电池价格较低时，电池更换方案更便宜；否则，有线充电策略更便宜。

第 6 章 智能机器人订单履行系统中机器人到拣选站台的指派策略优化研究

智能机器人订单履行系统中机器人到拣选站台的指派策略决定了机器人在拣选站台与存储区域之间的期望行走时间和机器人在拣选站台的等待与服务时间。本章考虑了随机指派策略、基于作业速率的指派策略和基于临域搜索算法的指派策略，然后构建了半开半闭排队网络计算三种指派策略的绩效指标。本章通过对比分析了三种指派策略的适用条件，结果表明当作业速率较快的工作站放置在离存储区域较近的位置时，基于作业速率的指派策略更有利于系统吞吐能力；否则，随机指派策略更有利于系统吞吐能力。基于临域搜索算法的指派策略一直优于随机与基于作业速率的指派策略，并且，该临域搜索算法给出的指派策略非常接近通过枚举算法得到的全局最优指派策略。然而，与枚举算法相比，临域搜索算法需要的计算时间短很多。

第 7 章 智能机器人订单分拣系统的运行策略优化研究

智能机器人订单分拣系统是智能机器人在物流系统中的最新应用场景，虽然该系统已经得到了广泛的实际应用，但理论研究还较为匮乏。本章首先为智能机器人订单分拣系统构建了基于闭环排队网络的绩效指标评估模型，并考虑了单层与双层系统结构、最短路与绕路拓扑结构、机器人到分拣站台的指派策略问题。然后，为该系统构建了带吞吐能力约束的成本优化模型。本章通过仿真和真实案例分别验证了理论模型的准确性和有效性，然后通过数值实验分析和优化了本研究考虑的运行策略。结果表明，单层结构较适合于小规模系统，双层结构则较适合于大规模系统，虽然绕路拓扑结构不利于系统运行效率的提升，但其投入成本较低。在机器人到分拣站台的指派策略中，最近指派策略可能会导致分拣站台处的排队等待时间过长而伤害系统运行效率。此外，本章还设计了启发式算法来优化机器人到分拣站台的指派策略。

第 8 章　智能无人机订单配送系统的运行策略优化研究

智能无人机配送系统的现有研究大多考虑无人机的调度优化问题和路径优化问题。本章从系统结构设计与运行策略优化的角度对智能无人机配送系统的运行策略进行了研究。首先，为该系统构建了基于闭环排队网络的绩效指标评估模型，并利用仿真验证了理论模型的准确性和有效性；然后，为该系统构建了带系统吞吐能力约束的成本优化模型，并设计了贪婪算法进行模型求解；最后，通过数值实验分析了无人机到仓库的指派策略、无人机与仓库的归属策略。结果表明，共享无人机策略对于系统吞吐能力和运行成本均优于指定无人机策略。

9.2　研究展望

物流系统运作管理是供应链管理中的重要环节，然而其受到的关注却相对较少。早期的仓储系统研究主要集中于自动化存取系统（AS/RS），关于新型仓储系统的研究还相对较少，且未形成体系。最近 20 年，由于智能机器人技术的快速发展，越来越多的智能机器人物流系统被创造并应用到企业当中，同时，也受到了学者们的广泛关注。本研究了四种使用智能机器人的物流系统中的运行策略优化问题，包括智能机器人存取系统中小车与电梯的并行运行策略、紧致化智能机器人存取系统中的存储策略优化问题、智能机器人订单履行系统中的小车电池恢复策略和智能机器人订单履行系统中的工作站对小车的指派策略优化问题、智能机器人分拣系统的运行策略优化问题和智能无人机配送系统的运行策略优化问题。得出了一些具有管理启示意义的结论。除了以上研究问题外，还有如下一些问题值得进一步的深入分析和研究：

(1)目前关于智能机器人存取系统的研究均假设系统使用随机存储策略，然而，分类存储策略与基于周转率的存储策略更有利于系统吞吐能力的提高。根据 Yu et al(2015)给出的结论，分类存储策略可以实现接近基于周转率的存储策略的系统绩效，同时也更有方便仓库管理者应用。基于此，分类存储策略在自动小车存取系统中的绩效值得研究，它与随机存储策略的适用条件、最优分类数和分类存储策略下自动小车存取系统的最优结构尺寸都是值得研究的问题。

(2)在紧致化智能机器人存取系统中，小车在系统顶端网格上运动，同时，翻箱货物也暂时放置在网格上，这都有可能造成小车的拥堵与阻塞。本书通过一个严重交通阻塞案例分析了拥堵与阻塞对系统吞吐能力的影响。结果表明，系统绩效会受到约 10%的影响。基于此，为降低小车的拥堵与阻塞，提高系统绩效，小车的路径设计问题值得研究；同时，料箱的翻箱问题也值得研究。目前关于自动小车技术的研究主要着眼与小车死锁问题，对于如何解决小车拥堵与阻塞，还没有较为成熟的方法。

(3)在智能机器人订单履行系统中，还有若干运行策略会对系统绩效产生影响，值得研究，包括：小车对作业的指派策略问题、货架的动态布局问题、小车的阻塞与死锁控制问题等。

参考文献

[1]李珍萍，韩倩倩，仪明超．设置货箱缓存区的AVS/RS系统订单分批拣选问题[J/OL]．计算机集成制造系统，2020：1-27[2022-03-20]．http：//kns.cnki.net/kcms/detail/11.5946.TP.20201202.1738.013.html．DOI：10.13196/j.cims.2019.02.023.

[2]邹霞，吴耀华，夏德龙，张荣旭．面向B2C电商订单的自动小车存取系统动态储位优化[J]．计算机集成制造系统，2019，25(02)：500-507.

[3]邹霞．面向B2C电商配送中心的分散式自动存取及拣选系统效率优化研究[D]．济南：山东大学，2018.

[4]张思建，方彦军，贺瑶，肖勇．基于模拟退火算法的AVS/RS多批货箱入库货位优化[J]．武汉大学学报(工学版)，2016，49(02)：315-320.

[5]黄晨璐．AVS/RS货到人拣选系统建模与仿真研究[D]．济南：山东大学，2017.

[6]方彦军，唐猛．AVS/RS系统动态分析及决策模型[J]．自动化仪表，2015，36(01)：18-22.

[7]方彦军，唐猛．AVS/RS系统冲突与死锁控制策略[J]．自动化与仪表，2014，29(12)：1-4，52.

[8]郝晶晶．自动化仓储系统的设计与应用前景分析[D]．合肥：中国科学技术大学，2015.

[9]何善君．自动小车存取系统的建模及其若干关键技术研究[D]．厦门：厦门大学，2008.

[10]黄杨波，刘万军，卉刘．双伸位堆垛机系统调度的优化设计[J]．计算机工程，2010，36(1)：260-261.

[11]李坤，唐立新，陈树发．多集装箱堆场空间分配与车辆调度集成问题的建模与优化[J]．系统工程理论与实践，2014，34(1)：115-121.

[12]李统一，朱伟年，林加．用于 AS/RS 整包提存自动仓库系统的优化存储方法[J]．中国管理科学，1988，1(2)：60-64.

[13]刘金平，周炳海，奚立峰．在线自动化立体仓库的库位分配方法及其实证研究[J]．工业工程与管理，2005，10(1)：11-16.

[14]罗键，钟寿桂，吴长庆．基于离散粒子群算法的 AVS/RS 货位优化[J]．厦门大学学报(自然版)，2009，48(2)：212-215.

[15]罗键，苏海墩，何善君，等．基于改进遗传算法的自动小车存取系统升降机调度建模与优化控制[J]．厦门大学学报，2010，3(1)：38-42.

[16]齐昌盛．自动小车存取系统效率优化设计与仿真[D]．厦门：厦门大学，2011.

[17]商务部流通业发展司，中国仓储协会．中国仓储行业发展报告(2015)(缩略版)[J]．物流技术与应用，2015，20(10)：195-198.

[18]陶经辉，汪敏．基于混堆模式的集装箱堆场区段分配[J]．系统工程理论与实践，2009，29(8)：185-192.

[19]吴梅，方彦军．自动小车存取系统三维仿真平台研究[J]．自动化与仪表，2015，30(8)：1-4.

[20]吴长庆，何善君，罗键．自动小车存取系统中轨道导引小车环路死鎖控制的研究[J]．计算机集成制造系统，2008，14(9)：1766-1773.

[21]吴长庆，罗键，陈火国，等．基于 Petri 网的 RGVs_系统中环路死锁研究[J]．计算机科学，2009，36(4)：250-260.

[22]鲁建厦，钱慧元，赵文彬，李英德，赵国利．基于实时补货情况下的制造型企业 RMFS 订单拣选系统储位分配问题[J/OL]．计算机集成制造系统，2022：1-27 [2022-03-20]．http：//kns. cnki. net/kcms/detail/11. 5946. tp. 20220128. 1439. 020. html.

[23]徐贤浩，郭依，邹碧攀．基于最短取货时间的仓储机器人待命位策略研究．工业工程与管理，2016，21(4)：35-42.

[24]杨玮，张文燕，常晏彬，等．自动化立体仓库的货位分配优化[J]．现代制

造工程，2014，1(12)：134-140.

[25]尹华一．不确定环境下自动小车存取系统动态决策问题研究[D]．厦门：厦门大学，2013.

[26]赵宁，罗磊，张赛朋，等．巡回式自动小车存取系统正交仿真分析[J]．计算机集成制造系统，2016，22(3)：754-763.

[27]周鹏飞，李丕安．集装箱堆场进口箱翻箱落位仿真分析与启发式优选算法[J]．系统工程理论与实践，2013，33(12)：3145-3155.

[28]朱明华，程奂翀，范秀敏．基于定向搜索算法的集装箱堆场翻箱问题[J]．计算机集成制造系统，2012，18(3)：639-644.

[29]Agatz, Niels, Paul Bouman, Marie Schmidt. Optimization approaches for the traveling salesman problem with drone[J]. Transportation Science,2018, 52 (4): 965-981.

[30]Amazon. Amazon prime air[R/OL].https://www. amazon. com/primeair.

[31]Azadeh K, Roy D, De Koster R. Design, modeling, and analysis of vertical robotic storage and retrieval systems[J]. Transportation Science, 2019, 53(5): 1213-1234.

[32]Bartholdi, J. J., Gue, K. R. Reducing labor costs in an tilt crossdocking terminal [J]. Operations Research,2000, 48: 823-832.

[33]Bouman, Paul, Niels Agatz, and Marie Schmidt. dynamic programming approaches for the traveling salesman problem with drone[J]. Networks,2018, 72 (4): 528-542.

[34]Boysen, N. Truck scheduling at zero-inventory cross docking terminals [J]. Computers & Operations Research,2010, 37: 32-41.

[35]Boysen, N., Fliedner, M., Scholl, A. Scheduling inbound and outbound trucks at cross docking terminals[J]. OR Spectrum,2010,32:135-161.

[36]Boysen, N., Briskornb, D., Emdec, S. Parts-to-picker based order processing in a rack-moving mobile robots environment [J]. European Journal of Operational Research,2017, 262:550-562.

[37]Boysen, N., Fedtke, S., Weidinger, F. Truck scheduling in the postal service

industry[J]. Transportation Science,2017, 51: 723-736.

[38]Boysen, Nils, Dirk Briskorn, Stefan Fedtke, Stefan Schwerdfeger. Drone delivery from trucks: drone scheduling for given truck routes[J]. Networks,2018, 72(4): 506-527.

[39]Bozer, Y. A., Carlo, H. J. Optimizing inbound and outbound door assignments in less-than-truckload cross-docks[J]. IIE Transactions,2008, 40:1007-1018.

[40]Cai, X., S. S. Heragu, Y. Liu. Modeling and evaluating the AVS/RS with tier-to-tier vehicles using a semi-open queueing network[J]. IIE Transactions,2014, 46(9): 905-927.

[41]Chauhan D, Unnikrishnan A, Figliozzi M. Maximum coverage capacitated facility location problem with range constrained drones[J]. Transportation Research Part C: Emerging Technologies, 2019, 99: 1-18.

[42]Chen, F., Lee, C. Y. Minimizing the makespan in a two-machine cross-docking ow shop problem[J]. European Journal of Operational Research,2009, 193: 59-72.

[43]Chen, F., Song, K. Minimizing makespan in two-stage hybrid cross docking scheduling problem[J]. Computers & Operations Research,2009, 36:2066-2073.

[44]Chen, X., Ulmer, M. W., Thomas, B. W. Deep Q-Learning for Same-Day Delivery with Vehicles and Drones[J]. 2019.

[45]Da Costa Barros Í R, Nascimento T P. Robotic mobile fulfillment systems: A survey on recent developments and research opportunities[J]. Robotics and Autonomous Systems, 2021, 137: 103729.

[46]De Koster, R. B. M., T. Le-Duc and Y. Yugang. Optimal storage rack design for a 3-dimensional compact AS/RS[J]. International Journal of Production Research,2008, 46(6): 1495-1514.

[47]D'Antonio G, Chiabert P. Analytical models for cycle time and throughput evaluation of multi-shuttle deep-lane AVS/RS[J]. The International Journal of Advanced Manufacturing Technology, 2019, 104(5): 1919-1936.

[48]Dorling, Kevin, Jordan Heinrichs, Geoffrey G. Messier, and Sebastian

Magierowski. Vehicle routing problems for drone delivery[J]. IEEE Transactions on Systems, Man, and Cybernetics: Systems,2016, 47 (1): 70-85.

[49]Ekren, B. Y. Performance evaluation of AVS/RS under various design scenarios: a case study [J]. The International Journal of Advanced Manufacturing Technology,2011, 55(9-12): 1253-1261.

[50]Ekren, B. Y. and S. S. Heragu. Simulation-based regression analysis for the rack configuration of an autonomous vehicle storage and retrieval system [J]. International Journal of Production Research,2010, 48(21): 6257-6274.

[51]Ekren, B. Y. and S. S. Heragu. Simulation based performance analysis of an autonomous vehicle storage and retrieval system[J]. Simulation Modelling Practice and Theory,2011, 19(7): 1640-1650.

[52]Ekren, B. Y. and S. S. Heragu. Performance comparison of two material handling systems: AVS/RS and CBAS/RS[J]. International Journal of Production Research,2012, 50(15): 4061-4074.

[53]Ekren, B. Y., S. S. Heragu, A. Krishnamurthy and C. J. Malmborg. Simulation based experimental design to identify factors affecting performance of AVS/RS[J]. Computers & Industrial Engineering,2010, 58(1): 175-185.

[54]Ekren, B. Y., S. S. Heragu, A. Krishnamurthy and C. J. Malmborg. Matrix-geometric solution for semi-open queuing network model of autonomous vehicle storage and retrieval system[J]. Computers & Industrial Engineering,2014, 68: 78-86.

[55]Enderer, F., Contardo, C., Contreras, I. Integrating dock-door assignment and vehicle routing with cross-docking[J]. Computers & Operations Research,2017, 88, 30-43.

[56]Essghaier, F., Allaoui, H., Goncalves, G. Truck to door assignment in a shared cross-dock under uncertainty [J]. Expert Systems With Applications, 2021, 182, 114889.

[57]Franceschini, Fiorenzo, Luca Mastrogiacomo, Barbara Pralio. An unmanned aerial vehicle-based system for large scale metrology applications[J]. International

Journal of Production Research, 2010, 48 (13): 3867-3888.

[58] Fukunari, M. and C. J. Malmborg. An efficient cycle time model for autonomous vehicle storage and retrieval systems [J]. International Journal of Production Research, 2008, 46(12): 3167-3184.

[59] Fukunari, M. and C. J. Malmborg. A network queuing approach for evaluation of performance measures in autonomous vehicle storage and retrieval systems [J]. European Journal of Operational Research, 2009, 193(1): 152-167.

[60] Gelareh, S., Glover, F., Guemri, O., Hanafi, S., Nduwayo, P., Todosijevic, R. A comparative study of formulations for a cross-dock door assignment problem [J]. Omega, 2020, 91, 102015.

[61] Gharehgozli, A. Developing New Methods for Efficient Container Stacking Operations[D]. Doctor of Philosophy, Erasmus University Rotterdam, 2012.

[62] Gharehgozli, A. H., G. Laporte, Y. Yu and R. de Koster. Scheduling twin yard cranes in a container block[J]. Transportation Science, 2015, 49(3): 686-705.

[63] Gharehgozli, A. H., Y. Yu, R. de Koster and J. T. Udding. A decision-tree stacking heuristic minimising the expected number of reshuffles at a container terminal[J]. International Journal of Production Research, 2013, 52 (9): 2592-2611.

[64] Gharehgozli, A. H., Y. Yu, R. de Koster and J. T. Udding. An exact method for scheduling a yard crane[J]. European Journal of Operational Research, 2014, 235(2): 431-447.

[65] Gharehgozli, A. H., Y. Yu, X. Zhang and R. d. Koster. Polynomial time algorithms to minimize total travel time in a two-depot automated storage/retrieval system[J]. Transportation Science, 2014.

[66] Gharehgozli A, Zaerpour N. Robot scheduling for pod retrieval in a robotic mobile fulfillment system [J]. Transportation Research Part E: Logistics and Transportation Review, 2020, 142: 102087.

[67] Grippa, P., D. A. Behrens, F. Wall, and C. Bettstetter. Drone delivery systems: Job assignment and dimensioning[J]. Autonomous Robots, 2019, 43:

261-274.

[68]Gue, K. R. The e_ects of trailer scheduling on the layout of freight terminals[J]. Transportation Science, 1999, 33, 419-428.

[69]Gue, K. R. Very high density storage systems[J]. IIE Transactions, 2006, 38(1): 79-90.

[70]Hao, J., Y. Yu and L. L. Zhang. Optimal design of a 3D compact storage system with the I/O port at the lower mid-point of the storage rack[J]. International Journal of Production Research, 2015, 53(17): 5153-5173.

[71]Heragu, S. S., X. Cai, A. Krishnamurthy and C. J. Malmborg (2009). Analysis of autonomous vehicle storage and retrieval system by open queueing network[C]. 2009 IEEE International Conference on Automation Science and Engineering, 2009.

[72]Heragu, S. S., X. Cai, A. Krishnamurthy and C. J. Malmborg. Analytical models for analysis of automated warehouse material handling systems[J]. International Journal of Production Research, 2011, 49(22): 6833-6861.

[73]Hong, I., Kuby, M., & Murray, A. T. A range-restricted recharging station coverage model for drone delivery service planning. Transportation Research Part C: Emerging Technologies, 2018, 90: 198-212.

[74]Jerman B, Ekren B Y, Küçükyaşar M, et al. Simulation-based performance analysis for a novel avs/rs technology with movable lifts[J]. Applied Sciences, 2021, 11(5): 2283.

[75]Johnson, M. E. The impact of sorting strategies on automated sortation system performance[J]. IIE Transactions, 1998, 30, 67-77.

[76]Kuo, P. -H., A. Krishnamurthy and C. J. Malmborg. Design models for unit load storage and retrieval systems using autonomous vehicle technology and resource conserving storage and dwell point policies[J]. Applied Mathematical Modelling, 2007, 31(10): 2332-2346.

[77]Kuo, Y. Optimizing truck sequencing and truck dock assignment in a cross docking system[J]. Expert Systems with Applications, 2013, 40, 5532-5542.

[78] Lamballais, T., D. Roy and M. De Koster. Estimating performance in a Robotic Mobile Fulfillment System[J]. European Journal of Operational Research, 2017, 256(3): 976-990.

[79] Lamballais Tessensohn T, Roy D, De Koster R B M. Inventory allocation in robotic mobile fulfillment systems[J]. IISE Transactions, 2020, 52(1): 1-17.

[80] Lerher, T., B. Y. Ekren, G. Dukic and B. Rosi. Travel time model for shuttle-based storage and retrieval systems[J]. The International Journal of Advanced Manufacturing Technology, 2015, 78(9-12): 1705-1725.

[81] Liao, T., P. J. Egbelu, P. C. Chang. Simultaneous dock assignment andsequencing of inbound trucks under a fixed outbound truck schedule in multi-door cross docking operations[J]. International Journal of Production Economics, 2013, 141: 212-229.

[82] Liu T, Gong Y, Zou B. Analysis of pickup/deposit stations and dwell point locations in bi-directional flow-rack AS/RSs [J]. International Journal of Production Research, 2021: 1-20.

[83] Malmborg, C. J. Conceptualizing tools for autonomous vehicle storage and retrieval systems [J]. International Journal of Production Research, 2002, 40(8): 1807-1822.

[84] Malmborg, C. J.. Design optimization models for storage and retrieval systems using rail guided vehicles[J]. Applied Mathematical Modelling, 2003a, 27(12): 929-941.

[85] Malmborg, C. J. Interleaving dynamics in autonomous vehicle storage and retrieval systemsd[J]. International Journal of Production Research, 2003, 41(5): 1057-1069.

[86] Marchet, G., M. Melacini, S. Perotti and E. Tappia. Analytical model to estimate performances of autonomous vehicle storage and retrieval systems for product totes[J]. International Journal of Production Research, 2012, 50(24): 7134-7148.

[87] Marchet, G., M. Melacini, S. Perotti and E. Tappia. Development of a

framework for the design of autonomous vehicle storage and retrieval systems[J]. International Journal of Production Research, 2013, 51(14): 4365-4387.

[88] Meller, R. D., Optimal order-to-lane assignments in an order accumulation sortation system[J]. IIE Transactions, 1997, 29, 293-301.

[89] Merschformann M, Lamballais T, De Koster M B M, et al. Decision rules for robotic mobile fulfillment systems[J]. Operations Research Perspectives, 2019, 6: 100128.

[90] Miao, Z., Cai, S., Xu, D. Applying an adaptive tabu search algorithm to optimize truck-dock assignment in the cross-dock management system[J]. Expert Systems with Applications, 2014, 41, 16-22.

[91] Miao, Z., Lim, A., Ma, H. Truck dock assignment problem with operational time constraint within crossdocks [J]. European Journal of Operational Research, 2009, 192: 105-115.

[92] McHaney R. Modelling battery constraints in discrete event automated guided vehicle simulations[J]. International journal of production research, 1995, 33(11): 3023-3040.

[93] Mountz, M. KIVA the disrupter[J]. Harvard Business Review, 2012, 90: 74-80.

[94] Murray, Chase C., and Amanda G. Chu. The Flying Sidekick Traveling Salesman Problem: Optimization of Drone-Assisted Parcel Delivery [J]. Transportation Research Part C: Emerging Technologies, 2015, 54: 86-109.

[95] Nassief, W., Contreras, I., Jaumard, B. A comparison of formulations and relaxations for cross-dock door assignment problems [J]. Computers & Operations Research, 2018, 94: 76-88.

[96] Rabobank. Rabobank tv commercial: Investment active ants [J/OL]. from https://www.youtube.com/watch? v=CxEJuXMdnaA.

[97] Rijal, A., Bijvank, M., Koster, R. D. Integrated scheduling and assignment of trucks at unit-load cross-dock terminals with mixed service mode dock doors[J]. European Journal of Operational Research, 2019, 278: 752-771.

[98] Rohit, K. V., G. D. Taylor and K. R. Gue. Retrieval time performance in puzzle-based storage systems[C]. IIE Annual Conference. Proceedings, Institute of Industrial Engineers-Publisher, 2010.

[99] Roy, D. Design and analysis of unit-load warehouse operations using autonomous vehicles[D]. Madison: University of Wisconsin, 2011.

[100] Roy, D., A. Krishnamurthy, S. Heragu and C. Malmborg. Impact of zones on throughput and cycle times in warehouses with autonomous vehicles[C]. 2009 IEEE international conference on automation science and engineering, 2009.

[101] Roy, D., A. Krishnamurthy, S. Heragu and C. Malmborg. Queuing models to analyze dwell-point and cross-aisle location in autonomous vehicle-based warehouse systems[J]. European Journal of Operational Research, 2015, 242 (1): 72-87.

[102] Roy, D., A. Krishnamurthy, S. Heragu and C. Malmborg. Stochastic models for unit-load operations in warehouse systems with autonomous vehicles [J]. Annals of Operations Research, 2015, 231(1): 129-155.

[103] Roy, D., A. Krishnamurthy, S. S. Heragu and C. J. Malmborg. Performance analysis and design trade-offs in warehouses with autonomous vehicle technology [J]. IIE Transactions, 2012, 44(12): 1045-1060.

[104] Roy, D., A. Krishnamurthy, S. S. Heragu and C. J. Malmborg. A simulation framework for studying blocking effects in warehouse systems with autonomous vehicles[J]. European Journal of Industrial Engineering, 2016, 10(1): 51-80.

[105] Roy, D., S. Nigam, Adan, I, M. B. M. de Koster and J. Resing. Mobile fulfillment systems: Model and design insights[J]. Transportation Science Under Review, 2016.

[106] Roy D, Nigam S, de Koster R, et al. Robot-storage zone assignment strategies in mobile fulfillment systems[J]. Transportation Research Part E: Logistics and Transportation Review, 2019, 122: 119-142.

[107] Saleu, Raïssa G. Mbiadou, Laurent Deroussi, Dominique Feillet, Nathalie Grangeon, and Alain Quilliot. An iterative two-step heuristic for the parallel

drone scheduling traveling salesman problem[J]. Networks, 2018, 72(4): 459-474.

[108] Shavarani, Seyed Mahdi, Mazyar Ghadiri Nejad, Farhood Rismanchian, and Gokhan Izbirak. Application of hierarchical facility location problem for optimization of a drone delivery system: A case study of amazon prime air in the city of San Francisco[J]. The International Journal of Advanced Manufacturing Technology, 2018, 95(9-12): 3141-3153.

[109] Shen Y, Xu X, Zou B, et al. Operating policies in multi-warehouse drone delivery systems[J]. International Journal of Production Research, 2021, 59(7): 2140-2156.

[110] Sortomme E, Hindi M M, MacPherson S J, et al. Coordinated charging of plug-in hybrid electric vehicles to minimize distribution system losses[J]. IEEE transactions on smart grid, 2011, 2(1): 198-205.

[111] Swisslog. Autostore: Success story Antalis[EB/OL]. http://swisslog.com/en/success-stories/wds/references/antalis.

[112] Swisslog. Autostore: Success story Asda[EB/OL]. http://swisslog.com/en/success-stories/wds/references/asda.

[113] Tan, Z., Li, H., He, X., Optimizing parcel sorting process of vertical sorting system in e-commerce warehouse[J]. Advanced Engineering Informatics, 2021, 48: 101279.

[114] Tappia, E., D. Roy, R. De Koster and M. Melacini. Modeling, analysis, and design insights for shuttle-based compact storage systems[J]. Transportation Science, 2016.

[115] Taylor, G. D. and K. R. Gue. The effects of empty storage locations in puzzle-based storage systems[J]. IIE Annual Conference. Proceedings, Institute of Industrial Engineers-Publisher, 2008.

[116] Tsui, L. Y., Chang, C. H. An optimal solution to a dock door assignment problem[J]. Computers & Industrial Engineering, 1992, 23: 283-286.

[117] Ulmer, Marlin W., and Barrett W. Thomas. "Same-day delivery with

heterogeneous fleets of drones and vehicles[J]. INetworks, 2018, 72(4): 475-505.

[118] van den Berg J P. Analytic expressions for the optimal dwell point in an automated storage/retrieval system[J]. International Journal of Production Economics, 2002, 76(1): 13-25.

[119] Vis, I. F. A. and H. J. Carlo. Sequencing two cooperating automated stacking cranes in a container terminal[J]. Transportation Science, 2010, 44(2): 169-182.

[120] Vis, I. F. A. and K. J. Roodbergen. Scheduling of container storage and retrieval[J]. Operations Research, 2009, 57(2): 456-467.

[121] Wang C, Stielau O H, Covic G A. Design considerations for a contactless electric vehicle battery charger[J]. IEEE Transactions on industrial electronics, 2005, 52(5): 1308-1314.

[122] Wen U P, Chang D T, Chen S P. The impact of acceleration/deceleration on travel-time models in class-based automated S/R systems[J]. IIE Transactions, 2001, 33(7): 599-608.

[123] Whitt W. The queueing network analyzer[J]. Bell System Technical Journal, 1983, 62(9): 2779-2815.

[124] Wu G, Xu X, De Koster R, et al. Optimal design and planning for compact automated parking systems[J]. European Journal of Operational Research, 2019, 273(3): 948-967.

[125] Xie L, Thieme N, Krenzler R, et al. Introducing split orders and optimizing operational policies in robotic mobile fulfillment systems[J]. European Journal of Operational Research, 2021, 288(1): 80-97.

[126] Xu X, Shen G, Yu Y, et al. Travel time analysis for the double-deep dual-shuttle AS/RS[J]. International Journal of Production Research, 2015, 53(3): 757-773.

[127] Xu X, Zou B, Shen G, et al. Travel-time models and fill-grade factor analysis for double-deep multi-aisle AS/RSs[J]. International Journal of Production

Research, 2016, 54(14): 4126-4144.

[128]Xu X, Gong Y, Fan X, et al. Travel-time model of dual-command cycles in a 3D compact AS/RS with lower mid-point I/O dwell point policy[J]. International Journal of Production Research, 2018, 56(4): 1620-1641.

[129]Xu X, Zhao X, Zou B, et al. Optimal dimensions for multi-deep storage systems under class-based storage policies[J]. Cluster Computing, 2019, 22(3): 861-875.

[130]Xu X, Zhao X, Zou B, et al. Travel time models for a three-dimensional compact AS/RS considering different I/O point policies[J]. International Journal of Production Research, 2020, 58(18): 5432-5455.

[131]Yetkin Ekren B. A multi-objective optimization study for the design of an AVS/RS warehouse[J]. International Journal of Production Research, 2021, 59(4): 1107-1126.

[132]Yilmaz M, Krein P T. Review of battery charger topologies, charging power levels, and infrastructure for plug-in electric and hybrid vehicles[J]. IEEE Transactions on Power Electronics, 2013, 28(5): 2151-2169.

[133]Yuan Z, Gong Y Y. Bot-in-time delivery for robotic mobile fulfillment systems[J]. IEEE Transactions on Engineering Management, 2017, 64(1): 83-93.

[134]Yu, Y. and M. B. M. de Koster. Designing an optimal turnover-based storage rack for a 3D compact automated storage and retrieval system[J]. International Journal of Production Research, 2009, 47(6): 1551-1571.

[135]Yu, Y. and R. B. M. de Koster. Optimal zone boundaries for two-class-based compact three-dimensional automated storage and retrieval systems[J]. IIE Transactions, 2009, 41(3): 194-208.

[136]Yu, Y. and R. B. M. De Koster. Sequencing heuristics for storing and retrieving unit loads in 3D compact automated warehousing systems[J]. IIE Transactions, 2012, 44(2): 69-87.

[137]Yu, W., Egbelu, P. J. Scheduling of inbound and outbound trucks in cross docking systems with temporary storage[J]. European Journal of Operational

Research, 2008, 184: 377-396.

[138] Zaerpour, N. Efficient management of compact storage systems[D]. Doctor of Philosophy, Erasmus University Rotterdam, 2013.

[139] Zaerpour, N., Y. Yu and R. de Koster. Optimal configuration in a puzzle-based compact storage system[R]. 11th TRAIL congress. Netherlands, 2010.

[140] Zaerpour, N., Y. Yu and R. B. de Koster. Optimal Two-Class-Based Storage in a Live-Cube Compact Storage System[J]. IISE Transactions, 2017, 49(7): 653-668.

[141] Zaerpour, N., Y. Yu and R. B. M. de Koster. Storing Fresh Produce for Fast Retrieval in an Automated Compact Cross-Dock System[J]. Production and Operations Management, 2015, 24(8): 1266-1284.

[142] Zaerpour, N., Y. Yu and R. B. M. de Koster. Small is Beautiful: A Framework for Evaluating and Optimizing Live-Cube Compact Storage Systems [J]. Transportation Science, 2015.

[143] Zenker, M., Boysen, N. Dock sharing in cross-docking facilities of the postal service industry[J]. Journal of the Operational Research Society, 2017, 69: 1061-1076.

[144] Zhang, L., A. Krishnamurthy, C. J. Malmborg and S. S. Heragu. Variance-based approximations of transaction waiting times in autonomous vehicle storage and retrieval systems[J]. European Journal of Industrial Engineering, 2009, 3(2): 146-169.

[145] Zhang, L. L., Y. Yu and L. Zhang. Determining optimal zone boundaries for three-class-based puzzle-based compact storage systems [J]. 2013 IEEE International Conference on Industrial Engineering and Engineering Management, 2013.

[146] Zou B, Xu X, De Koster R. Modeling parallel movement of lifts and vehicles in tier-captive vehicle-based warehousing systems [J]. European Journal of Operational Research, 2016, 254(1): 51-67.

[147] Zou B, Xu X, De Koster R. Evaluating battery charging and swapping strategies

in a robotic mobile fulfillment system [J]. European Journal of Operational Research, 2018, 267(2): 733-753.

[148] Zou B, Koster R D, Xu X. Operating policies in robotic compact storage and retrieval systems[J]. Transportation Science, 2018, 52(4): 788-811.

[149] Zou B, De Koster R, Gong Y, et al. Robotic Sorting Systems: Performance Estimation and Operating Policies Analysis[J]. Transportation Science, 2021, 55 (6): 1430-1455.

附录1　基于 Coxian 分布的近似算法

对于一个均值为 τ 和变异系数为 cv^2 的一般分布，如果 $cv^2 > 0.5$，可以将其近似为一个 Coxian-2(C_2)分布(如图 A1.1)，顾客首先进入第一个服务阶段，然后以概率 b_1 进行第一个服务阶段或者以概率 $1-b_1$ 结束服务。

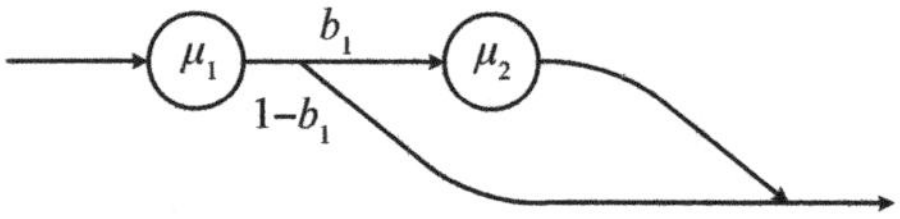

图 A1.1

我们用 (α, T) 表示该 Coxian-2 分布，其中 $\alpha = [1, 0]$ 是初始状态概率向量，T 是该 Coxian-2 分布的马尔科夫过程的状态转移矩阵，可以用公式(A1.1)表示

$$T = \begin{bmatrix} -\mu_1 & b_1\mu_1 \\ 0 & -\mu_2 \end{bmatrix} \tag{A1.1}$$

其中，$\mu_1 = \dfrac{2}{\tau}$，$\mu_2 = \dfrac{1}{\tau * cv^2}$，$b_1 = \dfrac{1}{2cv^2}$。此外，我们还有一个吸收转移矩阵 T^o，代表顾客在各个阶段被吸收的概率

$$T^o = \begin{bmatrix} \mu_1(1-b_1) \\ \mu_2 \end{bmatrix} \tag{A1.2}$$

如果 $cv^2 < 0.5$，我们可以将该分布近似为一个 Coxian- m (C_m)分布(见图 A1.2)，其中 $m = \left[\dfrac{1}{cv^2}\right]$。

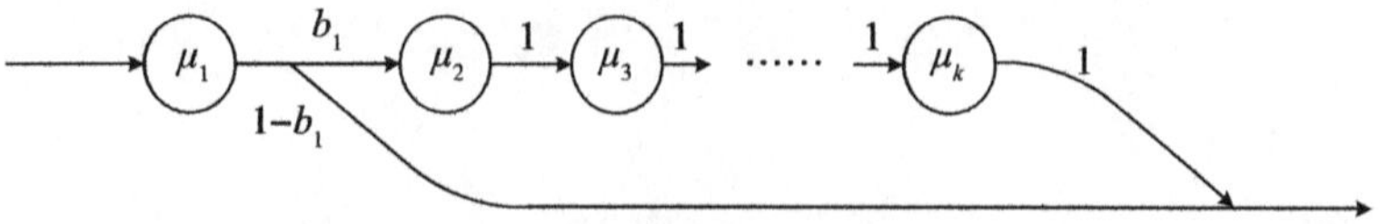

图 A1. 2

顾客首先进入第一阶段服务，然后以概率 b_1 进入第二阶段或者以概率 $1-b_1$ 结束服务。当顾客结束第 i，$2 \leqslant i \leqslant m-1$ 的服务后，它进入第 $i+1$ 阶段。最后，第 m 阶段完成后，服务结束。同样，我们也可用 (α, T) 来表示该 Coxian- m 分布。$\alpha = [1 \quad 0 \quad \cdots \quad 0]_{(1\times m)}$ 是初始状态概率向量，T 是该 Coxian- m 分布的马尔科夫过程的状态转移矩阵（见公式(A1. 3)）

$$T = \begin{bmatrix} -\mu_1 & b_1\mu_1 & 0 & 0 & 0 & 0 \\ 0 & -\mu_2 & \mu_2 & 0 & 0 & 0 \\ 0 & 0 & -\mu_3 & \mu_3 & 0 & 0 \\ 0 & 0 & 0 & \ddots & \ddots & 0 \\ 0 & 0 & 0 & 0 & -\mu_{m-1} & \mu_{m-1} \\ 0 & 0 & 0 & 0 & 0 & -\mu_m \end{bmatrix} \tag{A1. 3}$$

其中，$b_1 = \dfrac{2mcv^2 + m - 2 - \sqrt{m^2 + 4 - 4mcv^2}}{2(m-1)(cv^2+1)}$，$\mu_i = [m - b_1(m-1)]\mu$，$i = 1, 2, \cdots, m$. 吸收转移矩阵 T^o 如公式(A1. 4)所示。

$$T^o = \begin{bmatrix} \mu_1(1-b_1) \\ 0 \\ \vdots \\ 0 \\ \mu_2 \end{bmatrix}_{m\times 1} . \tag{A1. 4}$$

附录 2　$T_{d,r}$，T_{r,w_i} 和 $T_{w_i,s}$ 的前二阶矩计算

移动时间 $T_{d,r}$ 的均值可以通过公式（A2.1）计算。

$$\overline{T}_{d,r} = \sum_{x_d=1}^{W}\sum_{y_d=1}^{L}\sum_{x_r=1}^{W}\sum_{y_r=1}^{L}\left[\frac{|x_d - x_r|w + |y_d - y_r|l}{v_r} + gt_t\right]P(x_d)P(y_d)P(x_r)P(y_r) \tag{A2.1}$$

通过相同的逻辑思想，本研究可以计算移动时间 T_{r,w_i} 和 $T_{w_i,s}$，结果如表 A1 所示。

表 A1　　**SOQN 中服务点服务时间的前二阶矩**

服务点	存储策略	服务时间均值	服务时间变异系数
$\mu_{d,r}$	随机堆叠	$\dfrac{Ww + Ll}{3v_r} + \dfrac{(LW - W - L - 3)t_t}{LW - 1}$	$cv^2_{d,r} = \dfrac{E[T^2_{d,r}] - \overline{T}^2_{d,r}}{\overline{T}_{d,r}}$
	分区堆叠	$\left[\dfrac{P_A^2 w_A}{3} + P_B^2\left(\dfrac{w_B}{3} + \dfrac{w_A}{2}\right) + P_C^2\left(\dfrac{w_C}{3} + \dfrac{w_B}{2} + \dfrac{w_A}{2}\right) + 2P_AP_B\left(w_A - \dfrac{w_B}{2}\right) + 2P_AP_C\left(w_A - w_B + \dfrac{w_C}{2}\right) + P_BP_C\left(w_A + w_B + \dfrac{w_C}{2}\right)\right]\dfrac{w}{v_r} + \dfrac{Ll}{3} + \dfrac{(LW - W - L - 3)t_t}{LW - 1}$	

续表

服务点	存储策略	服务时间均值	服务时间变异系数
$\mu_{r,\ w_i}$	随机堆叠	$\frac{Ww}{2v_r}+\frac{1}{L}\sum_{j=1}^{L}\frac{\mid j-y_{w_i}\mid l}{v_r}+\frac{t_t}{L}$	$cv_{r,\ w_i}^2=\frac{E[T_{r,\ w_i}^2]-\overline{T}_{r,\ w_i}^2}{\overline{T}_{r,\ w_i}}$
	分区堆叠	$\frac{Ww}{2v_r}+\frac{1}{L}\sum_{j=1}^{L}\frac{\mid j-y_{w_i}\mid l}{v_r}+\frac{t_t}{L}$	
$\mu_{w_i,\ s}$	随机堆叠	$\frac{Ww}{2v_r}+\frac{1}{L}\sum_{j=1}^{L}\frac{\mid j-y_{w_i}\mid l}{v_r}+\frac{t_t}{L}$	$cv_{w_i,\ s}^2=\frac{E[T_{w_i,\ s}^2]-\overline{T}_{w_i,\ s}^2}{\overline{T}_{w_i,\ s}}$
	分区、指定	$\frac{Ww}{2v_r}+\frac{1}{L}\sum_{j=1}^{L}\frac{\mid j-y_{w_i}\mid l}{v_r}+\frac{t_t}{L}$	
	分区、分享	$\left[P_A\left(\frac{w_A}{4}+\frac{w_B}{2}+\frac{w_C}{2}\right)+P_B\left(\frac{w_B}{4}+\frac{w_C}{2}\right)+\frac{P_Cw_C}{4}\right]\frac{w}{v_r}+\frac{1}{L}\sum_{j=1}^{L}\frac{\mid j-y_{w_i}\mid l}{v_r}+\frac{t_t}{L}$	
μ_{w_i}	—	$\frac{1}{2\left(\frac{Hh_b}{v_l}+t_{lu}\right)+\frac{\lambda(a+b)}{2n_w}\cdot\frac{(b-a)^2+6(a+b)}{24}}$	$cv_{w_i}^2=\frac{\lambda^2(b-a)^2}{12\lambda n_w+\frac{1152n_w^2\left(\frac{Hh_b}{v_l}+t_{lu}\right)}{(a+b)[(b-a)^2+6(a+b)]}}$
μ_{re_1}	分享策略	$\left[\left(\frac{w\tau^2}{9v_r}-\frac{2h_b\tau^2}{9v_l}+\frac{h_b\tau}{2v_l}\right)H^2+\left(\frac{w\tau}{6v_r}-\frac{h_b}{2v_l}+\frac{h_b\tau}{6v_l}\right)H+\frac{h_b}{6v_l}-\frac{w}{3v_r}\right](1+\gamma)+\frac{t_{lu}\tau H}{2}-\frac{t_{lu}}{2}$	$cv_{re_1}^2=\frac{E[T_{re_1}^2]-\overline{T}_{re_1}^2}{\overline{T}_{re_1}}$
μ_{re_2}	分享策略	$\left[\left(\frac{w\tau^2}{9v_r}-\frac{2h_b\tau^2}{9v_l}+\frac{h_b\tau}{2v_l}\right)H^2+\left(\frac{w\tau}{6v_r}-\frac{h_b}{2v_l}+\frac{h_b\tau}{6v_l}\right)H+\frac{h_b}{6v_l}-\frac{w}{3v_r}\right](1+\gamma)+\frac{t_{lu}\tau H}{2}-\frac{t_{lu}}{2}$	$cv_{re_2}^2=\frac{E[T_{re_2}^2]-\overline{T}_{re_2}^2}{\overline{T}_{re_2}}$

续表

服务点	存储策略	服务时间均值	服务时间变异系数
μ_{lu}^{D}	制定策略	$\sum_{i=1}^{N}\frac{p_i}{I_i}\sum_{h=1}^{I_i}\frac{2\|H-h\|h_b}{v_l}+t_{lu}$	$cv_{lu}^2=\frac{E[T_{lu}^2]-\bar{T}_{lu}^2}{\bar{T}_{lu}}$
μ_{lu}^{S}	分享策略	$\left[\frac{(2-\tau)h_bH}{v_l}-\frac{h_b}{v_l}\right](1+\gamma)+t_{lu}$	$cv_{lu}^2=\frac{E[T_{lu}^2]-\bar{T}_{lu}^2}{\bar{T}_{lu}}$
μ_{lu}^{SI}	分享、立即	$\left[\frac{(2-\tau)h_bH}{v_l}-\frac{h_b}{v_l}\right](1+\gamma)+3t_{lu}+\frac{3l}{v_r}$	
μ_{lu}^{SD}	分享、延迟	$\left[\frac{(2-\tau)h_bH}{v_l}-\frac{h_b}{v_l}\right](1+\gamma)+t_{lu}$	

注：系数γ用于描述蜂窝效应。

附录 3 矩阵几何算法

本附录展示第四章中矩阵 Q 中子矩阵的细节。

$$
\mathbf{B}_{00}=\left[\begin{array}{c|cc|ccc|cccc|ccc}
-\lambda & \lambda & & & & & & & & & & & \\
0 & -\lambda-\mu_{c_1}(1) & \mu_{c_1}(1) & \lambda & 0 & 0 & & & & & & & \\
\mu_{c_2}(1) & 0 & -\lambda-\mu_{c_2}(1) & 0 & \lambda & 0 & & & & & & & \\
 & 0 & 0 & -\lambda-\mu_{c_1}(2) & \mu_{c_1}(2) & 0 & \lambda & 0 & 0 & 0 & & & \\
 & \mu_{c_2}(1) & 0 & 0 & -\lambda-\mu_{c_1}(1)-\mu_{c_2}(1) & \mu_{c_1}(1) & 0 & \lambda & 0 & 0 & & & \\
 & 0 & \mu_{c_2}(2) & 0 & 0 & -\lambda-\mu_{c_2}(2) & 0 & 0 & \lambda & 0 & & & \\
 & & \ddots & & \ddots & & & & \ddots & & & & \\
 & & & & 0 & \cdots & 0 & -\lambda-\mu_{c_1}(R) & 0 & \cdots & 0 & & \\
 & & & & \mu_{c_2}(1) & 0 & \vdots & 0 & -\lambda-\mu_{c_1}(R-1)-\mu_{c_2}(1) & 0 & \vdots & & \\
 & & & & & \ddots & \vdots & & & \ddots & \vdots & & \\
 & & & & & & \mu_{c_2}(R) & & & & -\lambda-\mu_{c_2}(R) & &
\end{array}\right].
$$

$$
B_{01}=\left[\begin{array}{ccc}
 & 0_{\frac{R(R+1)}{2}\times(R+1)} & \\
\hline
\lambda & & \\
 & \ddots & \\
 & & \lambda
\end{array}\right]_{\frac{R(R+1)(R+2)}{2}\times(R+1)}
$$

$$
B_{10}=\left[\begin{array}{c|cccccc}
 & 0 & & & & & \\
 & \mu_{c_2}(1) & 0 & & & & \\
0_{(R+1)\times\frac{R(R+1)}{2}} & & \ddots & \ddots & & & \\
 & & & \mu_{c_2}(R-1) & 0 & & \\
 & & & & & \mu_{c_2}(R) & 0
\end{array}\right]_{(R+1)\times\frac{(R+1)(R+2)}{2}}
$$

$$
A=\left[\begin{array}{ccc}
\lambda & & \\
 & \ddots & \\
 & & \lambda
\end{array}\right]_{(R+1)\times(R+1)}
$$

$$B=\begin{bmatrix} -\lambda-\mu_{c_1}(R) & \mu_{c_1}(R) & & & \\ & -\lambda-\mu_{c_1}(R-1)-\mu_{c_2}(1) & \mu_{c_1}(R-1) & & \\ & & \ddots & & \\ & & & -\lambda-\mu_{c_1}(1)-\mu_{c_2}(R-1) & \mu_{c_1}(1) \\ & & & & -\lambda-\mu_{c_2}(R) \end{bmatrix}_{(R+1)\times(R+1)}$$

$$C=\begin{bmatrix} 0 & & & & \\ \mu_{c_2}(1) & 0 & & & \\ & \ddots & \ddots & & \\ & & \mu_{c_2}(R-1) & 0 & \\ & & & \mu_{c_2}(R) & 0 \end{bmatrix}_{(R+1)\times(R+1)}$$

生成矩阵 Q 的重复性结构确保了稳态状态概率向量 π_i 满足如下公式：

$$\pi_{i+1}=\pi_i R,\ i>1$$

其中，R 是速率转移矩阵，并且有

$$\pi_1 R^i\cdot A+\pi_1 R^{i+1}\cdot B+\pi_1 R^{i-2}\cdot C=0,\ i\geqslant 1.$$

经过一些简化后，可得 $R=-(A+R^2C)B^{-1}$ 基于该表达式，本研究可以通过如下迭代方法求得速率转移矩阵 R（见 Tappia et al.（2016），Cai，Heragu，and Liu（2014））。

$R_0=0, R_1=-(A+R_0^2C)B^{-1}, k=0$

while $||R_{k+1}|-|R_k||>\varepsilon$

k++;

$R_{k+1}=-(A+R_k^2C)B^{-1}$;

end

$R=R_k$

附录 4　随机堆叠策略下最优系统长宽比证明

在一个基于小车的紧致化存取系统中，优化系统长宽比的目标是最小化一个双指令作业中，小车在网格上的总行走时间，即 $T=\overline{T}_{d,r}+\overline{T}_{r,w}+\overline{T}_{w,s}$。在随机堆叠策略下，存取位都以相同概率可能存在于任何一个网格单元中，并且，小车是被随机分配到任意一个工作站的，所以，T 可由公式(A4.1)计算

$$T=\frac{1}{v_r}\left[\frac{W\cdot w}{3}+\frac{L\cdot l}{3}+2\left(\frac{W\cdot w}{2}+\frac{1}{n}\sum_{i=1}^{n}\frac{1}{L}\sum_{j=1}^{L}|j-y_{w_i}|l\right)\right],\qquad (A4.1)$$

其中，$n=\frac{n_w}{2}$，y_{w_i} 是第 i 个工作站的 y 轴坐标，并且有 $y_{w_i}=\frac{iL}{n+1}$。

经过简化后，得到

$$T=\frac{1}{v_r}\left[\frac{4Ww}{3}+\frac{(3n+2)Ll}{3n+3}\right]\geqslant\frac{2}{v_r}\sqrt{\frac{4Ww}{3}\cdot\frac{(3n+2)Ll}{3n+3}}=\frac{2}{v_r}\sqrt{\frac{4(3n_w+2)wlC}{3H(3n+3)}}$$

因此，只有当 $\frac{4Ww}{3}=\frac{(3n+2)Ll}{3n+3}$ 时 T 才取最小值。所以，最优系统长宽比(以行走时间衡量)为 $\frac{4Ww}{3}=\frac{(3n+2)Ll}{3n+3}$。在一个使用 4 个工作站的基于小车的紧致化存取系统中，$r^*=\frac{2}{3}$ 并且 $r^*=\frac{1}{2}$。

附录5 RMFS系统中小车电量耗尽的概率

令小车电池的电压为V_R(V)，小车电量为B_R(A·h)。小车可以提供的最多电量为

$$E = 0.95 \times 3600 \cdot V_R \cdot B_R$$

其中E的单位为焦耳(J)。

在一个存取作业中，将小车电量会有所消耗的时间表示为t_B。然后有$\bar{t}_B = \overline{T}_{d,sh} + t_{lu} + \overline{T}_{sh,w} + \overline{T}_{w,sp} + t_{lu}$。令$E_u$和$E_l$分别表示空载和载货小车移动一秒所消耗的电量。$E_{lift}$表示小车举起或释放一个货架所消耗的电量。在时间$\bar{t}_B$内，小车电池电量将会下降$E_c = E_U \overline{T}_{d,sh} + 2E_{lift} + E_l(\overline{T}_{sh,w} + \overline{T}_{w,sp})$。所以，一个小车最多可以完成的作业数为$M_t = \frac{E}{E_c}$。因为小车每小时平均执行的作业数为$\frac{\lambda_s + \lambda_r}{R}$

$\frac{\lambda_s + \lambda_r}{R}$，满电小车最多可以运行的时间为$T_M = \frac{3600R\,M_t}{\lambda_s + \lambda_r}$秒。

本研究假设小车等待作业的时间是均匀分布的(如图A5)，所以，小车完成一个作业后电量耗尽的概率可以通过如下公式计算

$$p_d = \frac{t_B}{T_M}$$

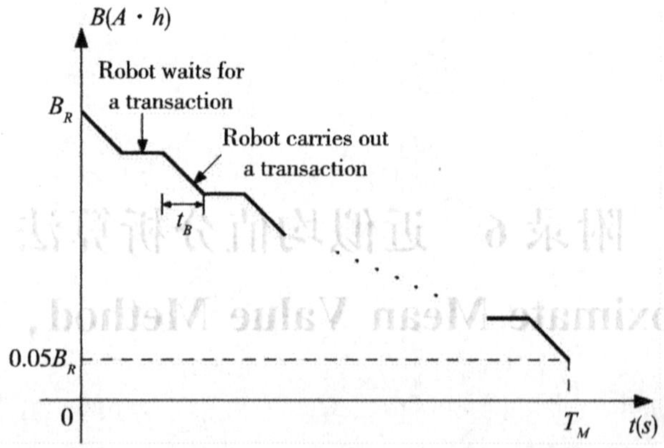

图 A5　小车电量变化曲线

附录 6　近似均值分析算法 (Approximate Mean Value Method，AMVA)

表 A6 给出了 AMVA 算法中使用的符号。

表 A6　**AMVA 算法使用的符号**

符号	描　述
M	闭环排队网络中的服务点数量
c_m	服务点 m 的服务者数量，对于无限能力服务者，令 c_m 为一无穷大数
v_m	顾客到服务点 m 的访问概率
N	闭环排队网络中的顾客数量
$ES_{rem,\ m}$	在服务点 m，到第一个顾客离开还需要的平均服务时间
ES_m	服务点 m 的服务时间均值(一阶矩)
ES_m^2	服务点 m 的服务时间的变异系数(二阶矩)
$p_m(l \mid n)$	闭环排队网络中有 n 个顾客时，服务点 n 有 l 个顾客的概率
$Q_m(n)$	闭环排队网络中有 n 个顾客时，服务点 m 所有的服务者都繁忙的概率
$EL_m(n)$	闭环排队网络中有 n 个顾客时，服务点 m 队列中的顾客平均数
$ET_m(n)$	闭环排队网络中有 n 个顾客时，服务点 m 的平均服务时间
$TH(n)$	闭环排队网络中有 n 个顾客时，系统的吞吐率

AMVA 算法包含如下几个步骤：

(1)初始化。令 $p_m(0 \mid 0)=1$，$Q_m(0)=0$，$EL_m(0)=0$，$m=1,\ 2,\ \cdots,\ M$。

(2)预处理。n 从 0 迭代至 N，对每个 n 都进行如下流程：

(a)对于每个 $m=1, 2, \cdots, M$ 计算

$$ET_m(n)=Q_m(n-1)ES_{rem,\ m}+\frac{EL_m(n-1)ES_m}{c_m}+ES_m$$

其中, $ES^r_{rem,\ m}(n)$ 由如下公式给出

$$ES_{rem,\ m}=\frac{c_m-1}{c_m+1}\cdot\frac{ES_m}{c_m}+\frac{2}{c_m+1}\cdot\frac{1}{c_m}\cdot\frac{ES_m^2}{2ES_m}$$

(b)计算基于载荷的吞吐率

$$TH(n)=\frac{n}{\sum_{m=1}^{M}v_mET_m(n)}$$

(c)对于每个 $m=1, 2, \cdots, M$ 和 $l=1, 2, \cdots, min\ (c_m-1,\ n)$, 计算

$$p_m(l\mid n)=\frac{ES_m(n)}{l}v_mTH(n)p_m(l-1\mid n-1)$$

(d)对于每个 $m=1, 2, \cdots, M$, 如果 $n<c_m$, $Q_m(n)=0$, 否则

$$Q_m(n)=\frac{ES_m}{c_m}v_mTH(n)\cdot[Q_m(n-1)+p_m(c_m-1\mid n-1)]$$

(e)对于每个 $m=1, 2, \cdots, M$ 计算

$$p_m(0\mid n)=1-\sum_{l=1}^{min\ (c_m-1,\ n)}p_m(l\mid n)-Q_m(n)$$

(f)对于每个 $m=1, 2, \cdots, M$ 和 $r=1, 2$, 如果 $n<c_m$, $EL_m(n)=0$ 否则,

$$EL_m(n)=\frac{ES_m(n)}{c_m}v_mTH(n)[EL_m(n-1)+Q_m(n-1)]$$

附录 7　第五章矩阵 Q

B_{00} 是从 π_0 对应的状态到 π_0 对应的状态的转移矩阵，可以通过如下公式计算。

$$
\mathbf{B}_{00}=\begin{bmatrix}
\begin{matrix}-\lambda\end{matrix} & \begin{matrix}\lambda & \quad\end{matrix} & & & \\
\begin{bmatrix}\mu_{c_1}(1)(1-p_d)\\ \mu_{c_2}(1)\end{bmatrix} & \begin{bmatrix}-\lambda-\mu_{c_1}(1) & \mu_{c_1}(1)p_d\\ 0 & -\lambda-\mu_{c_2}(1)\end{bmatrix} & \begin{bmatrix}\lambda & 0 & 0\\ 0 & \lambda & 0\end{bmatrix} & & \\
& \begin{bmatrix}\mu_{c_1}(2)(1-p_d) & 0\\ \mu_{c_2}(1) & \mu_{c_1}(1)(1-p_d)\\ 0 & \mu_{c_2}(2)\end{bmatrix} & \begin{bmatrix}-\lambda-\mu_{c_1}(2) & \mu_{c_1}(2)p_d & 0\\ 0 & -\lambda-\mu_{c_1}(1)-\mu_{c_2}(1) & \mu_{c_1}(1)p_d\\ 0 & 0 & \mu_{c_2}(2)\end{bmatrix} & \begin{bmatrix}\lambda & 0 & 0 & 0\\ 0 & \lambda & 0 & 0\\ 0 & 0 & \lambda & 0\end{bmatrix} & \\
& \ddots & \ddots & \ddots & \\
& & \begin{bmatrix}\mu_{c_1}(R)(1-p_d) & \cdots & 0\\ \mu_{c_2}(1) & \mu_{c_1}(R-1)(1-p_d) & \vdots\\ & \ddots & \vdots\\ & & \mu_{c_2}(R)\end{bmatrix} & \begin{bmatrix}-\lambda-\mu_{c_1}(R) & \mu_{c_1}(R)p_d & \cdots & 0\\ & -\lambda-\mu_{c_1}(R-1)-\mu_{c_2}(1) & \mu_{c_1}(R-1)p_d & \vdots\\ & & \ddots & \vdots\\ & & & -\lambda-\mu_{c_2}(R)\end{bmatrix} &
\end{bmatrix},
$$

其中 $\lambda=\lambda_p+\lambda_r$。

B_{01} 是从 π_0 对应的状态到 π_1 对应的状态的转移矩阵，可以通过如下公式计算。

$$
B_{01}=\begin{bmatrix}
0_{\frac{R(R+1)}{2}\times(R+1)} & & \\
\hline
\lambda & & \\
& \ddots & \\
& & \lambda
\end{bmatrix}_{\frac{(R+1)(R+2)}{2}\times(R+1)}
$$

B_{10} 是从 π_1 对应的状态到 π_0 对应的状态的转移矩阵，可以通过如下公式计算。

$$
B_{10}=\begin{bmatrix}
& \mu_{c_1}(R)(1-p_d) & & & & \\
& \mu_{c_2}(1) & \mu_{c_1}(R-1)(1-p_d) & & & \\
0_{(R+1)\times\frac{R(R+1)}{2}} & & \ddots & \ddots & & \\
& & & \mu_{c_2}(R-1) & \mu_{c_1}(1)(1-p_d) & \\
& & & & \mu_{c_2}(R) & 0
\end{bmatrix}_{(R+1)\times\frac{(R+1)(R+2)}{2}}
$$

A 是从 π_i 对应的状态到 π_{i+1} 对应的状态的转移矩阵，可以通过如下公式计算。

$$A=\begin{bmatrix}\lambda & & \\ & \ddots & \\ & & \lambda\end{bmatrix}_{(R+1)\times(R+1)}$$

B 是从 π_i 对应的状态到 π_i 对应的状态的转移矩阵，可以通过如下公式计算。

$$B=\begin{bmatrix}-\lambda-\mu_{c_1}(R) & \mu_{c_1}(R)p_d & & & \\ 0 & -\lambda-\mu_{c_1}(R-1)-\mu_2(1) & \mu_{c_1}(R-1)p_d & & \\ \vdots & & \ddots & \ddots & \\ 0 & & & \mu_{c_1}(2)p_d & \\ 0 & & & -\lambda-\mu_{c_1}(1)-\mu_{c_2}(R-1) & \mu_{c_1}(1)p_d \\ 0 & & & & -\lambda-\mu_{c_2}(R)\end{bmatrix}_{(R+1)\times(R+1)}$$

C 是从 π_{i+1} 对应的状态到 π_i 对应的状态的转移矩阵，可以通过如下公式计算。

$$C=\begin{bmatrix}\mu_{c_1}(R)(1-p_d) & & & & & \\ \mu_{c_2}(1) & \mu_{c_1}(R-1)(1-p_d) & & & & \\ & \mu_{c_2}(2) & \mu_{c_1}(R-2)(1-p_d) & & & \\ & & \ddots & \ddots & & \\ & & & \mu_{c_2}(R-1) & \mu_{c_1}(1)(1-p_d) & \\ & & & & \mu_{c_2}(R) & 0\end{bmatrix}_{(R+1)\times(R+1)}$$